Fidélisez vos clients

Stratégies, Outils
CRM et e-CRM

Éditions d'Organisation
1, rue Thénard
75240 Paris Cedex 05
Consultez notre site :
www.editions-organisation.com

Du même auteur

Audit et gestion stratégique de l'information,
Éditions d'Organisation, 1995

Pierre Morgat

Fidélisez vos clients

Stratégies, Outils
CRM et e-CRM

Troisième édition

**Éditions
d'Organisation**

Cet ouvrage est dédié à Raphaëlla Paradossi

REMERCIEMENTS

Pour leur participation active et la richesse de leurs échanges, l'auteur tient à remercier toutes les personnalités qui ont bien voulu se prêter à une interview, témoigner, contribuer en faisant part de leur expérience, en collaborant à une étude de cas...

- **Charles Bouaziz** (ESSEC), Directeur Général de PepsiCo France
- **Christine Buffière de Lair,** Business Unit Manager, Ogilvy Interactive
- **Benoît Corbin,** DG, OCITO
- **Philippe Coup-Jambet**, Président d'ISO (Intelligent Sales Objects)
- **Laurence Deforeit**, Directeur Marketing Monde Solutions GSM, Nortel Networks
- **Elisabeth Gabillaud**, Directeur de la Communication Crédit Mutuel Ile-de-France
- **Régine Jean-Rabechault**, Brand Manager, Mattel France
- **Bruno Lebecq**, Directeur Territorial de la Mairie de Courbevoie
- **Marc Lolivier**, Délégué Général de la FEVAD
- **Dominique Palacci**, Fondateur et PDG de l'agence Stimonline
- **Florence Roche**, RATP, Chef de Produit PARISTRAFIC au Département Commercial, unité Information Multimédia
- **Carole Sasson**, Directrice Générale de Cocedal Conseil
- **Marc Semhoun** (ESSEC), Président-Directeur Général de l'agence Himalaya
- **Delphine Wasser-Treiger**, Responsable Relations Clients et e-CRM, Canal Numedia (Canal+)

Je tiens tout particulièrement à remercier **Jean-Didier Graton** pour son amitié, son aide bienveillante et son « coaching » sans égal.

Merci à **Charles**, mon fils, pour ses nombreux encouragements sous forme de gribouillis sur le manuscrit...

V

Sommaire

PREMIÈRE PARTIE
Élaborer une stratégie de fidélisation

IX

(*) Parties réalisées par Xavier LUCRON.

DEUXIÈME PARTIE

Mettre en œuvre la stratégie de fidélisation

X

XIII

(*) Parties réalisées par Xavier LUCRON.

XIV

XV

Introduction

Parlons d'amour !

Les similitudes entre les relations à une marque et les relations humaines sont réelles et méritent un éclairage nouveau. 1

En cela, toute personne impliquée dans un acte d'achat récurrent, renouvelé, fort, est l'acteur d'une « liaison » avec un produit, sa marque, son image et l'environnent inhérent.

Les entreprises sont plus que jamais à l'affût de ces gages d'affection, de ces signes d'attachement quantitatifs, mais surtout qualitatifs qui sont censés traduire la fidélité à la marque, au produit ou encore à l'enseigne de distribution.

Fort logiquement, c'est dans la connaissance de l'autre, et donc du client, du consommateur, que se concentrent les efforts des organisations les plus avancées en matière de fidélisation. L'enjeu étant bien de créer un dialogue, une relation pérenne, stable, source réciproque de satisfaction pour le client en tant qu'individu, d'une part, et l'entreprise d'autre part, en tant que système économique à la recherche de bénéfices.

Cette tension vers les besoins du marché, cette volonté d'ouverture vis-à-vis d'exigences peu ou prou exprimées, voire en gestation, impliquent une profonde refonte des relations commerciales et *a fortiori* du mode de management des organisations qui se disent « orientées clients ». D'ailleurs, que penser de celles qui ne le sont pas...

Il s'agit donc de « faire exister » le Client dans une relation librement consentie, source de satisfaction, d'épanouissement dans l'acte d'achat, la consommation ou l'utilisation du produit.

© Éditions d'Organisation

L'écoute, l'analyse des insatisfactions, la gestion stratégique de l'information commerciale et, de manière générique, la Connaissance Clients, ouvrent la voie qui mène à la fidélisation.

Prévenir l'infidélité

Les signes avant-coureurs de la perte, de l'infidélité, sont presque toujours motivés. Dès lors, la stratégie de fidélisation doit inclure des tactiques et outils destinés à prévenir, limiter, endiguer la fuite de clients, leur taux d'attrition.

Si rares sont les entreprises à avoir mis en œuvre de tels dispositifs, plus rares encore sont celles qui prennent soin d'un client perdu.

Or, ces clients « partis » représentent des sources d'information tout aussi vitales que les clients fidèles. Pour prévenir d'autres défections, un travail approfondi auprès d'anciens clients ou consommateurs peut donc être entrepris systématiquement.

De la reconquête

Lorsque l'attachement est fort, la relation peut renaître, si une nouvelle « rencontre » se produit entre la marque, son univers et le client déçu, devenu infidèle presque malgré lui.

Les équipes Marketing doivent s'adapter au fur et à mesure, anticiper les attentes du marché, évoluer en conséquence et surtout recréer les conditions du Dialogue.

Pour ce faire, reconnaître ses fautes et prouver son engagement peuvent aider à convaincre le client volage du bien-fondé de son attachement initial à la marque.

Ceci étant, plus que jamais, l'entreprise se doit de tenir ses promesses, inviter le consommateur à un voyage dans l'univers affectif de la marque.

Tout comme dans un couple, cette relation doit s'inscrire dans le respect de l'autre, sans avoir recours au forcing ou au hard selling.

Ainsi est-il indispensable de connaître les habitudes des consommateurs, leurs motivations d'achat, les moments propices pour communiquer.

Lorsqu'un client fidèle délaisse une marque, c'est souvent que l'offre, tout comme l'herbe, est « plus verte ailleurs », ou encore que vos produits ne sont plus suffisamment disponibles.

Dès lors, fidéliser consiste aussi à offrir plus que dans la relation précédente aux clients infidèles dont le potentiel commercial est avéré.

Cet acte « courageux » est à même de renouer des relations mises à mal par une perte de confiance dont la restauration est inhérente à un engagement plus fort.

Mais pourquoi penser au pire, alors que la fidélisation peut être renforcée en se gardant des classiques écueils qui consistent entre autres à :

- ne pas avoir de véritable stratégie de fidélisation
- se contenter d'investir dans de coûteux outils de fidélisation
- ne pas avoir les moyens de pérenniser un programme de fidélisation
- ne pas cibler une population dont le potentiel commercial est réel
- vouloir fidéliser tous les clients sans segmentation préalable
- investir dans des programmes de fidélisation non différenciés
- déconnecter l'offre de fidélisation du véritable métier de l'entreprise

3

Stratégies et esprit de fidélisation

Fondé sur de nombreuses études de cas d'entreprises, sur le témoignage de Dirigeants présentant des expériences originales et réussies de fidélisation, cet ouvrage pratique s'attache à démontrer la richesse des possibilités qui vous sont offertes pour développer votre **intelligence relationnelle** avec vos clients.

Ainsi, dans une **première partie**, après avoir décrit et illustré les **différentes stratégies de fidélisation** qui s'offrent à vous, nous tenterons, entre autres, de répondre aux questions suivantes :

Qui fidéliser ?

Comment segmenter efficacement ?

Fidéliser à quoi ? A la marque ? Au point de vente ?

Quand fidéliser?

Pour nous y aider, nous bénéficierons, par exemple :

- De **l'interview d'Elisabeth Gabillaud, Directrice de la Communication du Crédit Mutuel Ile-de-France**, dont l'approche de la fidélisation, très originale est axée notamment sur l'empowerment des Chargés de Clientèle.

- Du **témoignage de Bruno Lebecq, Directeur Territorial à la Mairie de Courbevoie,** qui nous explique quelles sont les méthodes utilisées par les Collectivités locales pour fidéliser les entreprises et les citoyens.

- De la **méthode du Power pricing** afin de segmenter par la politique de prix la population à fidéliser.

- De l'expertise de **Xavier Lucron** développant un **mapping d'analyse de baromètre de satisfaction.**

- Des principaux résultats de **l'étude de Cocedal Conseil** concernant la **qualité de service en ligne sur 130 sites internet fançais et 15 sites étrangers.**

- **D'outils de différenciation de l'offre** pour créer des axes de fidélisation forts.

- De **l'analyse des attentes des clients infidèles et fidèles,** ainsi que la détermination des **motivations d'infidélité.**

- De l'étude des **pratiques de fidélisation dans la Distribution européenne.**

- De l'analyse de **l'impact de la maturité d'un marché sur la fidélisation.**

- Des **techniques de pré-fidélisation** développées par Opel.

Accessoirement, presque incidemment, nous verrons dans cette première partie, que votre boucher-charcutier pratique lui aussi le marketing « one to one » !

Programmes et outils pour mieux fidéliser

Lors de la **seconde partie,** nous présenterons **différents programmes de fidélisation développés par des entreprises de tous secteurs d'activité.**

Les **principales étapes d'un programme de fidélisation** ON et OFF LINE sont ainsi décrites, détaillées, puis analysées (Planète B et Canal Numédia).

Grâce à **l'interview de Laurence Deforeit, Directeur Marketing Monde Solutions GSM de NORTEL Networks**, nous apprenons beaucoup sur les méthodes et le programme de fidélisation mis en œuvre par l'un des leaders mondiaux sur le marché des réseaux de télécommunications.

Ses pratiques en matière de Customer Loyalty, Customer Satisfaction, Customer Value Measurement, en font l'une des entreprises les plus en pointe en matière de fidélisation.

Composantes essentielles de tout programme, les **principaux outils de fidélisation** sont présentés avec force détails et en référence à des expériences récentes d'entreprises françaises ou internationales :

- Clubs de Clientèle, Cartes de Fidélité, Service Après-Vente, Centres d'appels, Nouvelles Technologies avec Internet et l'Intranet notamment, ou encore les Consumer magazines.

5

La participation de **Marc Semhoun, Directeur Général de l'agence Himalaya**, nous a permis notamment de comprendre à quel point le **SAV du constructeur automobile Renault** était une **arme redoutable de fidélisation**, tout particulièrement dans la perspective de la fin du monopole de la distribution de voitures neuves par les concessionnaires.

De même, l'étude de la **carte Grand voyageur de la SNCF** nous apprend comment décliner avec efficacité les Frequent Flyers Programs mis en œuvre initialement par les compagnies aériennes anglo-saxonnes.

Nous verrons également comment les **centres d'appels** utilisés par les distributeurs tels que **Darty, Carrefour**, s'intègrent dans des dispositifs de fidélisation de plus en plus complets ou les NTIC prennent une part prépondérante avec notamment les techniques de « click and talk ».

D'ailleurs, nous étudierons en quoi les NTIC sont en pointe en matière de fidélisation à l'image de Federal Express, Ford, de l'enseigne d'électrodomestique Expert ou encore d'American Airlines.

Seront notamment présentés les avantages du baromètre de satisfaction en ligne. De même, le **site Internet des Echos** est longuement étudié, notamment pour ce qui représente une application originale, la segmentation on line.

Nous vous aiderons à vous retrouver dans l'actuelle profusion de consumers magazines afin de réunir tous les facteurs clefs de succès et intégrer cet outil au demeurant très efficace dans un programme concret de fidélisation grâce aux enseignements de nombreux annonceurs tels que Continent, Leroy Merlin, Mattel, McDonald's ou Kellog's pour ne citer qu'eux.

Elément essentiel de toute stratégie de **fidélisation**, le calcul de sa **rentabilité** est développé par Xavier Lucron, lequel présente trois méthodes incontournables : **RFM**, **FRAT** et la **Life Time Value**.

La force de vente est l'un des moteurs de toute politique de fidélisation, c'est pourquoi Xavier Lucron, grâce à sa méthode « Target », donne les moyens de **mieux informer, former et motiver les équipes commerciales**.

Ensuite, nous aborderons en profondeur la Base de Données Marketing, point névralgique de toute stratégie de fidélisation, notamment en précisant :

- la méthodologie de création d'une Base De Données
- les critères de segmentation et de sélection de la BDDM
- les variables quantitatives et qualitatives de la BDDM

La **troisième et dernière partie** met en évidence les **principaux avantages et inconvénients de la fidélisation**, tout en développant les **grandes tendances** qui augurent de l'avenir de la **fidélisation** :

L'informatique décisionnelle et l'intégration des nouvelles technologies, l'interdépendance des outils de fidélisation, l'évolution des SAV et leur mutation en Services Consommateurs, de même que l'évolution notoire des pratiques liant fabricants et distributeurs…

Un avenir prometteur, d'après l'interview de Charles Bouaziz, Directeur Général de PepsiCo France, lequel ouvre des perspectives nouvelles lorsqu'il s'agit de **fidéliser la Distribution avant de mieux séduire le consommateur final**.

Aussi, même si le client à vie n'existe plus, la fidélisation est plus que jamais nécessaire pour pérenniser le développement de votre entreprise.

Si vous en êtes convaincu, cet ouvrage vous aidera à concevoir et à mettre en œuvre une stratégie de fidélisation optimale, à en cerner les avantages ou inconvénients et, *a fortiori*, à développer votre Capital Clients !

7

Chapitre 1

Pourquoi la fidélisation clients est-elle en plein essor ?

La communication publicitaire classique est en perte de vitesse relative chez la plupart des annonceurs. Les raisons en sont simples, connues de tous, et la première d'entre elles est évidente : **La publicité de masse ne peut pas prouver sa rentabilité avec précision !**

1 Les limites de la publicité classique

Le coût du contact utile, le fameux GRP (Gross Rating Point, indicateur utilisé pour apprécier la pression média sur différents segments de la population), les catégories socioprofessionnelles (CSP) censées être touchées, le « potentiel » du média, pour ne citer que ces quelques critères, ne suffisent pas à prouver, à évaluer la rentabilité de la publicité.

De fait, la dichotomie usitée par les gourous de la publicité dans leurs années fastes, consiste à prendre en compte, d'un côté, les dépenses de communication faites dans les médias (T.V., radio, presse...) et les dépenses dites « hors médias » (Marketing direct, promotion, relations de presse, relations publiques, PLV...).

Ce subtil distinguo est peu pertinent, puisqu'il faut considérer les « médias » au sens large, comme étant des moyens de communication tels que le sont, entre autres, les mailings classiques, l'emailing, les faxings, la promotion des ventes...

En outre, aujourd'hui, **les dépenses hors médias représentent plus de 64 % des budgets de communication contre 36 % à peine pour les médias** (Source France Pub – Marketing Magazine n° 36 – janvier 1999).

Or, si l'on ignore le retour sur investissement de la publicité, c'est qu'il est *a priori* impossible de déterminer, individu par individu, entreprise par entreprise, à qui l'on a adressé un message. Dès lors comment évaluer le degré de fidélité des clients conquis par la publicité classique sans utiliser des moyens de communication directs et interactifs ?

Si le contact avec le client conquis est rompu sitôt l'achat effectué, la fidélité demeure inconnue et le potentiel de réachat fictif.

Certains publicitaires l'ont compris, et même si la démarche paraît peu « artistique ou créative », ont accepté le principe qu'une communication efficace permette un réel dialogue. Pour ce faire, l'utilisation de « numéros verts » dans les spots publicitaires ou annonces presse pour **la « Banque directe »**, certains contrats d'assurance automobile, des conventions obsèques, en sont la preuve « vivante »...

2 Faire connaissance

L'instauration de ce « dialogue » est la condition *sine qua non* d'une **connaissance réciproque** entre le client, l'entreprise, ses produits ou marques. Cette connaissance représente la **richesse de l'entreprise** ; elle doit lui permettre de faire évoluer positivement ses relations avec ses clients à fort potentiel commercial, en identifiant leurs attentes et en y répondant de manière toujours plus précise, plus efficace, plus rentable.

A contrario, la notion de réciprocité n'est pas anodine, puisque l'entreprise doit faire connaître ses produits, ses gammes, son univers et ses valeurs. Il est impensable qu'un client potentiel ou avéré « dévoile » ses besoins ou attentes à une entreprise « anonyme », impersonnelle, virtuelle !

La connaissance du client est donc la première étape pour prétendre fidéliser !

3 Le coût de la conquête favorise la fidélisation

Dans le cas d'une industrie Business to Business, les coûts de prospection sont certes importants, mais sans commune mesure avec les investissements pratiqués dans le secteur de la grande consommation.

> —— **Exemple de campagne de conquête en univers Business to Business :**
> Entreprise spécialisée dans la vente de progiciels de gestion financière pour les grandes entreprises.
> La cible visée correspond aux plus grandes entreprises, soit un effectif salariés d'environ 500 personnes, ce qui équivaut à 5000 entreprises, à raison de 4 fonctions visées (Directeur Général, Directeur Financier, Directeur Informatique et responsable des Systèmes d'Information), pour un coût de prospection unitaire de 7 francs HT environ par mailing (affranchissement, honoraires du routeur, enveloppes, location du fichier, trois envois par an, donc une dépense totale de 140 000 FF HT (4 fonctions x 5000 entreprises x 7 FF HT).

11

Il est clair que la prospection demeure « abordable » pour ce type d'approche B to B...

Ceci étant, **la fidélisation en univers Business to Business**, si les produits commercialisés se prêtent au réachat dans des délais et volumes rentables, **se révèle encore moins coûteuse que la conquête.**

> En effet, prenons la même structure de coûts que dans l'exemple précédent, en considérant que les clients à fort potentiel commercial constituent une population d'environ 1 000 personnes auprès desquelles vous devez communiquer 3 fois par an dans le cadre d'un programme de fidélisation : 3 x 7 FF HT x 1 000 personnes = 21 000 FF HT.

Au contraire, prospecter nécessite des investissements très élevés, notamment pour les industries ou services grands publics. Ainsi, lorsque vos clients ou prospects potentiels se comptent par millions et regardent, pour la majeure partie d'entre eux, le journal télévisé de 20 heures, il est clair que toute communication publicitaire à l'échelle nationale *via* la publicité télévisuelle, pour un lancement, par exemple, représente des budgets de quelques millions de francs. Tel est le cas de toutes les industries de grande consommation, dont l'industrie agro-alimentaire.

Afin d'illustrer les coûts de conquête d'un annonceur national par la publicité, voici quelques indications de grands budgets. Ainsi, d'après Secodip, (*Stratégies* du 22/1/99), Perrier a ainsi investi 5,5 MF entre le 28 décembre 1998 et le 3 janvier 1999 en publicité T.V. nationale, McDonald's 4,4 MF.

Pour la même période, en radio, Darty a consacré 4,68 MF, contre 4,5 MF pour France Télécom avec Ola. L'affichage, dans ce même intervalle, a absorbé plus de 26 MF pour Carrefour, contre 24,4 MF pour SFR.

4 Fidéliser sans publicité

Si l'on se penche sur les **raisons de l'échec de la publicité classique utilisée spécifiquement en phase de fidélisation,** celles-ci sont simples et peuvent se résumer comme suit :

4.1 Le retour sur investissement est intangible

Faute d'outils de mesure concrets et relationnels, la rentabilité demeure quasiment impossible à déterminer

- Hormis un recours aux techniques de la communication directe et du marketing opérationnel (numéros verts sur une insertion presse ou dans un spot T.V...) **la publicité traditionnelle n'est pas interactive.**

4.2 Absence de connaissance réelle du client/ consommateur ou « quand votre boucher-charcutier fait du *one to one* »

Par définition, via la publicité classique, le client final demeure « inconnu » faute d'une relation de type « one to one », laquelle n'est jamais, en d'autres termes, qu'une relation commerciale bilatérale, telle que vous pouvez en vivre chaque jour avec votre boucher-charcutier.

Ce dernier, en effet, s'il a le sens du commerce, n'aura de cesse de vous connaître afin d'apprécier vos attentes et d'identifier vos habitudes de consommation. Dès lors, il fera tout pour vous satisfaire, vous fidéliser, personnaliser votre relation jusqu'en allant vous demander des nouvelles du dernier né de la famille ou de la grand-mère, laquelle s'est cassé une jambe en virevoltant sur le savon dans la baignoire...

13

En outre, il vous informera des dernières promotions sur la bavette, vous rassurera sur la provenance de sa marchandise (vache « folle » oblige !), vous fera goûter sa terrine maison sans poly-phosphates ni conservateurs, vous proposera une livraison à domicile pour le repas de Noël et vos 25 convives, vous offrira des fiches cuisines pour pallier les piètres qualités de cuisinière de la maîtresse de maison, et du fait que vous êtes son meilleur client – n'en doutons pas – vous proposera une petite note en fin de mois, pour vous éviter de payer à chaque fois...

En résumé, votre boucher-charcutier a recours aux techniques suivantes :

- Segmentation de la clientèle
- Identification des besoins
- Personnalisation de la relation
- Information sur les produits
- Offres promotionnelles
- Services clients (livraison gratuite, crédit gratuit...)
- Tests et échantillons gratuits...

Certes, les mauvaises langues me diront que le boucher-charcutier n'a pas de base de données relationnelle et qu'un tel commerçant est rare. Admettons-le !

Ceci étant, la comparaison, même osée, est on ne peut plus parlante, car la publicité n'offre pas cette connaissance du client, condition *sine qua non* mais non suffisante de toute politique de fidélisation.

4.3 L'arrosage et la dispersion des forces

L'utilisation d'un media de masse destiné à toucher des centaines de milliers, voire des millions de personnes, signifie qu'une proportion importante de contacts se font en pure perte.

Pourquoi en effet s'adresser à des personnes hors cibles, avec un risque de saturation réel et un coût inutile ?

Pourquoi investir pour des populations qui ne sont pas concernées par votre message ?

4.4 Trop de « création » éloigne le consommateur du produit

14

Le « travers » publicitaire classique serait de trop vouloir simplifier le produit, la marque et son univers pour en faire un message liminaire et donc « apublicitaire », « apoétique » et procéder ensuite à un « emballage créatif » .

Regardez donc avec attention les spots de pub avant et après le journal télévisé de 20 heures sur la chaîne de votre choix. Identifiez les spots dont la « création » ne nuit pas à la compréhension du message, sans autre critère de jugement...Vérifiez ensuite la proportion de spots « compréhensibles », à même donc de renforcer la proximité du consommateur avec le produit ou service...

L'exercice vous paraît-il concluant ?

5 La fidélité : un besoin universel

La fidélisation correspond à un **besoin structurel et récurrent** pour toutes les entreprises offrant des produits ou services dont l'achat peut être renouvelé. L'investissement de l'entreprise dans la création d'une relation commerciale pérenne, avec un ou plusieurs groupes de clients, doit être rentable.

Ces postulats, pourtant simples, ne sont pas toujours respectés, de sorte que fleurissent les outils ou campagnes dits de « fidélisation » dont la pertinence est discutable. Dès lors, force est de constater qu'il existe de bonnes et de mauvaises raisons pour prétendre fidéliser une clientèle existante.

6 Quelques bonnes raisons de fidéliser

6.1 Les attentes fortes des meilleurs clients en matière d'information sur la marque, le produit et son univers

—————————————— **McDonald's** ——————————————

Les plus fervents consommateurs de McDonald's souhaitent un prolongement de leur relation avec la marque. Véritable phénomène de société international, la marque de restauration rapide américaine a su constituer un univers bien plus large que ses simples produits, de sorte qu'aujourd'hui, le « consumer magazine » de McDonald's représente un outil de fidélisation redoutable avec un tirage très important de 330 000 exemplaires

15

—————————————— **Clarins** ——————————————

Il en est de même pour le parfum « Angel » de Thierry Mugler, du groupe Clarins. En effet, grâce à l'insertion d'une petite carte dans l'étui du flacon (in pack), les consommatrices de la fragrance « Angel » peuvent répondre et ainsi manifester leur intérêt pour le produit, la gamme, la marque et son territoire. Cette carte initie une relation privilégiée entre la cliente et la signature.
Avec plus de 40 000 membres à ce jour, le « Cercle Angel » connaît un succès indéniable et croissant. Véritable outil de fidélisation, le cercle informe les meilleures clientes du développement de la gamme, mais permet également de détecter de nouveaux besoins et par ce biais de créer de nouveaux produits tel qu'un parfum pour les cheveux....

Dans le domaine de l'informatique professionnelle ou de loisirs, les exemples d'outils de fidélisation créés à partir d'un véritable besoin d'information des consommateurs sont nombreux. Magazines dédiés, « fanzines » ou sites Internet illustrent parfaitement ce phénomène pour lequel on peut citer les magazines d'utilisateurs de consoles de jeux Nintendo, ou encore Playstation de Sony.

Crédit Lyonnais

Ce même besoin d'information a conduit la plupart des banques à joindre aux relevés mensuels de petits livrets d'information. Tel est le cas du Crédit Lyonnais, lequel a utilisé l'image de Gaston Lagaffe pour humaniser ses relations avec ses clients et vraisemblablement rajeunir son image, d'autant plus que personne n'est à l'abri d'une gaffe, même pas une grande banque...

Canal +

Le magazine des abonnés de Canal +, donne le détail des programmes de la chaîne cryptée et constitue un outil à part entière de relation clients, puisqu'il offre des services dédiés aux abonnés, des jeux concours, la possibilité de participer à des avant-premières de films de cinéma...Le tout étant essentiellement fédéré sous la rubrique intitulée « Les + de Canal + ».

16

6.2 Le besoin des consommateurs d'appartenir à un groupe social « identifiant » : vers le marketing tribal

Swatch

Les montres Swatch ont développé l'univers culturel de la marque et testé de nouveaux produits grâce au désormais célèbre « Club Swatch ».

Dès leur inscription, les heureux nouveaux membres du Club Swatch avaient le plaisir de recevoir une montre qui leur était strictement réservée, et ce afin de marquer leur appartenance aux fans des montres suisses devenues en quelques années un véritable phénomène socioculturel.

Le catalogue 1998 printemps/été de Swatch est à cet égard on ne peut plus édifiant, puisque la publicité de recrutement qui y est faite pour « Swatch the Club – all over the world » est explicite : « Le Club Swatch est votre passe pour accéder au monde Swatch. Un monde excitant, amusant, jeune et provocateur ».

L'exposition Swatch+émotion qui a eu lieu de mai à juillet 1993 au sein de l'exposition « Design, miroir du siècle », à Paris, au Grand Palais est également révélatrice de l'importance prise en quelques années par ces montres « grand public » dont les plus rares font l'objet d'enchères conséquentes en salles des ventes...

Les « pagers » Tatoo et les campagnes de communication dédiées, ont fait la part belle au Marketing tribal, de sorte que la seule appartenance à cette « tribu » de consommateurs justifiait presque l'existence du produit, lequel s'en trouvait débanalisé par rapport à ses concurrents.

7 Quelques mauvaises raisons de fidéliser

7.1 Fidéliser sans rentabilité avérée ou « fidéliser pour fidéliser »

17

Une mauvaise analyse du portefeuille clients ou encore l'absence d'outils dédiés à la segmentation de la clientèle, peuvent conduire à des campagnes de fidélisation dont la rentabilité est structurellement impossible. Or, la fidélisation a pour principe d'instaurer un dialogue, une relation durable entre une marque, une entreprise et un ou plusieurs groupes de clients offrant un potentiel commercial réel et suffisamment important pour justifier les investissements inhérents.

En effet, tout programme de fidélisation nécessite des moyens financiers, techniques et humains conséquents :

- Budget communication : honoraires de l'agence, frais de fabrication des messages, création d'événements, cadeaux, primes, cartes et clubs de fidélité...

- Bases de données relationnelles, logistique des campagnes de communication directe, informatique décisionnelle, hard et softwares...

- Équipes des services Clients, Marketing, Commercial, Comptabilité, Logistique, Informatique...

Par conséquent, si les investissements sont concentrés sur une population dont les besoins, les moyens, les intentions d'achat sont faibles, ou encore sur une population « infidèle » et sensible aux sirènes de la concurrence, le retour sur investissement de la fidélisation sera nul ou négatif.

7.2 Fidéliser sans mesurer les coûts ou « combien ça coûte ? »

Les entreprises séduites par la « mode » suscitée par les programmes de fidélisation en oublient parfois d'en mesurer les coûts et se lancent « tête baissée » dans un club de clientèle, une carte de fidélité ou tout autre outil ostentatoire destiné à s'attirer les suffrages de leurs chers clients.

Saisissant paradoxe, car ces entreprises investissent dans la fidélisation sans avoir mis en place des outils de mesure de la rentabilité. Difficile d'évaluer ensuite l'intérêt de tels programmes, même si la campagne semble plaire aux clients qui se rallient en nombre au « Club des plus beaux clients » de telle ou telle marque de Luxe, par exemple, de parfums en particulier...

7.3 Vouloir fidéliser tous les clients ou « tout le monde il est beau... »

Développer et concevoir une campagne de fidélisation consiste à miser sur le potentiel de réachat d'une partie limitée de vos clients, lesquels répondent à des critères précis (récence, fréquence, montant des achats, intentions d'achats, pouvoir de prescription, CSP et tranche de revenus...).

Or, il arrive que certaines entreprises soient tentées de faire plaisir à tous leurs clients sans distinguo et donc d'investir massivement dans des primes, cadeaux, bons de réduction, clubs, cartes « privilège » etc. Le résultat en est que le coût de la fidélisation peut être égal ou supérieur à celui de la conquête et donc de la prospection.

L'intérêt essentiel de la fidélisation disparaît et les relations nouées avec les clients doivent être entretenues, sans quoi pourrait s'ensuivre une forte déception, une baisse des intentions d'achat et ensuite une infidélité accrue caractérisée par un fort taux d'attrition. En effet, faute d'une relation durable et profitable aux deux parties, l'entreprise et ses meilleurs clients, la fidélisation peut avoir des effets pervers si elle est mal comprise et donc mal mise en œuvre.

7.4 Lorsque le potentiel de réachat est nul ou quasi inexistant

L'engouement pour les outils de fidélisation conduit à certaines aberrations économiques, de sorte que des clients dont le potentiel de réachat est nul, sont l'objet d'attentions multiples et réitérées, mais en pure perte !

Certains organismes de formation illustrent à merveille ce phénomène qui consiste à vouloir fidéliser des clients pour lesquels tout réachat à l'identique est improbable, voire incongru. En effet, l'industrie des conférences pour cadres et dirigeants pêche souvent par les mêmes excès en tentant de vendre, par exemple, une trentaine de séminaires en l'espace d'une année aux mêmes « malheureux » clients. Les probabilités de réachat, dans un intervalle de douze mois, pour un ou deux séminaires à l'année existent, sont faibles mais réelles. Au-delà, hormis le « fantasme » de la prescription active et pérenne, toute dépense est superflue voire dangereuse.

De fait, un phénomène de rejet clairement identifié s'opère. Les symptômes sont récurrents et cela commence souvent par des lettres du type :

> *« De grâce, veuillez supprimer mes coordonnées de vos fichiers... ».*

19

Le client a en l'occurrence raison et l'entreprise ne doit pas confondre fidélisation et hard selling. Et si l'entreprise ne procède pas à une déduplication de son fichier « clients » avec les fichiers « prospects » loués aux producteurs d'adresses business to business, immanquablement, elle fera des mécontents parmi ces clients, augmentant ainsi son taux d'attrition...

8 De l'essor du marketing opérationnel

En l'occurrence, le terme « opérationnel » est symptomatique et pourrait signifier que toute communication qui ne bénéficie pas de ce qualificatif, n'est par voie de conséquence pas opérationnelle, si ce n'est inefficace. Pour ne pas s'attirer les foudres des partisans du tout « non opérationnel » – vous les aurez reconnus – disons que ce qui l'est (opérationnel), est quantifiable, mesurable.

La fidélisation est une politique largement développée notamment grâce aux outils du marketing opérationnel et du marketing direct. Les raisons en sont simples puisque le MD a évolué, n'est plus assimilé au « hard selling » et sert la marque, sans mettre à mal le capital-image de l'entreprise, tout en lui permettant, s'il y a lieu, de calculer le véritable retour sur investissement de chaque opération, idéalement, de chaque franc ou euro investi.

La croissance du MD est ainsi indéniable et confirmée par les investissements 1997 des annonceurs tels qu'ils sont étudiés par l'UFMD (Union Française du Marketing Direct).

L'évolution de ces investissements depuis 1993 jusqu'à 1997 est riche d'enseignements comme l'indique le tableau suivant :

	1993	1994	1995	1996	1997	97/96	% 97
Mailings adressés	14 706	16 455	16 539	17 441	18 595	6,60 %	39 %
Imprimés sans adresse	10 430	12 984	14 027	15 906	16 770	5,40 %	35 %
Catalogues	1 852	1 902	2 033	1 922	1 997	3,90 %	4 %
Asiles-Colis	301	323	371	336	354	5,40 %	1 %
Total « médias spécifiques »	27 288	31 663	32 970	35 605	37 716	5,90 %	79 %
MD Télévision	1 688	1 806	2 154	2 344	3 043	29,90 %	6 %
MD Presse	3 122	3 074	2 270	1 689	2 254	33,50 %	5 %
MD Radio	987	849	1 150	1 281	1 267	-1,10 %	3 %
Total « Grands Médias »	5 796	5 728	5 574	5 313	6 564	23,50 %	14 %
MD téléphonique	2 015	2 210	2 584	3 220	3 445	7,00 %	7 %
Total Marché	35 099	39 601	41 128	44 138	47 725	8,10 %	100 %

Source : « Les chiffres du marketing direct en 1997 ». Estimations UFMD.

Ainsi, pour un volume global de 47,7 milliards de francs en 1997, soit une croissance de 8 %, les « grands médias » sont de plus en plus utilisés.

Les grands médias sont utilisés en conquête, le MD téléphonique et les mailings en fidélisation comme en conquête.

Les médias spécifiques ou dédiés représentent encore 79 % du total des investissements. Ce sont, avec le MD téléphonique, les « enfants légitimes » du MD.

Les croissances respectives de la Presse et de la Télévision en utilisation MD sont impressionnantes. Dans son ensemble, la télévision présente une croissance de 11 % contre près de 30 % pour le MD TV !

Pour sa part, la Presse se taille la part du lion avec une croissance de 33,5 % en tant que support de communication directe et une augmentation de 5 % du nombre de ses annonceurs de plus en plus séduits par ce média en tant qu'outil du marketing opérationnel.

Ces chiffres sont significatifs à plus d'un titre :

- les annonceurs, tout en faisant la part belle aux supports traditionnels du MD souhaitent (enfin) mesurer la rentabilité des grands médias en offrant un ou plusieurs modes de réponse à leurs prospects ou clients.

Ces grands médias, outils de conquête par excellence, sont, en configuration MD, « constitutifs » de Bases de Données, dans lesquelles se retrouveront prospects, clients et prescripteurs. Ceci représente donc un préalable indispensable à la fidélisation : identifiez vos clients, appréciez leurs besoins ou attentes...

Reste à savoir, parmi les nouveaux annonceurs en MD grands médias, quels sont ceux qui se convertissent tardivement mais sûrement aux techniques du Marketing Opérationnel et aux outils de mesure de la rentabilité des campagnes.... et ceux qui y investissent progressivement après avoir exploité par exemple les supports directs par excellence que sont les mailings !

Pour les anciens détracteurs de la communication directe, l'ironie du sort est que ces derniers utilisent les supports de la « publicité classique » que sont la presse, la télévision et la radio, selon les principes originels du MD.

21

Qui a dit que le marketing direct était « hors médias » ?...

PREMIÈRE PARTIE

Élaborer
une stratégie
de fidélisation

Chapitre 2

Qu'est-ce qu'une stratégie de fidélisation

D'un point de vue logique, voire éthique, une stratégie de fidélisation, lorsqu'elle est bien pensée, correspond à la concordance d'intérêts qu'il ne faudrait, de fait, jamais opposer.

En effet, toute entreprise, dans la phase préalable à la mise en œuvre d'une politique de fidélisation, doit déjà avoir identifié, évalué les envies ou besoins, attentes ou intérêts de ses meilleurs clients, et ce, afin d'y répondre au mieux, dans le respect d'un équilibre économique évident.

Dès lors, le programme de fidélisation qui en découle doit permettre, d'une part, de satisfaire certaines attentes des clients, en accroissant, d'autre part, leur valeur commerciale et donc en optimisant leurs achats.

Concevoir la fidélisation comme étant la résultante d'une stratégie univoque, d'une pensée unique, *a fortiori* péremptoire, peut être fatal pour les dirigeants qui souhaitent réussir à développer leur capital-client.

C'est pourquoi nous vous proposons des définitions multiculturelles, « en plusieurs langues », de stratégies de fidélisation qui s'offrent à vous et ce à la lumière de ce qui se pratique déjà dans des entreprises de tous secteurs.

1 Stratégies de fidélisation : l'approche plurielle

Les stratégies de fidélisation sont les stratégies Marketing visant à mettre en œuvre tous les moyens techniques, financiers ou humains nécessaires afin d'instaurer une relation durable de type « gagnant/ gagnant » avec les segments de clientèle à fort potentiel commercial.

1.1 Stratégie de fidélisation par la satisfaction clients

Fidéliser consiste à réduire, si possible éliminer, tous les motifs d'insatisfaction de vos principaux clients, et ce, à tous les niveaux de la chaîne commerciale : accueil, qualité de service, « plus produits », disponibilité en linéaire ou référencement pour les produits de grande consommation, pricing...

─────────────── BMW ───────────────

Exemple : Dans le but de renouveler sa désormais célèbre série 7, le constructeur automobile allemand BMW avait pour cahier des charges d'améliorer tous les points faibles de la gamme, sans exception, et ce en tirant parti des réflexions, critiques et remarques de ses heureux possesseurs...

1.2 Approche « capitaliste » de la stratégie de fidélisation

Fidéliser consiste à investir une part importante du **Capital-Ressources Humaines** et du **Capital Financier**, afin de pérenniser et de développer le **Capital-Clients** dans le respect, si ce n'est au profit, du **Capital-Marque**.

(Capital RH + Capital Financier) -----> Capital Clients -----> Capital Marque

2 Brève typologie de stratégies de fidélisation issues de cas réels

De fait, en fonction des objectifs poursuivis, du secteur d'activité, de la culture de l'entreprise ou encore de ses moyens, la fidélisation peut découler de stratégies très différentes.

Afin d'illustrer les choix qui s'offrent à chaque dirigeant, nous vous proposons, à titre d'exemple, une brève **typologie de stratégies de fidélisation** issues de cas réels.

2.1 Stratégie du « produit fidélisant »

Cela consiste, dès la conception du produit, de la gamme et de ses déclinaisons, à « suivre » le consommateur tout au long de sa vie et donc lui offrir pour un même besoin, des produits adaptés à son évolution dans la vie, à son âge, à sa génération.

──────────────────── **Vanity fair** ────────────────────

Telle est la stratégie développée par le groupe américain *Vanity Fair,* avec notamment la gamme de lingerie de grande diffusion *Variance* pensée pour s'adapter à 24 heures de la vie d'une femme. Concept exploité par VF Diffusion dans toutes ses marques dont le principe est de proposer une offre à même de suivre la femme à chaque étape de sa vie.

Ce concept peut paraître surprenant sur un marché caractérisé par l'achat d'impulsion, puisque les femmes sont tentées par la lingerie en fonction de leur humeur, de leur envie de séduire ou de bien-être, de l'image qu'elles recherchent...

27

Ce type de produits se prête donc parfaitement à l'instauration d'une relation durable, complice, en accompagnant les consommatrices dans les différentes épreuves de leur vie.

2.2 Stratégie préventive « anti-attrition »[1]

Dans le cadre d'un monopole s'ouvrant à la concurrence du fait de la mise en place de la législation européenne, bon nombre de services ou d'industries d'État sont amenés à repenser leur développement, sachant que leur part de marché sera à court terme, inéluctablement inférieure à 100 %.

Tel est le cas de France Télécom dont l'entrée dans l'économie concurrentielle se prépare depuis quelques années et se traduit par

───────────────

1. Attrition : abandon.

un souci marqué de conserver le plus grand nombre possible de ses clients sur les marchés des entreprises, des particuliers ou des collectivités locales.

2.3 Stratégie du « client ambassadeur »

Quand vos meilleurs clients se transforment en force de vente active, motivée, efficace et bénévole, il y a de quoi être satisfait !

---------------------------------- **MAZDA** ----------------------------------

Tel devait être le cas de Mazda France à l'occasion du lancement de la 626 turbo-diesel (Marketing Magazine – n°35 – décembre 1998). En effet, avec beaucoup d'astuce, Mazda a incité ses meilleurs clients, possesseurs de modèles 626 de plus de 100 000 km et ayant un « historique marque » d'au moins trois véhicules, à devenir des prescripteurs actifs.

Cette opération intitulée « Paroles de Sages » reposait sur un principe simple : « Essayez une ancienne Mazda et demandez l'avis de son propriétaire avant d'en acheter une neuve ».

Ainsi, pour recruter les « Sages », 12 000 clients ont été contactés par mailing, 650 ont répondu, puis chaque concessionnaire a fait une sélection plus fine.

Dans chaque concession, 4 ou 5 « Sages » devaient une année durant, être les ambassadeurs officiels de Mazda, en répondant au téléphone aux questions des prospects, lors de créneaux horaires spécifiques, en prenant part à des demi-journées, afin d'y faire essayer leur propre voiture !

Une telle implication appelle une contrepartie conséquente, c'est la raison pour laquelle chaque client devenu ambassadeur se voit offrir une révision gratuite, 10 % de remise sur les pièces et accessoires, des essais prioritaires...

Après acceptation, chaque « Sage » a reçu un « pack » de bienvenue avec cadeaux et contrat moral... En juin 98 a eu lieu la première demi-journée d'animation pour le lancement de la 626 turbo-diesel, puis une invitation au Mondial de l'automobile et enfin une troisième journée de type « Portes ouvertes » début 99.

En conclusion, il semble que tout le monde y ait trouvé son compte, puisque les clients se sont sentis valorisés et récompensés de leur collaboration, les prospects ont bénéficié d'un traitement personnalisé et original de la part des « Sages », enfin, les concessionnaires ont largement adhéré à la démarche.

2.4 Stratégie de fidélisation par l'événementiel

En principe, l'objectif de la fidélisation est de construire une relation commerciale durable avec les clients à fort potentiel. Curieusement, ce but peut être atteint par le biais d'une stratégie qui consiste à satisfaire les clients en répondant à leurs attentes en matière d'événements uniques, ponctuels et donc éphémères.

General Motors

GM, afin d'optimiser le lancement de la deuxième génération de la nouvelle Opel Frontera, a joué la carte de l'événementiel. Profitant de la tenue du Mondial de l'automobile début octobre 1998 à Paris, la nouvelle version du célèbre 4X4 d'Opel a été promue auprès des 14 000 possesseurs de la première génération du Frontera (*Marketing Direct* n° 32 – novembre 1998).

Le contenu du message avait pour simple objectif d'inviter les clients à essayer la nouvelle Frontera au Mondial de l'automobile ou chez leur concessionnaire Opel. Un jeu-concours à la clef permettant, le cas échéant, un essai gratuit de 8 jours et une invitation VIP aux « 24 heures sur glace de Chamonix ». Une telle stratégie de fidélisation suppose, pour être efficace et donc pérenne, la mise en œuvre d'un cycle d'opérations ponctuelles, événementielles, dignes de susciter un intérêt réel, durable, auprès des clients à fort potentiel. La création de prétextes pertinents, de rencontres, de créations de trafic, est délicate de manière répétitive.

A contrario, l'opération de lancement réalisée par Opel est à même de « convertir » un certain nombre de ses clients à la nouvelle Frontera, car l'essai du véhicule, ainsi que le contexte favorable du Mondial de l'automobile, constituent des moments forts dans la vie d'un amateur de 4X4. En outre, selon le vieil adage « l'essayer, c'est l'adopter », il est difficile en matière de commerce automobile de faire plus que de donner l'occasion de tester le produit.

2.5 Stratégie de fidélisation par les services

Les banques rivalisent de créativité pour fidéliser leurs meilleurs clients. Il est vrai qu'elles furent les premières avec les compagnies d'assurance et les établissements financiers à évaluer le « risque client » en passant les entreprises ou particuliers au crible grâce aux techniques de scoring, et ce, avec les limites que l'on sait.

De ce fait, il n'y a rien de surprenant à ce que les banques disposent de données pointues et souvent pertinentes afin de mieux identifier parmi leurs clients, ceux qui sont susceptibles de développer leur Capital-Client et *a fortiori* leurs résultats.

Ceci étant, alors que certaines cartes de crédit sont réservées à des populations à hauts revenus, la Société Générale a choisi de proposer à ses clients une nouvelle offre de services, laquelle comprend un programme de fidélisation. La « segmentation » se fait en fonction des souscriptions des clients à cet accord commercial connu sous le nom de « Jazz ». Autant dire que nous sommes loin du scoring, puisque la banque ne choisit guère les adhérents aux programmes proposés, mais l'inverse.

Le programme « Jazz » a pour ambition de proposer aux clients de la **Société Générale** une nouvelle offre de services groupés dont le caractère est, chose rare, un tant soit peu ludique compte tenu de l'image « rigoriste » des établissements bancaires. En effet, l'offre faite consiste **à reconnaître la fidélité** en s'inspirant semble-t-il des programmes notamment développés par les compagnies aériennes (Frequent Flyers Programs). En l'occurrence, il s'agit de récompenser les clients jugés fidèles *via* un « Frequent Buyers Program ».

De fait, un système de récolte de points sous-tend l'opération. Sont ainsi récompensés les achats effectués par carte bancaire, les retraits dans les distributeurs de la Société Générale, les virements, etc.

Disposant de ses points, le « consommateur » peut choisir à sa guise une large gamme de cadeaux dans un catalogue spécifique proposant par exemple, des vins, voyages, magazines, billets d'avions ou autres chèques cadeaux (*Marketing Direct* n° 32 – novembre 1998).

Outre le fait que les points se cumulent rapidement, le système est également assez comparable à celui utilisé par les compagnies pétrolières dans les stations à essence (Cartes Esso, Total...).

Cette stratégie de fidélisation par les services est, dans le cas particulier de nombreux établissements bancaires, centrée sur des produits, des offres n'ayant aucun rapport intrinsèque avec le métier de banquier sur le marché des particuliers. A ce titre, cette stratégie peut paraître surprenante, car elle ne repose pas, en tant qu'offre de services, sur le véritable métier de la banque. Ce type de programme de fidélisation est somme toute répandu, nous y sommes désormais habitués ; ceci étant, fidéliser par les services, cela implique logiquement une extension, une amélioration des services inhérents aux métiers de l'entreprise fidélisante.

La multiplication des programmes de fidélisation dont la stratégie repose sur une offre de services, risque donc fort de ne plus permettre de **différenciation** forte, puisque **les entreprises sont tentées d'offrir à peu près les mêmes services ou primes** : magazines, billets d'avion, voyages, vins...

On peut penser que rapidement l'attribution de telles primes ou avantages à une entreprise ou marque sera délicate et la **confusion** est facile : ces cadeaux sont-ils offerts par votre carte de crédit « Premier », le programme « Jazz » de la Société Générale, par l'une de vos cartes de station à essence, par votre compagnie aérienne, votre comité d'entreprise, votre loueur de voitures ?

31

En effet, **la pertinence d'un programme de fidélisation par les services est étroitement liée à la notion de métier** et implique une grande cohérence avec les produits ou services qui en découlent. En la matière, l'expérience du Crédit Mutuel d'Ile-de-France est riche d'enseignements.

Interview d'Elisabeth Gabillaud,

Directeur de la communication, Crédit Mutuel Ile-de-France

Le Crédit Mutuel Fidélise par la démocratie et les services

Le Crédit Mutuel Ile-de-France en quelques chiffres :
315 000 clients sociétaires
1 200 administrateurs bénévoles élus
1 032 salariés

Question 1

Le Crédit Mutuel gère des milliers de comptes ; votre activité peut être comparée à ce titre à la distribution de services bancaires, financiers ou d'assurance. Avez-vous une stratégie de fidélisation clairement établie et si oui, comment la définissez-vous ?

Elisabeth Gabillaud

« Le sociétaire-client du Crédit Mutuel est au cœur de nos préoccupations, puisque l'organisation de chaque caisse locale ou agence a été remaniée depuis 1992 afin d'être entièrement tournée vers la satisfaction du Client, c'est-à-dire privilégier la disponibilité de nos chargés de clientèle.

Ces derniers se doivent d'être à l'écoute du client pour lui apporter une réponse personnalisée. Par conséquent les autres services du Crédit Mutuel s'engagent à assister en temps réel et avec précision le chargé de clientèle pour faciliter ses réponses au client. Par exemple, le service des Marchés le renseignera à propos des taux dans les meilleurs délais. »

Question 2

Pour être efficace, comment fonctionne cette organisation ?

Elisabeth Gabillaud

« Pour être optimal, notre fonctionnement repose sur une forte décentralisation à tous les niveaux et responsabilise ainsi chaque acteur de la chaîne services qui permet de satisfaire nos clients.

Cette organisation décentralisée est originale au sens où le premier Client des services non commerciaux est le chargé de clientèle !

En mettant tout en œuvre pour l'aider, le conseiller, répondre à ses besoins, nous répondons ainsi à ses clients. »

Question 3

Tous vos clients ne viennent pas à leur agence. Comment fidélisez-vous

32

ces clients qu'un chargé de clientèle rencontre peu, voire jamais ?

Elisabeth Gabillaud

« Nous avons développé une panoplie complète de canaux de communication, de services à distance, même si le marketing direct, le téléphone ou encore Internet sont des vecteurs « péri-phériques » et complémentaires au contact avec le chargé de clientèle.

Ces vecteurs contribuent à fidéliser le client avec des produits qui se prêtent à la relation à distance, tels que le contrat d'assurance pour les moyens de paiement. De la sorte nous pouvons offrir au client, de manière plus souple et rapide, des services dont il a besoin en temps réel. »

Question 4

Quels sont ces services offerts à distance en temps réel ?

Elisabeth Gabillaud

« 70 % des ordres de Bourse sont passés par Minitel, voire maintenant par Internet. Par ailleurs, le client parisien peut également contacter un conseiller 6 jours sur 7, de 8 heures à 21 heures sans avoir à se déplacer à son agence pendant ses heures de travail... »

Question 5

Votre stratégie de fidélisation semble axée sur les services ? Est-ce le cas ? Dès lors comment identifiez-vous les attentes ou besoins de vos clients ? Disposez-

vous par exemple d'outils récurrents de mesure de la satisfaction Clients ?

Elisabeth Gabillaud

« C'est sur la confiance et la complicité relationnelle que le chargé de clientèle aura su établir avec son client que reposera en majeure partie la fidélité du client.

Pour connaître les besoins de nos clients en termes de services, en dehors des réunions de clients organisées en fonction d'une thématique précise, nous disposons, chose atypique, des Assemblées Générales annuelles où sont conviés tous les sociétaires, à savoir tous nos clients.

Chaque sociétaire est invité à s'exprimer et à voter pour élire les représentants. A cette occasion, chaque client fait part de ce qu'il souhaiterait voir évoluer.

Bien évidemment, nous avons mis en œuvre un baromètre de satisfaction récurrent adressé à un échantillon de 10 000 clients tous les deux ans. »

Question 6

Vous avez donc une approche très démocratique de la fidélisation avec vos sociétaires/clients, ceci étant avez-vous développé des outils spécifiques de mesure de la fidélité à la marque Crédit Mutuel ?

Elisabeth Gabillaud

« Non, ce type de mesure n'est pas dans nos priorités, ce qui importe pour nous c'est que chaque client puisse s'exprimer en temps réel

33

auprès des chargés de clientèle et que nos clients, lorsqu'ils sont élus représentants des sociétaires dans les Assemblées Générales, évaluent également nos prestations de services sans ambages ».

Question 7

Pouvez-vous mesurer la rentabilité de vos actions de fidélisation ? Comment ? Quelle est-elle ?

Elisabeth Gabillaud

« Dans la relation globale, elle n'est pas mesurée. Dans le domaine de l'épargne ou des crédits nous pouvons quantifier les montants qui sortent des en-cours, par exemple, quand un compte épargne est vidé ou un prêt remboursé avant son échéance mais nous ne pouvons en identifier systématiquement la cause inhérente à un départ à la concurrence.

En termes de fidélité nous pouvons seulement mesurer la durée de la relation, mais étant donné que nos sociétaires sont multibancarisés, il ne serait pas exact de mesurer la fidélité sur ce seul critère, il faudrait aussi connaître toutes les sollicitations (épargne crédit et assurances) qu'il a faite sur cette durée et dans quels établissements il a préféré trouver la solution.

Pour le crédit revolving nous avons mis en place un club qui offre des prix avantageux sur certaines offres et des bons d'achat au prorata du crédit utilisé. Nous pouvons penser que les demandeurs de ces bons d'achat sont plus fidèles que les autres, mais sans pour autant le mesurer précisément. »

Question 8

Dans les établissements financiers, les outils de fidélisation sont souvent très semblables, voire banalisés : cartes de fidélité, Frequent Buyers Program, catalogue de cadeaux.
Offrez-vous les mêmes primes ou outils et, si oui, comment éviter la banalisation de votre programme (« me too programs ») ?

Elisabeth Gabillaud

« Nous n'offrons pas de carte de fidélité, nous ne disposons pas de frequent buyers program.

Sans être puriste, mais en termes d'éthique, il est difficilement concevable de faire reposer des avantages liés à la fidélité sur une quantification des avoirs ou sur un montant (plus le montant est conséquent, plus l'avantage est important !).

Banalisation certes mais aussi contestation.

La consommation ou l'utilisation n'est qu'une traduction de la fidélité mais son origine est dans la relation. Par exemple nous ne pouvons dire qu'une personne gagnant 20 000F par mois nous est plus fidèle qu'une personne gagnant 7000F. Car même si le montant confié est plus important, l'une peut aussi faire appel à d'autres établissements pour certains placements alors que l'autre placera l'intégralité de son épargne au Crédit Mutuel ».

Question 9

Avez-vous segmenté votre clientèle pour investir sur les Clients à fort potentiel ? Quels sont vos outils de segmentation ?

Fidélisez-vous sans « isoler » vos clients rentables ?

Elisabeth Gabillaud

« La segmentation la plus rentable est celle que va faire le Chargé de Clientèle sur son portefeuille pour savoir dans quelle mesure il a intérêt à contacter tel ou tel client. En termes d'opportunités (fiscales, boursières, projets, etc). Ces paramètres ne sont pas pris en considération automatiquement par un programme informatique. A lui donc d'apprécier qu'il pourra mieux fidéliser M. Dupont s'il le contacte à tel moment pour lui faire une proposition à laquelle il sera sensible.

Cet investissement du chargé de clientèle sera la démarche la plus rentable sur un client qu'il aura détecté à fort potentiel. Sur les clients moins connus, et donc moins équipés, l'investissement se fera plutôt en approche marketing direct pour l'équiper en produits et services de bancassurance complémentaires.

Une bonne segmentation ne peut reposer sur le constat à un instant de la situation d'un client (consommation ou équipement), mais bien sur la connaissance de ces besoins à court et moyen termes.

C'est en cela que la segmentation d'un client rentable pour

l'intégrer ou l'écarter d'une démarche de fidélisation est difficile. C'est en gardant la relation avec lui que le Chargé de Clientèle saura « exploiter » les occasions « rentables ».

Question 10

Quel est d'après vous l'avenir de la fidélisation ?

Elisabeth Gabillaud

« Dans un contexte fort d'européanisation où de nouvelles marques apparaissent sur le marché français, la multiplication des fusions génère à court ou moyen terme des changements pour le client.

La fidélisation prend toute son importance et est un enjeu capital pour protéger son fonds de commerce afin qu'il résiste aux nouveaux venus plus agressifs, plus enclins à faire des « coups promotionnels ».

C'est par la fidélisation qu'une réelle relation peut être créée, un véritable lien avec la marque, et cet attachement est fondamental si on veut éviter le zapping permanent du consommateur très sollicité et tenté par les nouveautés !

Cette fidélité aura d'autant plus de force qu'elle jouera sur l'émotionnel et l'affectif. »

35

────────── **Nissan fidélise et contrôle...** ──────────

Nissan a parfaitement respecté cette logique inhérente à la notion de métier en développant un programme de fidélisation *ad hoc*. En effet, le constructeur automobile japonais fidélise ses clients de manière simple et cohérente. Ainsi, les possesseurs de véhicules de la marque nippone dans l'obligation de passer le contrôle technique dans les deux mois, ont eu l'opportunité en 1998 de se faire offrir un deuxième contrôle technique clefs en main.

Concrètement, six vagues de mailings ont été réalisées, soit 47 000 messages expliquant les étapes que le concessionnaire s'engageait à faire, soit :

– vérification des 133 points de contrôle
– remise en conformité
– présentation dans un centre agréé
– restitution du véhicule au client

La création de trafic fut consolidée par une opération de PLV dans les concessions, de manière à faire valoir la campagne tant auprès des clients que des prospects. En outre, la mobilisation de la force de vente a été assurée par un Chef de Région Nissan, chargé de former et d'informer les commerciaux dans les concessions.

2.6 Stratégie de fidélisation induite : fidéliser la force de vente pour mieux fidéliser les clients

────────── **Paloma Picasso et les conseillères de beauté...** ──────────

L'ignorance des dirigeants du **Luxe** quant aux avantages du Marketing Direct a privé ce secteur d'une meilleure connaissance de ses clients, puisque les investissements en communication étaient essentiellement destinés aux médias de masse et à la **publicité non-relationnelle**.

Cette distanciation par rapport aux motivations profondes, aux besoins réels mais non exprimés de la clientèle du Luxe, a permis à des groupes moins frileux et plus dynamiques, d'adapter leur mode de communication, de se rapprocher de leurs clients, de conquérir une part non négligeable des clients de leurs concurrents, « englués » qu'ils étaient dans la publicité à outrance.

Bien sûr, le Marketing relationnel n'est pas la panacée pour tous les problèmes commerciaux, mais un maillon essentiel pour les entreprises qui souhaitent apprendre à développer une relation de proximité, à connaître leurs clients futurs ou actuels.

Ce constat étant fait, il est intéressant d'étudier une **stratégie de fidélisation** que l'on pourrait qualifier d'**indirecte** ou d'**induite**, puisqu'elle concerne en premier lieu le réseau de distribution et sa force de vente, et ensuite les clients finaux.

De fait, il s'agit d'un programme « double » développé pour les parfums Paloma Picasso, le premier volet étant consacré à la **stimulation des forces de vente dans les magasins** diffusant la marque. Conçue comme un **programme de fidélisation à part entière**, l'opération « Constellation 98 » destinée aux conseillères de beauté, a été lancée en février 1998 dans les points de vente.

Les vendeuses ont eu la possibilité de cumuler des points pour la vente des produits Paloma Picasso, ce qui leur permettait de les convertir en cadeaux en guise de récompense pour saluer leur participation active à l'opération (*Marketing Direct* – n° 32 novembre 1998).

37

L'objectif principal de l'opération « Constellation 98 » étant bien évidemment d'accroître le chiffre d'affaires de la marque dans les points de vente concernés, tout en s'attachant la sympathie des « conseillères de beauté ».

A contrario, l'on peut s'interroger sur les **limites d'une telle stratégie de fidélisation « induite »**, si toutes les marques s'investissent dans la fidélisation aux mêmes périodes de l'année (Fêtes des mères, Saint-Valentin, Noël, ...) avec des opérations similaires, lorsqu'elles ne sont pas propriétaires de tout ou partie des points de vente, à l'instar des boutiques Cartier ou Guerlain.

De plus, les **circuits de distribution sélective** dans le cas des produits de Luxe, peuvent devenir un **véritable champ de bataille**, compte tenu de l'intérêt de **motiver et de fidéliser les vendeurs** en contact direct avec les clients finaux.

Cartier fidélise les distributeurs

La Maison Cartier fait presque figure d'exception dans l'univers du Luxe, puisqu'elle dispose d'un département Marketing Direct et, par voie de conséquence, d'une certaine avance dans un secteur où la résistance au changement est flagrante.

Ainsi Cartier fidélise ses distributeurs, outre les 19 boutiques appartenant en propre au groupe, en leur proposant des opérations clefs en main. Sont concernées les boutiques disposant d'un fichier entretenu, « vivant » et donc régulièrement mis à jour.

Pour le lancement du parfum pour homme, « Déclaration », en février 1998, Cartier a ainsi ciblé les distributeurs les plus dynamiques, tant en termes de CA que de Base de Données (*Marketing Direct* – n° 32 novembre 1998).

L'objectif était, *via* un mailing, de créer un trafic chez les revendeurs, lesquels, compte tenu de la préparation intégrale de l'opération, bénéficiaient de l'impact commercial engendré par la campagne de Marketing Opérationnel réalisée par Cartier.

Fort logiquement, ce type d'opération « gagnant/gagnant » fidélise et motive le réseau des distributeurs, si ces derniers n'y allouent qu'un investissement en temps limité.

2.7 Stratégie de fidélisation par le cobranding

38

L'association de deux marques non concurrentes en termes d'offres de produits ou services, visant les mêmes segments de marché et, en l'occurrence, issues d'un même groupe, est une alternative intéressante, voire intelligente, à condition que la complémentarité des marques soit pleinement exploitée.

──── **SFR et le « 7 », le cobranding intra groupe** ────

Le programme « Sésame » de Cegetel fonctionne selon une mécanique désormais classique, puisque les appels SFR et ceux du « 7 » permettent au client de cumuler des points, lesquels sont convertibles en minutes gratuites ou en cadeaux issus du catalogue « Sésame ».

Plus le client consomme de communications SFR ou sur le « 7 », plus il gagne de points. *A fortiori*, s'il est abonné aux deux services, ses gains en points de fidélité seront plus importants.

Cette collaboration intra-groupe n'a pu se faire qu'en évaluant le **potentiel de fidélisation croisé** des deux marques. En effet, 40 % des abonnés au « 7 » détiennent un téléphone portable, parmi ceux-ci, 50 % sont abonnés à SFR.

Autre facteur clef de réussite d'un tel programme, la Base de Données de Sésame a été constituée en fonction notamment d'informations comportementales à forte valeur ajoutée, à même d'établir une segmentation fine des clients. Les styles de vie, loisirs, attentes des clients étant identifiés, les gains offerts par le programme Sésame sont plus adaptés aux préoccupations des clients. Il y a donc une réelle adéquation entre l'offre et les intérêts de la population visée !

Ceci est vraisemblablement le fruit de la réunion des Bases de Données des deux marques avec respectivement 600 000 clients du « 7 » à fin 1998 et les remontées d'un mailing de décembre 1998, soit 100 000 clients sur les 700 000 plus anciens clients de SFR (*Marketing Direct* n° 34 janvier / février 1999).

3 Fidélisation et conquête : deux stratégies complémentaires

3.1 Pour en finir avec le mythe du client captif à vie

Chaque consommateur dispose d'un droit indéniable à l'infidélité ! De ce fait, il n'est pas inconcevable d'avoir à fidéliser des clients « volages » par intermittence, et donc de marier (re)conquête et fidélisation.

39

3.2 Stratégie de la conquête fidélisante : « le deux en un »

La rentabilité de la fidélisation est généralement plus tangible et importante que celle de la conquête, et ce du fait du caractère captif du « noyau dur » constitué des meilleurs clients. Ceci étant, nombreux sont ceux, notamment dans les services, à communiquer sur leur politique de fidélisation pour pratiquer le recrutement de nouveaux clients. Les exemples sont légion et facilement identifiables.

En effet, dès lors qu'une entreprise communique auprès de ses prospects autour des bienfaits et du bien-fondé de ses outils de fidélisation, le recrutement devient « fidélisant ».

───────────────── **La carte FNAC** ─────────────────

Tel est le cas de la carte FNAC, dont l'inconvénient majeur est de n'offrir aucune véritable sélectivité, même si elle est payante. De ce fait, la segmentation préalable à la constitution du club des détenteurs de la carte proposée est quasi-inexistante. La dichotomie entre les clients à fort potentiel et les autres se fait donc après que celle-ci ait été délivrée.

Le véritable client « à fort potentiel » peut s'en trouver lésé, puisque ladite carte est accessible au plus grand nombre.

Ainsi, dans un sondage de l'AACC, seulement 26 % des clients de la FNAC se sentent considérés comme de bons clients (Étude de l'AACC – *CB NEWS* n° 555 – 25 au 31 janvier 1999).

Cette stratégie qui consiste à traiter tous les clients sur un pied d'égalité, peut amener le consommateur du produit ou service à se sentir « fondu dans la masse », et ce du fait même d'un traitement indifférencié.

Par conséquent, il est dangereux de vouloir conquérir et fidéliser dans la foulée, sans segmentation, sans distinguo en fonction de la valeur réelle et potentielle des clients.

En effet, une telle attitude de la part de l'entreprise conduit le client à ne pas se sentir considéré. Ce type de fidélisation en « aveugle » amoindrit le capital-client, puisque chaque client ne se sentant pas « privilégié » dans sa relation commerciale, peut demeurer « fidèle » par paresse ou faute de choix, puis devenir infidèle devant une offre concurrente personnalisée et donc plus valorisante.

40 3.3 Stratégie de la fidélisation conquérante

─────────────── **La carte Total GR** ───────────────

Fidéliser et conquérir par l'humour, tel est le pari effectué par Total, leader sur le marché des cartes pétrolières. Historiquement le pétrolier a développé une carte destinée aux Grands Routiers (GR), depuis les années 70, c'est-à-dire les transporteurs et les administrations. Puis cette offre fut étendue aux grandes entreprises pour ce qui concerne les véhicules légers dès 1985, et enfin, récemment aux PME/PMI.

Cette activité stratégique pour le groupe pétrolier a incité ses dirigeants à développer au milieu des années 90, un système de gestion interne reposant sur la mise en place d'un logiciel spécifique, Total Card.

Cet investissement va être récompensé par le leadership de la carte Total GR, laquelle réunit aujourd'hui 40 000 entreprises clientes et quelques 800 000 porteurs, soit 40 % du marché des cartes pétrolières.

Forts de ces bons résultats, les dirigeants du groupe souhaitent que la carte Total GR ne soit pas qu'un moyen de paiement, mais aussi un véritable outil de gestion. Pour faire passer ce message plus efficacement, la communication dédiée à la carte Total GR est devenue plus humoristique et moins « institutionnelle », faisant ainsi appel à trois personnages sympathiques dans l'esprit « Bande dessinée ». Le budget dédié est absorbé à 80 % par le marketing direct.

La carte Total GR est complétée par l'offre de nouveaux services, lesquels sont destinés à la fois à fidéliser la clientèle existante et à conquérir de nouveaux segments de marché.

Depuis 1995, l'option Sécurité 24h/24 permet de déclarer à toute heure la perte ou le vol de la carte auprès d'un centre d'appel.

En 1996, deux nouveaux services voient le jour :

– Gestion + : analyse de la consommation et suivi budgétaire pour chaque carte.
– Contrôle + : identifie les utilisations anormales par rapport aux données transmises par l'entreprise cliente.

La fidélisation se complète par le lancement de produits dédiés à la conquête avec deux nouvelles cartes, Total GR locale et la carte Eurotrafic, destinées respectivement aux PME/PMI et aux transporteurs européens.

Ainsi, compte tenu d'une large cible constituée d'entreprises consommant chaque mois un minimum de 200 litres de carburant, Total réalise près de la moitié de ses mailings en conquête. La base de données de prospection est en partie nourrie par des opérations d'animation de réseau avec la remise de « leaflets ».

41

En somme, conquête et fidélisation sont, chez Total, deux stratégies complémentaires, cohérentes et efficaces.

3.4 Quand la prévention vaut « rétention »...

Fidéliser en phase de conquête, tel est le problème concret des marchés en forte phase de croissance orientés sur le recrutement de clients. Le marché des Télécommunications mobiles illustre parfaitement ce cas de figure en affichant un taux de croissance phénoménal de plus de 100 % l'an et un taux d'infidélité d'environ 25 % (Source *Action Commerciale* n° 183).

En l'occurrence, les trois principaux acteurs du marché français que sont respectivement France Télécom avec Itinéris, Cegetel avec SFR et Bouygues Télécom, se livrent une guerre acharnée en multipliant les offres nouvelles, les promotions, les « packages », forfaits divers et baisses de prix sur les appareils mobiles GSM sous réserve d'abonnement...

Certaines sociétés de commercialisation de services (SCS) intervenant sur ce marché, tentent de « retenir » leurs clients, à l'image de la SCS Carrefour. En effet, priorité est donnée à l'information de l'utilisateur dont les consommations vont être analysées de manière à proposer en temps réel un forfait plus avantageux financièrement.

Les opérateurs tentent, pour leur part, de fidéliser dès que le prospect est devenu client. Pour commencer, les clients, reçoivent un questionnaire inséré dans le « pack de bienvenue », puis, dans certains cas, un appel destiné à évaluer la satisfaction après l'achat, des offres de parrainage, des informations spécifiques sur les factures, un « consumer magazine » gratuit pour chaque abonné, un club « utilisateurs », etc.

France Télécom, Cégétel, Bouygues

Chez Bouygues Télécom, les mois qui précèdent l'échéance du renouvellement du forfait font l'objet d'une communication appropriée visant à prévenir et restreindre au maximum les phénomènes d'attrition et les résiliations en nombre.

France Télécom Mobiles développe des services bancaires destinés au GSM en partenariat avec la BNP, alors que SFR offre un mini-journal d'information accessible depuis le portable en collaboration avec une grande radio nationale.

Dans le même esprit, tous les opérateurs couplent leur offre de téléphonie mobile avec une messagerie électronique. Certains fabricants de portables GSM tels que Nokia en font de véritables terminaux nomades offrant des fonctions agenda, répertoire, email, fax, et de nombreuses interfaces possibles...

Bref, vous l'avez bien compris, la conquête en apparence facile et rapide comparable à une « blitzkrieg » commerciale, va être suivie d'une bataille de tranchées où le client fidélisé sera gage de survie pour les opérateurs souhaitant consolider et amortir leurs considérables investissements de recrutement !

Chapitre 3

Qui fidéliser : étude et segmentation de la clientèle existante

1 Connaître ses clients grâce aux études et baromètres de satisfaction

Postulat évident et trop souvent oublié, les programmes de fidélisation doivent être élaborés en fonction des attentes des clients.

Ainsi, afin de réunir les données nécessaires au succès de toute politique de fidélisation, mieux vaut-il « s'adresser » directement aux clients pour identifier les critères définissant leurs motifs de satisfaction ou d'insatisfaction.

Pour ce faire, les études et baromètres de satisfaction sont de plus en plus utilisés. Leurs avantages sont multiples : ils permettent de définir les attentes des clients par rapport à la marque, aux produits, aux services. Le positionnement concurrentiel peut être également évalué.

Les résultats du baromètre de satisfaction ont pour vocation d'entraîner des actions correctives à tous les niveaux du mix :

- qualité du produit
- pricing
- packaging

- communication
- choix du réseau de distribution
- merchandising
  etc.

La récurrence des baromètres permet d'évaluer dans le temps les progrès réalisés par l'entreprise sur tous les critères jugés prioritaires par les clients et non pas par l'entreprise. De ce fait, la segmentation sera optimale.

En somme, il s'agit d'un « **mini-audit récurrent** », offrant aux Directions Marketing la possibilité de piloter en temps réel leurs actions de fidélisation, voire le lancement de nouveaux produits issus de la demande !

44 Ces baromètres renforcent donc les liens avec le marché, alors que les entreprises peuvent rapidement perdre le contact avec leurs clients et *a fortiori* avec leurs prospects.

Aujourd'hui, l'environnement économique évolue aussi vite que les moyens de communication. Ce chaos permanent est planétaire : retournements politiques ouvrant certains pays, en fermant d'autres, crises financières, monétaires, batailles juridiques entre industriels, mobilité des tendances, des goûts, des habitudes, concurrence de plus en plus grande et souvent imprévisible...

Le client est au cœur de ces turbulences. Il en suscite certaines, en subit d'autres, ce qui modifie son comportement et ses opinions.

Les indicateurs classiques sont insuffisants pour anticiper les attentes émergentes ou latentes des consommateurs.

L'entreprise performante a donc besoin d'un tableau de bord lui donnant des informations et lui permettant de réagir en temps réel.

Un instrument fondamental - nouveau tableau de bord des entreprises - est le baromètre de tendances qui permet de rester en contact avec la clientèle afin de la fidéliser et d'accroître la valeur du capital-client.

En effet, les clients fidèles achètent généralement plus, acceptent de payer plus cher et font de la « publicité » (Bouche à oreille positif) pour l'entreprise. Plus la relation avec la clientèle dure longtemps, plus les profits augmentent grâce à la diminution des coûts d'approche et de gestion.

1.1 Définition du baromètre de tendances/satisfaction

Le baromètre de tendances est un système rationnel pour évaluer les réactions de la clientèle.

Il repose sur les constats suivants :

- La qualité est celle que perçoit le client.
- Elle se mesure par l'écart entre ce qu'il attend et ce qu'il reçoit.
- La mesure doit être périodique afin d'évaluer les évolutions.
- Une faible proportion des clients mécontents se manifeste.
- Quand un client se plaint, il est bien souvent trop tard pour réagir.
- Quand un client part, il est toujours trop tard pour retenir les autres.

Concrètement, le système consiste à interroger régulièrement un échantillon représentatif de la clientèle :

- Pour qu'il soit représentatif, il convient de choisir à chaque mesure un échantillon aléatoire.
- Pour des raisons de fiabilité des coûts et de rapidité, le téléphone est l'outil le plus adapté, avant que les études sur Internet ne se multiplient.
- Pour mieux appréhender l'évolution, il est souhaitable de bâtir un questionnaire fixe à 90 %.

1.2 Ce que les clients pensent, disent et font

Plus l'entreprise sonde ses clients, plus elle est proche de ce qu'ils pensent (intentions d'achat, besoins nouveaux...). Mais plus les contacts sont rares dans le temps, moins l'entreprise est informée de ce que disent les clients mécontents ou non. En outre, si les contacts sont quasi-inexistants, l'entreprise ne connaît plus que les actes d'achat, donc ce qu'ils font.

Cette distance variable dans la connaissance du client a été étudiée par Synthèse Marketing, agence Conseil disposant d'une grande maîtrise des baromètres et études de satisfaction, et qui nous propose le schéma suivant pour résumer « ce que les clients pensent, disent et font » :

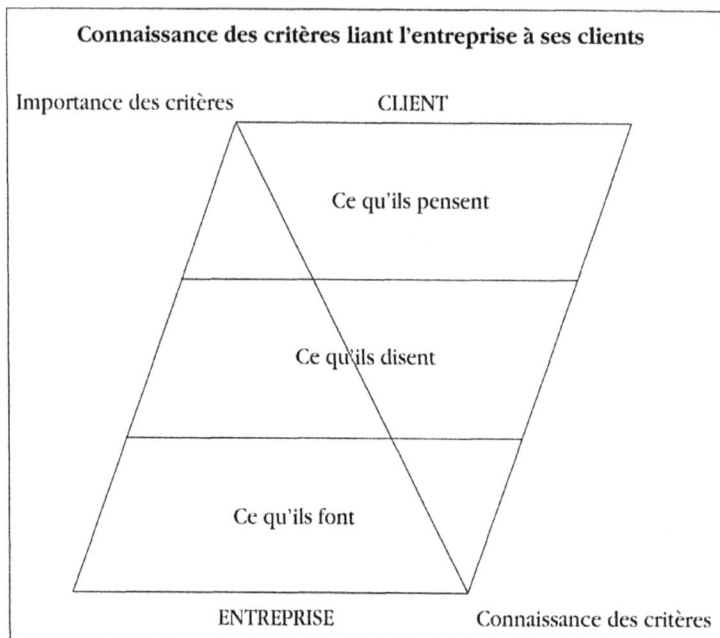

Connaissance des critères liant l'entreprise à ses clients

Importance des critères — CLIENT

Ce qu'ils pensent

Ce qu'ils disent

Ce qu'ils font

ENTREPRISE — Connaissance des critères

Source : Synthèse Marketing - 1998.

Grande Maison incarnant avec brio la tradition française du Luxe, Hermès n'avait, *a contrario*, jamais brillé pour sa maîtrise des techniques et outils du marketing opérationnel.

Il est vraisemblable que la crainte de voir son image se « détériorer » en ayant recours, par exemple, au marketing direct, peut expliquer un tel retard. Néanmoins, c'est peut-être inspirés par le succès du groupe Clarins avec le parfum « Angel », que les dirigeants d'Hermès Parfums ont franchi le cap et ainsi mis fin à des années de « frilosité ».

──────── **Les clients cernés par Hermès** ────────

En effet, le dernier parfum pour homme d'Hermès, « Rocabar », a bénéficié d'une communication fondée majoritairement sur le marketing relationnel élaboré par l'agence Rapp Collins. Le principe de la campagne est simple, puisque les 35 000 clients de la Base de Données d'Hermès Parfums ont reçu en avril 1998 un échantillon « neutre », sans marque, du parfum pour donner leur avis et le conseiller à leurs proches (*Marketing Direct* – n° 32 – novembre 1998).

En mai, un second mailing dévoilait le nom du parfum et sa prestigieuse signature. Fait original, la campagne a été menée conjointement dans les boutiques Hermès de 7 pays d'Europe et aux États-Unis. En outre, la mesure de la rentabilité de l'opération a été effectuée *via* un post-test téléphonique dispensé sur une population de 1000 clients.

Par voie de conséquence, Hermès a pu affiner sa connaissance de ses meilleurs clients et apprécier leur comportement d'achat.

47

1.3 Création et mise en place d'un baromètre de satisfaction avec mapping d'analyse par Xavier Lucron

Méthodologie

Le mapping d'analyse présente le double avantage d'être à la fois un outil graphique puissant et simple.

Puissant, car il permet non seulement de hiérarchiser les actions correctrices de fidélisation à entreprendre, mais aussi de repérer les points de désinvestissement qui vous permettront de financer ces améliorations.

Simple, car il est immédiatement compréhensible par tous, à commencer par ceux à qui vous serez amené à le présenter pour leur faire accepter les conclusions qu'il implique. La simplicité est également le gage d'une utilisation effective et pérenne dans l'entreprise, *a contrario* des « usines à gaz » que seuls leurs concepteurs comprennent.

Le mapping d'analyse repose sur les réponses obtenues à partir d'un questionnaire simple d'emploi et rapide à renseigner, saisir, puis dépouiller.

Étape A : La conception du questionnaire de satisfaction
De la qualité du questionnaire dépendra celle de votre analyse

Que vous le diffusiez par courrier ou *via* vos points de vente, le questionnaire est d'évidence un outil important : il est l'ambassadeur de votre démarche de fidélisation et le support de la réponse de vos clients.

Pour que ceux-ci prennent le soin de vous accorder quelques minutes, commencez par leur simplifier le travail et par leur soumettre des réponses appropriées.

Facilitez la tâche :

Pour évaluer le niveau de satisfaction des enquêtés, des dizaines d'interrogations vous viennent à l'esprit : comment sont-ils accueillis ? ont-ils réponse à toutes leurs demandes ? nos produits ou nos services leur apportent-ils ce qu'ils cherchent ? notre service après-vente est-il efficace ? etc. Il est vrai qu'il est tentant de « rentabiliser » une étude en fouillant au maximum toutes les facettes de notre relation avec nos clients.

Mais vous imaginez bien que si vous leur posez une à une ces nombreuses questions, l'épaisseur de votre questionnaire va rapidement concurrencer celle d'un annuaire téléphonique !

De plus, si vous les formulez par des questions ouvertes (Que pensez-vous de notre accueil ?), le dépouillement comme l'analyse s'en trouveront compliqués et délicats.

En fait, la meilleure forme consiste à lister les questions les unes sous les autres, et à recourir aux réponses à échelle, en simplifiant la tâche par des cases à cocher.

Prenons l'exemple d'une banque qui souhaite évaluer le décor, l'accueil, la disponibilité, les horaires, la diffusion des informations, les produits et la rapidité des décisions au sein de ses agences.

Le questionnaire de satisfaction est alors présenté comme suit :

	Oui tout à fait	Oui	Plutôt	Non	Plutôt pas du tout	Non
Le cadre de votre agence est-il agréable ?	☐	☐	☐	☐	☐	☐
Y êtes-vous bien reçu ?	☐	☐	☐	☐	☐	☐
Les jours et horaires sont-ils adaptés ?	☐	☐	☐	☐	☐	☐
Le Responsable de votre compte est-il facile à rencontrer ?	☐	☐	☐	☐	☐	☐
Bénéficiez-vous d'une information régulière sur nos produits ?	☐	☐	☐	☐	☐	☐
Pensez-vous que nos produits soient performants ?	☐	☐	☐	☐	☐	☐
Les décisions sont-elles prises rapidement ?	☐	☐	☐	☐	☐	☐

49

Ainsi, l'utilisateur n'a pas à relire à chaque fois toutes les réponses qui lui sont proposées (Oui tout à fait, Plutôt oui, etc.) ; il répond donc rapidement et – cela est important – avec d'autant plus de spontanéité, à un grand nombre de questions.

Une ou deux questions ouvertes permettent ensuite à ceux qui le désirent de s'exprimer et d'expliciter leurs réponses, au-delà des propositions fermées – certes figées et restrictives mais surtout incitatives et faciles à quantifier – des interrogations précédentes. Dans notre exemple, elles pourraient être :

Pour vous, quel est le principal avantage de votre agence ?
Pour vous, quel est la principale insuffisance de votre agence ?

FIDÉLISEZ VOS CLIENTS

N'oubliez pas de laisser suffisamment de place pour les réponses, contrairement à ce que l'on voit trop souvent !

Faites court

Le nombre de questions que vous pouvez poser dépend du mode d'enquête retenu. Lorsque vous faites interroger vos clients par des enquêteurs dans vos points de vente ou par téléphone, une quinzaine de questions – qui correspondent à un délai de quatre minutes – constitue un maximum. Au-delà, les interviewés se lassent, bâclent les réponses, voire stoppent net leur participation, rendant inutilisable le questionnaire.

Même longueur pour les questionnaires distribués, mis à disposition en libre-service ou diffusés au sein d'un organe de presse, car sinon personne ne les utilise.

Pour faire plus long, **l'enquête nominative par correspondance** donne de bons résultats, en particulier sous la forme d'un quatre pages constitué d'une grande feuille A3 pliée en deux. En ce cas, le questionnaire peut atteindre une centaine de questions.

L'enquête chez l'interviewé (au domicile s'il s'agit d'un particulier, au bureau pour un professionnel), permet également de poser une centaine de questions, avec l'avantage que les réponses viennent s'enrichir des commentaires de l'enquêteur sur les réactions de ses interlocuteurs.

Enfin, la pratique consistant à proposer le **questionnaire *via* Internet** se développe, mais elle n'est pas encore garante de la représentativité de votre clientèle... à moins que votre activité soit avant tout liée au réseau des réseaux. L'avantage de ce mode de passation du questionnaire réside dans le fait que vous n'avez pas à saisir les réponses, puisque l'interviewé le fait pour vous. Ces mêmes remarques valent pour le Minitel.

Proposez les bons choix

Une question à échelle efficace oblige le répondant à prendre position : si vous proposez un nombre impair de réponses, les indécis – ils sont toujours nombreux dans ce contexte – s'y jetteront comme la pauvreté sur le monde !

Ainsi, une échelle construite comme celle qui suit, offre à ceux qui n'osent pas, ou qui n'ont jamais réfléchi à la question, un moyen de se « défiler » :

☐ pas du tout satisfait
☐ un peu satisfait
☐ moyennement satisfait
☐ satisfait
☐ tout à fait satisfait

50

© Éditions d'Organisation

L'élimination du « moyennement satisfait » améliorera nettement la qualité des réponses, car même chez les plus indécis il existe toujours un petit quelque chose susceptible de faire pencher la balance d'un côté ou d'un autre...

Les mots désignant un choix moyen sont également à bannir : des formulations comme « moyennement d'accord » ou « assez satisfait » sont à exclure, même si en réalité, seules quatre réponses sont effectivement proposées :

Ainsi, à :

- ☐ pas du tout d'accord
- ☐ peu d'accord
- ☐ moyennement d'accord
- ☐ tout à fait d'accord

préférez :

- ☐ pas du tout d'accord
- ☐ peu d'accord
- ☐ d'accord
- ☐ tout à fait d'accord

Voici une autre échelle pour déterminer l'utilisation d'un produit, d'un service, par exemple :

- ☐ jamais
- ☐ parfois
- ☐ souvent
- ☐ toujours

Quantifiez les réponses

Une fois les questionnaires remplis, comment les dépouiller ? Vous avez certainement remarqué que les échelles évoquées en exemple comportent toutes quatre choix.

Inutile d'en proposer davantage, cela ne ferait qu'embrouiller les questionnés et ralentir les réponses des interviewés.

Dans le même ordre d'idée, leur demander d'attribuer une note sur 20 ou sur 10 serait une erreur, car l'expérience montre qu'ils sont incapables d'estimer avec autant de finesse leur niveau de satisfaction.

De plus, personne ne possède le même référentiel en termes de notation.

C'est aussi la raison pour laquelle on préfère recourir à une échelle sémantique – à base de mots – plutôt que chiffrée.

51

Cela ne vous empêche pas, lors du dépouillement des questionnaires, d'attribuer une note – un poids – à chaque choix proposé. 1 point pour le choix le plus « bas » (pour « pas du tout d'accord », par exemple), 2 points pour le suivant (« peu d'accord »), 3 points pour le troisième (« d'accord ») et 4 points pour le plus « élevé » (« tout à fait d'accord »). Pour une question donnée, vous calculez alors la moyenne des points qui lui sont attribués par tous les questionnaires.

Avec une notation de 1 à 4, la moyenne (le « 10 sur 20 ») se situe à 2,5. Vous savez donc aussitôt que si votre accueil a reçu une note moyenne de 2,92, il est « plutôt bien » apprécié, mais que si votre SAV a été noté 1,53, il faut l'améliorer rapidement.

Étape B : l'analyse par mapping de satisfaction

Il vous faut maintenant interpréter les résultats et tirer les conclusions sur les actions à mener. Le « mapping de satisfaction » est l'outil qui permet de construire et de visualiser votre analyse...

Imaginons qu'une chaîne de restaurants mène une telle enquête. Elle obtiendra une note pour chacun des différents critères d'évaluation retenus : l'accueil, la carte, la qualité, la quantité, le délai, l'éclairage, les prix, la disposition des tables, l'ambiance musicale, etc.

Mais, quelle que soit la note de satisfaction obtenue, il convient également de considérer l'importance accordée à ces critères : pour un déjeuner, il est moins grave de se voir attribuer une mauvaise évaluation pour la disposition des tables ou l'éclairage que pour la qualité gustative des plats et la rapidité du service !

La difficulté consiste à bien faire prendre conscience aux interviewés que tous les critères sont certes à prendre en compte, mais que chacun possède une portée relative. Comme cela nécessite mûre réflexion, ce n'est pas le temps d'un rapide questionnaire que cela est possible.

C'est pourquoi l'analyse *a posteriori* des réponses quant à la satisfaction, passe par une quantification *a priori* de l'importance de chaque critère étudié... donc par une pré-enquête.

Étape 1 : Quantifiez l'importance des critères

Réunissez un échantillon représentatif de la population interrogée. Sensibilisez-le à la différence existant entre la notion d'importance et celle de niveau de satisfaction, et posez la question pour chaque critère, en proposant des réponses du type :

☐ pas du tout important
☐ peu important

☐ important
☐ très important

Attribuez une note - un poids - à chaque choix proposé. 1 point pour le choix le plus « bas » (pour « pas du tout important »), 2 points pour le suivant (« peu important »), 3 points pour le troisième (« important ») et 4 points pour le plus « élevé » (« très important »).

Pour une question donnée, vous calculez alors la moyenne des points qui lui sont attribués par tous les questionnaires. Dans notre exemple, si le critère « prix » a obtenu une moyenne de 3,85, il sera considéré dans notre analyse comme « très important » pour les clients, alors qu'une note moyenne de 2,10 attribuée à la disposition des tables montrera le peu d'importance que revêt cette caractéristique dans l'esprit de nos interlocuteurs.

Étape 2 : Menez l'enquête

Maintenant que vous savez ce qui est réellement important et ce qui l'est moins pour vos clients, vous pouvez tous les interroger sur leur niveau de satisfaction.

53

Tous ? Pas nécessairement, du moment que vous pouvez obtenir les réponses d'un échantillon représentatif. Dans le cadre d'une enquête de satisfaction, cela n'est pas toujours facile : vous ne devez en effet jamais oublier que les questionnaires expédiés spontanément émanent de clients qui ne sont représentatifs que de ceux... qui répondent !

C'est la raison pour laquelle un baromètre de satisfaction vous livre des informations beaucoup plus pertinentes lorsqu'il est conçu comme toute étude statistique quantitative qui se respecte.

Pour cela, boudez votre intuition ! Se fixer comme règle de tester 10 % de la clientèle, quelle qu'en soit la taille, est en fait un non-sens statistique ! En effet, la taille de l'échantillon est avant tout liée à l'hétérogénéité de la population observée et au degré d'erreur que vous acceptez. Sans entrer dans le détail de formules mathématiques relativement compliquées, disons qu'un test commence à être fiable à partir d'un échantillon de 1 000 clients.

Conséquences : vous devrez retenir cette taille pour votre baromètre de satisfaction.

Comment faire si, du fait même de votre activité ou de la récence de votre entreprise, votre clientèle n'atteint pas ce nombre ? Vous ne pouvez pas tester valablement (mener un test sur 50, par exemple, vous donnera au mieux une tendance qualitative, en aucun cas quantitative) : vous n'avez d'autre choix que d'interroger exhaustivement votre clientèle.

Vous vous demandez peut-être comment font les entreprises de sondage d'opinion pour tirer des conclusions à partir d'une étude réalisée auprès de 700 interviewés seulement ? Elles emploient des méthodes d'échantillonnage – de constitution de l'échantillon – dites empiriques, souvent la méthode des quotas, et pondèrent les résultats obtenus en fonction de comparaisons entre des données antérieures recueillies à l'occasion d'autres études et les résultats réels du scrutin de l'ensemble des votants d'alors... Autant de données historiques et d'outils statistiques dont vous ne disposez pas lorsque vous construisez votre baromètre de satisfaction !

Pour approfondir ces différents points, intéressez-vous à la loi normale, la loi de Poisson et au test du Khi-deux, pour ne mentionner qu'eux, dans les ouvrages de statistiques ou de mathématiques appliquées à la gestion, que l'on retrouve aussi sous l'appellation de « recherche opérationnelle » ou encore de « techniques quantitatives de management »...

54

Si vous pouvez interroger un échantillon de 1 000 clients, ne le constituez pas en vous contentant de retenir les 1 000 premiers enregistrements de votre fichier clients, car vous risqueriez d'entacher votre test d'un biais lié à la raison pour laquelle les adresses sont dans cet ordre, car l'ordinateur ne les ordonne jamais au hasard.

Ordre d'arrivée chronologique dans le fichier (correspondant peut-être à l'ancienneté et donc – justement – à la fidélité des clients), ordre alphabétique, ordre géographique, ordre croissant ou décroissant par chiffre d'affaires, etc.

Pour vous départir de la notion d'ordre dans un fichier informatisé, la meilleure méthode consiste à effectuer un tirage dit « systématique ». Si votre fichier clients comporte 5 000 adresses, effectuez l'opération 5 000 / 1 000 = 5. Sélectionnez alors toutes les adresses de rang 5 dans votre fichier : la 5ᵉ, la 10ᵉ, la 15ᵉ et ainsi de suite jusqu'à la 4 995ᵉ et enfin la 5 000ᵉ.

Ce travail une fois achevé (en quelques secondes, automatiquement, grâce à une simple macro-commande sous Access, Approach ou tout autre gestionnaire de fichiers un peu évolué), vous aurez constitué un échantillon de 1 000 adresses dont tout risque de biais lié à l'ordre des adresses aura été éliminé.

Étape 3 : Tracez le mapping

Ce graphique – très simple – comporte deux axes : celui de l'importance attribuée aux critères et celui de la note moyenne de satisfaction que ces derniers ont obtenue. Ils se coupent en leur milieu, respectivement à 2,5, afin de dégager quatre parties (appelées « quadrants »), sur lesquelles repose notre analyse.

Reprenons l'exemple de notre banque qui désire évaluer le décor, l'accueil, la disponibilité, les horaires, la diffusion des informations, les produits et la rapidité des décisions au sein de ses agences.

Imaginons que chaque critère a obtenu les moyennes suivantes, en termes d'importance (lors de la pré-étude menée auprès d'un premier échantillon représentatif de ses clients) et de niveau de satisfaction (grâce à l'étude proprement dite, menée auprès de l'ensemble des clients ou bien d'un autre échantillon représentatif de la clientèle) :

	Critères d'évaluation	Importance	Satisfaction
A	Le cadre de votre agence est-il agréable ?	1,2	3,4
B	Y êtes-vous bien reçu ?	2,4	1,7
C	Les jours et horaires sont-ils adaptés ?	3,7	1,2
D	Le Responsable de votre compte est-il facile à rencontrer ?	2,9	2,8
E	Bénéficiez-vous d'une information régulière sur nos produits ?	1,8	2,1
F	Pensez-vous que nos produits soient performants ?	3,2	1,4
G	Les décisions sont-elles prises rapidement ?	3,3	3,9

55

Le graphique correspondant sera le suivant :

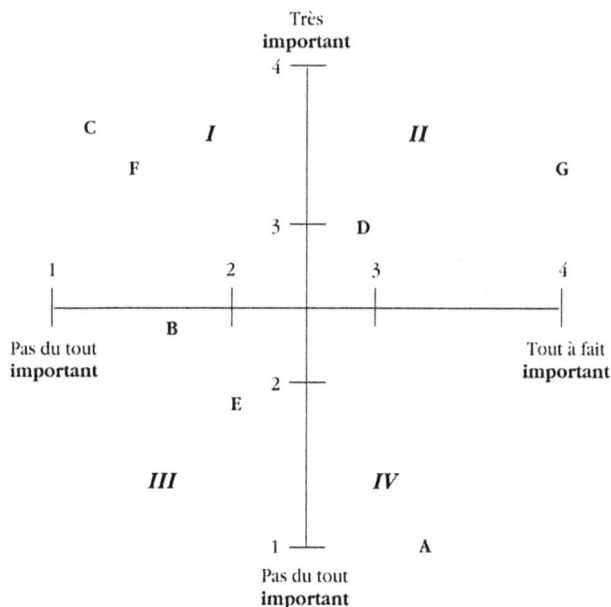

Étape 4 : Analysez le contenu des quatre quadrants

Numérotons de I à IV les quatre zones circonscrites par les axes.

Quadrant I : L'URGENCE !

Ici, les points, considérés comme importants, voire très importants, sont jugés peu ou pas du tout satisfaisants. Cette situation est dangereuse et implique la mise en place à court terme d'un plan d'actions. Dans notre exemple, il s'agit des critères C et F, respectivement les horaires d'ouverture des agences et la performance des produits bancaires.

Il conviendra donc de revoir en toute urgence ces deux aspects, sur le fond, mais sachez que parfois un travail sur la forme suffit.

En effet, l'insatisfaction peut provenir d'un manque de communication. Le public interrogé ne sait peut-être pas que l'agence fait nocturne un jour par semaine et qu'elle est ouverte toute la journée le samedi ; de même, les produits bancaires peuvent être en réalité dans la moyenne des performances enregistrées par les autres organismes financiers...

Quadrant II : Les points forts

Les critères importants et très importants sont estimés satisfaisants et très satisfaisants. Ils constituent des atouts sur lesquels doit reposer notre argumentation publicitaire et commerciale. Ces points sont à maintenir en l'état, sans plus. Notre banque fait preuve de disponibilité et de rapidité.

Quadrant III : Les points faibles secondaires

Leur indice d'insatisfaction impose de traiter ces lacunes, mais le peu d'importance que leur accordent les interviewés vous permet de temporiser : ils ne seront à considérer que lorsque ceux du quadrant I auront progressé. Sur notre graphique, l'accueil clientèle et l'information sur les produits méritent amélioration à moyen terme.

Quadrant IV : Le désinvestissement

Régler l'urgence, maintenir les points forts et traiter les points faibles secondaires sont autant de postes de charges, aussi bien en termes d'investissements que de personnel. Une réaffectation des ressources est nécessaire pour les assumer. Justement, le quadrant IV vous permet de dégager les aspects sur lesquels vous en faites trop.

Ici, vous satisfaisez pleinement vos interlocuteurs sur des éléments qui leur sont indifférents... le jeu n'en vaut pas la chandelle. Réduisez vos exigences, vous dégagerez ainsi des ressources dont l'emploi sera dévolu aux trois autres quadrants. Ainsi, la décoration de nos agences bancaires est suffisamment appréciée pour que nous repoussions à plus tard leur rénovation intérieure...

Remarque : si vos concurrents possèdent les mêmes points forts que les vôtres (quadrant II), vous pouvez trouver là des arguments de différenciation secondaire. Pesez bien chaque point avant de désinvestir.

Étape 5 : Contrôlez les améliorations

Pour apprécier l'impact des actions entreprises, menez à intervalles réguliers la partie satisfaction de l'étude, puis vérifiez sur le mapping l'orientation et la distance de migration de chaque point. Ceux des quadrants I et III sont censés se diriger vers la droite, ceux du quadrant IV vers la gauche, le quadrant II voyant ses occupants rester immobiles...

2 Isoler les clients les plus rentables : constituer des sous-segments de clientèle en fonction de leur valeur commerciale

57

2.1 Qu'est-ce qu'un « bon » client et qui sont les clients fidèles ?

On peut définir la qualité du client, soit à titre individuel, soit en termes d'appartenance à un groupe.

Pour qualifier un client ou un ensemble homogène de clients, il est souhaitable de considérer, par exemple, la rentabilité des actions de fidélisation menées à leur égard.

Dans le cas d'une action de Marketing Direct, le coût de ces actions peut correspondre à la somme des coûts de mailing, de création, d'impression, de fichier, d'affranchissement, de personnalisation, de routage, etc.

Ensuite le chiffre d'affaires généré, puis le retour-sur-investissement sont calculés.

Tous les clients dont la rentabilité est nulle ou négative seront « supprimés » de la base de données utilisée pour le programme de fidélisation.

Les autres clients, rentables donc, se verront attribuer des outils de fidélisation plus ou moins chers en fonction de leur rentabilité.

Autrement dit, plus un client est rentable lorsqu'il est fidélisé, plus on procédera à une allocation de moyens en proportion.

Cependant, la fidélisation a ses limites, et un client-consommateur n'achètera pas 100 litres de parfum par an, ni même 10 voitures. La fidélisation doit donc prendre en compte le cycle de vie du produit (Cf. partie I, chapitre 4), et les périodes et motifs nécessaires au renouvellement de l'achat.

58

Pizza Hut segmente ses parts de marché

La multiplication de l'offre ces dernières années en matière de pizzas livrées à domicile est telle que Pizza Hut souhaite mieux connaître ses clients pour mieux les servir (*Direct Marketing News*, 22/1/99).

Or, pour ce faire, Pizza Hut a segmenté sa clientèle afin d'étudier les goûts, besoins et attentes de segments homogènes et à fort potentiel, notamment celui de la population dite des « jeunes urbains ».

La construction d'une relation commerciale pérenne est recherchée par le biais d'une politique de création d'événements. Ainsi, environ tous les deux mois, les segments à fort potentiel reçoivent un mailing en fonction de leur comportement d'achat antérieur.

Les prétextes de communication sont variés et vont de l'annonce du lancement d'une nouvelle pizza pour une durée limitée, à un message de vœux pour les fêtes assorti d'une offre promotionnelle, jusqu'à l'organisation d'un tirage au sort permettant de gagner un voyage dont les destinations ont été identifiées par les études faites auprès de ces segments de marché.

Cette dernière opération est organisée avec un « Tour opérateur » et une compagnie aérienne dans le cadre d'une campagne axée sur le cobranding ; elle permet de mettre à jour les Bases De Données Clients et de renforcer les relations par un dialogue, voire une création de trafic, puisque les bulletins de participation au tirage au sort pouvaient être déposés également dans les points de vente.

En résumé, Pizza Hut procède comme suit :

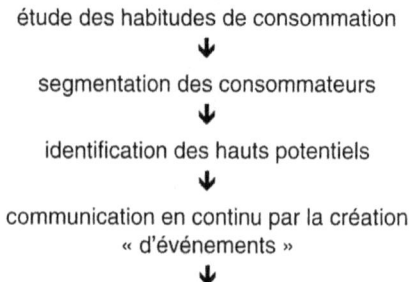

étude des habitudes de consommation
↓
segmentation des consommateurs
↓
identification des hauts potentiels
↓
communication en continu par la création
« d'événements »
↓

recours au cobranding pour rechercher
une plus grande synergie
↓
mise à jour de la BDD Clients à chaque « événement »
↓
entretien d'une relation commerciale durable et rentable

──────── **Intersport et la segmentation locale** ────────

Le géomarketing n'est pas en soi une nouveauté, puisque la délimitation des zones de chalandise est une préoccupation historique depuis la naissance du commerce organisé.

Néanmoins, c'est grâce aux progrès réalisés par l'informatique décisionnelle que les entreprises et notamment les distributeurs, peuvent désormais connaître leur zone de chalandise, afin d'optimiser leurs dépenses de communication.

Tel est le cas de la chaîne de magasins d'articles de sport (*Marketing Direct* – n° 28 – mai 1998), dont le recours au géomarketing a pour but une meilleure allocation des investissements inhérents aux actions commerciales locales.

L'opération « Déclic » d'Intersport a nécessité une enquête auprès des 250 magasins (hors stations de sports d'hiver).

Pendant quatre périodes d'une semaine, les clients ont été conviés à renseigner un questionnaire très court, à la sortie des caisses lors de l'enregistrement des achats. Les informations alors demandées visaient à connaître les coordonnées des clients, le montant des achats et leur fréquence. En somme, on retrouve les fondements de la méthode RFM, Récence, Fréquence, Montant, laquelle sera explicitée dans la deuxième partie, chapitre 7.

Le démarrage a eu lieu en novembre 1997 et au printemps 1998, près de 70 000 questionnaires avaient été collectés.

Ainsi, chaque magasin dispose d'une carte précise de sa zone de chalandise, maîtrise son potentiel de développement, la répartition locale du CA, sa part de marché...

En outre, des « microzones » ainsi définies sont complétées par une description socio-économique de l'environnement de chaque magasin.

Il en résulte que les performances des magasins Intersport ayant un environnement similaire sont comparées, qu'une typologie de magasins peut être établie, et ce afin d'individualiser au maximum la communication locale auprès des clients !

59

La méthode Intersport :

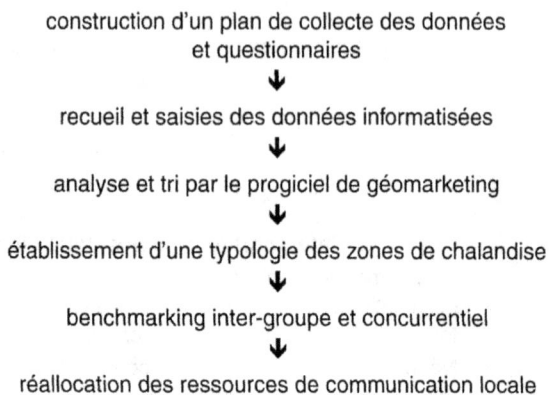

construction d'un plan de collecte des données
et questionnaires
↓
recueil et saisies des données informatisées
↓
analyse et tri par le progiciel de géomarketing
↓
établissement d'une typologie des zones de chalandise
↓
benchmarking inter-groupe et concurrentiel
↓
réallocation des ressources de communication locale

2.2 Méthode : le « Power Pricing » ou comment segmenter par les prix

Méthodologie

Cette méthodologie développée par Robert J. Dolan et Hermann Simon (« *Power Pricing : How managing price transforms the bottom line* » - Éditions The Free Press - 1996) part du postulat que la politique de prix détermine les résultats de l'entreprise.

Ainsi, fort logiquement, dans le cas de produits manufacturés, un prix fixé 5 % trop bas peut grever sérieusement les résultats financiers, voire menacer la survie même de l'organisation.

A contrario, une politique de prix trop élevés peut entraîner des pertes de parts de marché en provoquant la défection de nombreux clients.

Ces constats sont au demeurant forts simples, néanmoins, l'intérêt de la démarche dite du « Power Pricing », appliquée à la fidélisation, réside dans le fait que la segmentation des clients est possible, si ce n'est souhaitable par le prix !

61

La psychologie à tous les prix...

En effet, partant à nouveau d'un constat pétri de bon sens, les deux auteurs de cet ouvrage au titre tonitruant, réaffirment que, **pour un même produit, différents segments de clientèle sont disposés à payer un prix différent.** Dont acte...

Hormis les réserves légales qui s'imposent lorsqu'il s'agit de vendre un même produit à différents prix, les opportunités commerciales induites sont indubitables. Il convient donc de développer cette analyse pour identifier *in fine* les possibilités de positionnement d'un même produit sur plusieurs segments de prix, moyennant une personnalisation efficace et réelle de l'offre.

Segmenter le marché

Une telle segmentation par les prix n'est possible que si l'on constate une réelle élasticité des prix pour un produit ou service donné. La première étape consiste donc à identifier le prix que le client est prêt à payer.

A en croire les auteurs du « Power Pricing », il existe pour chaque catégorie de produit, au moins trois segments de prix : bas, milieu et haut de gamme.

A titre d'illustration, citons les cartes de crédit ordinaires, Gold et Platine ; les 6 ou 7 versions proposées pour un modèle de voiture; les variations importantes (rapport de 1 à 5) pour un billet d'avion inhérent à un même trajet. Souvenons-nous également des 3 classes qui existaient autrefois dans les transports ferroviaires...

Dénombrer les segments

Les clients disposés à payer le même niveau de prix constituent dès lors un segment homogène.

Le marché du papier hygiénique est l'illustration typique d'un même produit « découpé » en de nombreux segments, dont certains sont faciles à identifier sans avoir recours à un « spécialiste » :

- L'épaisseur : simple, double ou triple...
- La forme : rouleaux ou feuilles carrées
- Parfumé ou non
- Papier recyclé ou non
- Produit de marque, de marque Distributeur ou sans marque
- Couleurs, motifs...

A priori, sauf imprévu, la fonction remplie par ce produit de grande consommation est généralement unique, tandis que les prix ne le sont pas compte tenu de l'hyper-segmentation de l'offre pour un produit banal et non-technique.

Autre exemple, la salade est un produit de grande consommation , quasi-quotidien, très abordable sur les marchés ou dans les grandes surfaces, à la condition *sine qua non* qu'elle ne soit pas pré-découpée, lavée et emballée sous vide. Le packaging et la transformation sont en l'occurrence un moyen extraordinaire de segmenter par le prix, de telle sorte qu'au kilo, votre salade peut atteindre le prix de certaines viandes !

De cette segmentation découle donc une politique de prix « différenciante » dont le but final est d'assurer une rentabilité optimale sur tous les segments visés par l'entreprise.

Toute la problématique réside donc dans le fait qu'il faille **au préalable identifier le niveau de prix que les clients acceptent de payer.**

Comment procéder :

- déterminer la « valeur perçue » par les clients pour constituer des groupes homogènes
- étudier l'élasticité au prix afin de demeurer dans la fourchette psychologique acceptable par un segment de clientèle donné

Quelles méthodes pour apprécier la « valeur perçue » :

La valeur attribuée à un produit ou service pour les clients/consommateurs est généralement évaluée par le biais des trois méthodologies suivantes :

a) Les panels de consommateurs :

Le test du marché se fait en regroupant des consommateurs représentatifs des différents segments du marché ciblé, tout en leur soumettant le produit à divers niveaux de prix. Les résultats déterminent dès lors une segmentation assez fiable, si tant est que les panels soient représentatifs du marché.

C'est pourquoi il convient d'accorder le plus grand soin à la constitution du panel, lequel doit répondre précisément aux critères caractéristiques de la population de clients/consommateurs étudiée.

Cette technique des « marchés tests » est historiquement l'apanage des produits de grande consommation. Néanmoins, son coût de revient est relativement important.

63

b) L'expertise des produits ou services :

Certaines entreprises font appel à des « professionnels du marché » censés estimer les paliers de prix « psychologiques » que chaque segment de clientèle est prêt à payer.

Outre l'aspect peu scientifique, voire professionnel, d'une telle pratique, ce mode d'évaluation de la valeur perçue est peu applicable à des marchés naissants pour lesquels « l'historique Clients » est limité, si ce n'est inexistant.

Bien sûr, selon les experts interrogés, cette approche est peu onéreuse. Il semble donc souhaitable de recourir à l'expertise de manière complémentaire, afin d'identifier par exemple d'éventuels biais dans les études ou sondages réalisés.

c) L'analyse conjointe :

Les préférences des clients sont décryptées en leur demandant de **hiérarchiser différentes variantes d'un même produit**, et ce sous la forme d'un questionnaire. La sensibilité au prix est ainsi évaluée pour chacune des variantes de l'offre.

Principes méthodologiques de l'analyse conjointe :

- définir les différentes variantes pour une même offre
- attribuer un prix à chaque variante
- interroger des clients pour hiérarchiser chaque déclinaison de l'offre en classant les produits par ordre de préférence
- Enfin, analyser les réponses des clients sondés afin de :

- mesurer l'importance de chaque segment et donc quantifier la population concernée
- choisir le produit le plus adapté à un segment donné

La segmentation par les prix est tributaire de **l'élasticité au prix** qu'il faut par conséquent mesurer. Une forte élasticité au prix signifie qu'une baisse de celui-ci est susceptible d'accroître sensiblement les ventes.

Bien évidemment, cette sensibilité au prix est très variable d'un secteur à l'autre.

Le marché des jeux vidéos est ainsi très sensible aux variations de prix, puisque selon les auteurs du Power Pricing, une diminution des prix de 1 % provoque une augmentation de 1 à 2 % des volumes vendus.

Évaluer l'élasticité au prix : le choix des méthodes

Le benchmarking et la veille concurrentielle peuvent contribuer à identifier les ratios d'élasticité en vigueur pour des marchés comparables. Certaines de ces données sont publiques et disponibles dans les instituts économiques lors d'études sectorielles quantitatives.

A titre d'illustration, les auteurs du Power Pricing ont établi le tableau d'élasticité aux prix suivants en étudiant 319 produits :

Tableau des ratios d'élasticité de Prix

Augmentation du volume de vente en % , lorsque l'on baisse le prix de 1 %

Secteurs	Moyenne	Ratios	Fourchette
Biens de consommation non durables	2,5	1,5 à 5	
Biens de consommation durables	Très variable	1,5 à 3	
Produits Pharmaceutiques	0,5		
- innovants			0,2 à 0,7
- imitation			0,5 à 1,5
- génériques			0,7 à 2,5
- para-pharmaceutiques		0,5 à 1,5	
Produits industriels			
- Produits à large diffusion	Très variable	2 à 100	
- Produits à faible diffusion			0,3 à 2
Automobiles			
- de luxe	1		0,7 à 1,5
- standard	2		> 1,5

Secteurs	Moyenne	Ratios	Fourchette
Services			
– transports aériens	2,5		1 à 5
– transports ferroviaires	1,5		
– télécommunications	1,5		0,7 à 1,7
– informatique			0,5 à 1,5

L'autre méthode d'évaluation de l'élasticité au prix consiste à déterminer les facteurs qui influent sur le taux d'élasticité.

Lorsque les conditions de l'analyse qualitative de l'élasticité au prix favorisant une forte élasticité sont réunies, les prix peuvent être baissés pour augmenter le volume des ventes et la marge en volume, comme le confirme la liste ci-après (Source « *Power Pricing* »).

Analyse qualitative de l'élasticité au prix   **65**

Le niveau d'élasticité au prix est élevé quand les conditions suivantes sont généralement observées :

- Faible différence entre les produits proposés sur le marché
- La comparaison des produits et prix est facile
- La fréquence d'achat du produit est élevée
- Le client prend peu de risques en achetant le produit
- Le produit est bien connu du client, lequel peut juger facilement de sa qualité
- L'utilisateur et l'acheteur sont identiques
- Le produit n'est pas « porté » par une marque connue
- Les clients sont peu fidèles
- Le produit peut être considéré comme un « produit de masse »
- Le produit représente une part importante de la structure de coûts du client
- Le marché est parvenu en phase de maturité, les concurrents se battent sur les prix
- Le produit n'est pas porteur d'image (prestige, luxe...)
- Le produit est sur un marché ou les promotions sont fréquentes
- Le marché est fragmenté de sorte que les concurrents ont de faibles parts de marché

Ainsi, lorsque bon nombre de ces conditions sont réunies, une baisse du prix engendre une augmentation significative des ventes. Dans le cas contraire, les ventes seront relativement stables malgré une baisse des prix notable.

La personnalisation de l'offre

La création d'une valeur accrue pour chaque segment de clients demeure purement théorique, si un même produit peu ou prou, n'est pas commercialisé sur plusieurs segments de prix.

Pour ce faire, la personnalisation de l'offre est un point de passage obligé, et son coût de revient demeure très inférieur aux revenus ainsi générés.

Chaque segment de clients aura donc l'impression de disposer de produits ou services spécifiquement adaptés à leurs besoins. En outre, l'entreprise y gagnera en capital-image, bien plus qu'en proposant une offre unique à la rentabilité moindre.

Téléphones mobiles, automobiles, transports de passagers... : la personnalisation incarnée

Les différentes variantes d'un modèle automobile sur des segments de prix sensiblement différents avec, *in fine*, un équipement et des performances comparables, caractérisent on ne peut mieux une personnalisation rentable.

Il en est de même pour les différents packages de téléphonie mobile où, somme toute, pour un ensemble de prestations dont le coût de revient varie peu, les forfaits sont proposés à des prix très variables.

Les transports de passagers sont l'archétype même d'un produit « unique » commercialisé à des prix dont le rapport varie par exemple de 1 à 5, pour une destination fixe.

Afin de jouir d'une vue d'ensemble, nous vous proposons une **brève méthodologie de la personnalisation de l'offre** :

1) Les prix varient en fonction du produit

Le produit de base est le même. Le coût de différenciation est faible. L'offre différenciée apparaît comme plusieurs produits et non un seul avec options.

2) Les prix varient en fonction de la nature du client

Pensez par exemple à deux ordinateurs à « prix réduit » pour les enseignants ou les étudiants, à tarif « préférentiel » pour les travailleurs indépendants ou professions libérales, ou encore aux solutions « packagées » à destination des PME/PMI...

La presse se singularise également par cette segmentation en fonction de la nature des lecteurs avec des abonnements aux tarifs « spécial jeunes » ou étudiants, enseignants, etc.

3) Les prix sont étudiés pour remédier à l'insatisfaction

Lorsque les clients insatisfaits sont sensibles aux prix, les forces de vente, plutôt que de perdre des clients, sont tentées de proposer des prix « préférentiels ».

Cette démarche peut être « industrialisée » lorsque les clients sont régulièrement sondés quant à leur satisfaction pour un produit ou service donné.

Bien sûr, ce type de segmentation par le prix suppose un contrôle strict de l'information, laquelle ne doit pas être diffusée auprès des autres segments de clientèle.

Notons tout de même que cette approche classique au demeurant qui consiste à « acheter » les mécontents par « rabais » interposés, équivaut à privilégier des clients récalcitrants à l'insu des clients « heureux » ou « muets ».

Autrement dit, pour payer moins cher, tout consommateur aurait intérêt à manifester son « mécontentement », même virtuel, pour obtenir des avantages supplémentaires...

67

4) Les variations saisonnières de prix

L'industrie du tourisme et des loisirs est très dépendante des saisons, de ce fait, afin d'optimiser les « taux de remplissage » en touristes des hôtels, clubs de vacances, parcs d'animation et autres lieux de villégiature, elle a recours à une tarification différenciée en fonction des périodes de l'année, des vacances scolaires notamment.

Néanmoins les entreprises peuvent également « changer le cours du temps » en fixant elles-mêmes les périodes où elles souhaitent doper leurs ventes.

Ainsi le « yield management » consiste-t-il par exemple à faire varier le prix en fonction du délai de réservation (trains, compagnies aériennes...) ou encore des heures d'affluence (tarifs bleu, blanc, rouge de la SNCF).

Les variations de prix par périodes ont une influence certaine sur les ventes et contribuent à lisser la demande sur des marchés par trop saisonniers.

Les fameuses soldes permettent également de donner accès au plus grand nombre à des produits de luxe.

Enfin, très répandues dans la grande distribution, les coupons de réduction visent à inciter des clients occasionnels à consommer plus régulièrement et à les convertir à la marque.

Ceci étant, cet outil, même s'il contribue à désaisonnaliser les ventes de certains produits, est entaché d'une image peu valorisante et assimilable au « hard selling ».

D'autant plus que la méthode des coupons de remises semble peu efficace, puisque 80 % des consommateurs sont déjà des acheteurs réguliers de la marque, laquelle se trouve ainsi « bradée ».

On peut dès lors supposer que cette technique fait vendre moins cher à des clients qui étaient disposés à payer le prix normal. Il s'agit donc d'un contre-exemple en matière de segmentation de l'offre par les prix.

2.3 Étude : la qualité de service en ligne, le retard français

68

Étude

L'explosion du Web en France, notamment en 1998/99, devait se concrétiser par un plus grand souci de la part des entreprises en matière de qualité de service sur les sites Web à vocation commerciale ou institutionnelle, ces sites étant souvent considérés, à juste titre, comme des vitrines à même de véhiculer une image positive et moderne.

Cocedal Conseil a réalisé un premier baromètre de la qualité de service clientèle en ligne sur une sélection de 145 sites Web dont 130 sites français et 15 sites étrangers, répartis sur 12 secteurs d'activité.

Objectifs du baromètre :
1. évaluer la qualité de services clientèle en ligne sur le Web français
2. identifier les standards de qualité en vigueur afin d'apprécier les écarts de performance entre les secteurs d'activité, selon la nature des sites et en comparaison des sites étrangers étudiés
3. situer les sites étudiés en fonction des critères de qualité observés
4. établir un référentiel afin d'apprécier dans le temps la qualité des sites testés
5. disposer d'informations *ad hoc* concernant les différents secteurs d'activité et leur approche du service en ligne

La méthodologie :

Par définition, les 145 sites étudiés disposent d'une boîte aux lettres. Ainsi, des e-mails « mystère » ont été envoyés dans 130 sites français et 15 sites étrangers. Ces sites représentent 12 secteurs d'activité très actifs sur le Net :

- Assurances
- Automobile
- Audiovisuel
- Banque
- Distribution
- Galeries marchandes

- Loisirs / culture
- Tourisme / transport
- Hébergeurs, portails, moteurs de recherche
- Informatique
- Presse et VPC
- Industrie / Grande consommation

Pour tester la réactivité de chaque site, 5 scénarios types ont été élaborés autour des thèmes suivants :

- demande d'informations sur l'entreprise
- demande d'informations commerciales
- réclamations
- problème technique rencontré sur le site
- recherche de stage

Les 5 messages étant le fait d'interlocuteurs différents et destinés à des départements distincts de l'entreprise. A chaque test de site, l'un des messages fut rédigé en anglais !

Au total, à raison de 5 messages pour 145 sites, ce sont 725 emails qui ont été transmis.

Des résultats édifiants :

Nous vous présentons ci-après les principaux enseignements du baromètre 1999 de Cocedal Conseil.

Un message sur deux sans réponse !

- 47 % des messages demeurent sans réponse dans un délai de 3 semaines pour les sites français contre 45 % sur les sites français étrangers.

- Seulement 9 % des sites français ont répondu systématiquement à tous les messages contre 20 % pour les sites étrangers.

- 14 % n'ont jamais répondu à aucun des 5 messages.

- Les sites français répondent en moyenne à 3 ou 4 messages sur les 5 « e-mails mystères ».

Le délai de réponse : « maintenant ou jamais »

- 70 % des réponses furent faites sous 24 heures.

69

Des disparités sectorielles

- Les sites liés au tourisme ou au transport, à la distribution ou aux galeries marchandes, répondent relativement vite et mieux. L'existence d'une « culture commerciale » est donc importante.
- La VPC offre un taux de réponse similaire, mais des délais un peu plus longs (1 à 3 jours).
- La presse, l'audiovisuel et les hébergeurs ou portails, donc des sites dits « de contenu », sont moins réactifs.

Les réponses varient avec le type de demande

- Les entreprises sont sélectives et répondent en priorité aux demandes à caractère commercial :
    - informations commerciales
    - réclamations

Ensuite, elles répondent aux demandes liées à des événements récurrents, « normés », tels que les demandes de stages.

- Sont régulièrement « oubliées » les demandes générales concernant l'entreprise, de même que les questions inhérentes à un problème technique sur le site.

« En France, on n'est pas des robots ! »

- Les messages automatiques ont été le fait de seulement deux sites en France, contre 34 % à l'étranger où la pratique est courante.

Le langage « parlé » prédomine

- Informel, convivial, le style est dépouillé et un « Bonjour » liminaire en guise d'introduction suffit, alors que les signatures peuvent se limiter à un simple prénom. Ce phénomène est propre au média Internet.

« Quand on répond, c'est bon ! »

- La qualité et la pertinence des réponses sont satisfaisantes dans 78 % des cas, avec en outre des informations complémentaires à hauteur de 35 % des cas. Ceci étant, au total, seulement 42 % des messages émis reçoivent une réponse adaptée !

Quels sont les critères d'évaluation de la performance des sites ?

Cocedal conseil a eu recours à un indice pondéré intégrant le délai de réponse, la qualité de la réponse et de l'accueil (Ton, signature, personnalisation du message).

Les sites n'ayant apporté aucune réponse aux 5 e-mails « mystères », présentent un score nul alors que les sites Clients les plus efficaces totalisent 90 points.

Globalement 40 % des sites obtiennent un score supérieur ou égal à la moyenne de 50/100. Le niveau d'excellence est seulement atteint par 15 % des sites français, avec un score supérieur à 70.

Les tendances sectorielles

Les secteurs les plus réactifs sont naturellement tournés vers le client du fait de leur forte activité commerciale. Ainsi, la Grande Distribution, avec les Galeries marchandes, puis le Tourisme, les Transports, la VPC et enfin l'Assurance, représentent dans l'ordre le peloton de tête.

71

Approche détaillée du baromètre « Qualiweb » :

1. Méthodologie et échantillon

2. Observation des modes de communication sur les sites

- lieu d'accès à la boîte aux lettres
- nombre et type de boîtes aux lettres sur le site
- niveau de personnalisation de la relation
- taux de présence ou non d'un FAQ

3. Résultats des emails mystères

3.1) Taux et nombre de réponses aux messages adressés

3.2) Délais et mode de réponse
- taux d'utilisation d'automates en France vs à l'étranger
- délais de réponse - standards observés
- définition des seuils de qualité

3.3) Qualité et pertinence des réponses
- niveaux et types de réponse
- réponses aux messages en anglais

3.4) Suivi des messages
- message d'attente préparant la réponse
- respects des engagements annoncés
- type de suivi observé : médias utilisés
- analyse comparée des seconds messages avec les messages d'attente : forme et style

.../...

.../...

3.5) Style et ton des messages
  - accueil et salut
  - personnalisation et signature
  - convivialité, ton employé

3.6) Classement des sites selon l'indice Qualité Qualiweb
  - scores extrêmes et répartition des notes
  - secteurs et sites les plus réactifs
  - analyse comparée des indices : délais, qualité d'accueil et des réponses

4. Analyse sectorielle des résultats

  - taux de réponse aux e-mails mystères
  - délais observés (standards sectoriels)
  - qualité et pertinence des réponses
  - spécificités du style et du mode de communication
  - analyse des scores et résultats des sites les plus performants du secteur
  - comparaison éventuelle avec le ou les sites étrangers de référence

---

2.4 Le baromètre de satisfaction d'un site Web

Une enquête en ligne est riche d'enseignements, mais présenterait un intérêt limité si son caractère était ponctuel voire unique.

Afin d'exploiter pleinement les résultats d'une telle étude, encore faut-il accepter le principe d'une étude dans le temps et donc récurrente. Tel est l'objet du baromètre de satisfaction du site, dont les grandes lignes peuvent se résumer comme suit (Source Cocedal Conseil) :

Objectifs :
- apprécier au fil du temps l'évolution du profil des visiteurs du site
- contrôler régulièrement l'adéquation du site aux attentes des clients
- évaluer les motifs de satisfaction et d'insatisfaction des clients

Méthodologie :
Il s'agit ainsi d'un questionnaire en ligne, récurrent, proposé à intervalles de temps réguliers, soit un minimum de 2 fois par an, voire 3 à 4 fois compte tenu des impératifs de renouvellement de contenu et de forme d'un site Internet.

La segmentation : enfant naturel de la Haute Couture

Le secteur du Luxe était, il y a peu, l'un des derniers bastions de résistance à la montée en puissance de la communication directe.

Ceci étant, la Haute Couture constitue un cas d'étude particulièrement riche pour la mise en œuvre d'une stratégie de fidélisation, surtout si l'on fait fi de son « glamour » et des « Top models » à demi dénudées déambulant sur un fond de musique bigarrée devant un parterre de « professionnels de la profession », de curieux et de mondains...

En effet, la segmentation de la clientèle internationale concernée par les produits de Haute Couture réduirait le public visé à quelques milliers de clientes, voire un millier ! (*Action Commerciale* n° 183)

Dès lors, me direz-vous, à quoi bon prospecter si tous vos bons clients peuvent être saisis et répertoriés grâce à un tableur informatique du type Excel !

D'aucuns diront également que les importantes, volumineuses et coûteuses Bases de Données sont superflues pour gérer les données commerciales à une population aussi restreinte ...

Donc, en l'occurrence, nul n'est besoin de Datawarehouse, de Datamining et d'informatique décisionnelle...

La question n'est en effet pas sans intérêt, puisque les grandes Maisons de Haute Couture ont développé une relation avec leurs clients on ne peut plus personnalisée. Leur positionnement historique, très élitiste, de même que le succès du prêt-à-porter haut de gamme, incitent donc les dirigeants de la Haute Couture à repenser leur approche de clientes aussi rares que « difficiles ».

Les outils déployés pour entretenir et pérenniser les rapports commerciaux avec des clientes issues de la « jet set » sont très différents de ceux utilisés dans les industries Business to Business ou de grande consommation.

Néanmoins, la philosophie commerciale de ce secteur atypique est très proche de la « fidélisation » telle qu'elle est pratiquée dans d'autres secteurs. Ainsi les clientes s'attachent à un créateur pour des motifs à la fois classiques et récurrents :

– qualité exceptionnelle des produits
– attrait des collections
– personnalisation marquée des relations avec les « VIP » : invitations à déjeuner, aux défilés, aux défilés « privés », aux soirées VIP...
– envoi de lettres personnalisées avec échantillons de nouveaux tissus pour les meilleurs clients comme c'est le cas chez Cerutti

73

– contacts téléphoniques de « courtoisie » pour annoncer les
nouvelles collections
– cadeaux pour les fêtes (broches, fleurs, ...)

Par conséquent, la Haute Couture s'ouvre (lentement) à des
pratiques commerciales autrefois proscrites, car trop souvent
assimilées à du « hard selling ».

---

3   Identifier des axes de différenciation forts

Afin d'éviter la banalisation des programmes de fidélisation, les « me
too programs », les entreprises se doivent de créer de la valeur pour
leurs clients ou consommateurs.

74   Toute relation pérenne, durable, profitable entre une marque et ses
clients, nécessite la création récurrente de prétextes de
communication originaux. De ce fait, le plus important consiste à
susciter l'intérêt du consommateur en continu, sur le long terme.

Pour ce faire, en fonction de la segmentation de clientèle mise en
place, il faut, par le biais d'études de satisfaction, de baromètres,
identifier quels peuvent être les critères, les **« leviers »
différenciateurs susceptibles de conduire le consommateur au
réachat.**

3.1 L'innovation, arme de différenciation

Ces leviers sont très variables d'un segment de population à un autre,
de sorte que l'innovation peut séduire des clients fidèles et en effrayer
d'autres. Il convient donc de maîtriser les attentes des
consommateurs dans une logique de personnalisation des échanges,
segment par segment, sans bousculer l'univers de la marque.

Le succès de l'ordinateur i-Mac d'Apple confirme à quel point
l'innovation peut être un facteur de (re) -mobilisation d'une clientèle,
laquelle, en l'occurrence, avait depuis quelques années, tendance à
s'étioler.

Apple a toujours bénéficié d'une image innovante, conviviale et
proche de l'utilisateur. Les années « noires » d'Apple sont notamment
imputables à l'échec de lancements très attendus par les adeptes de la
marque, mais aussi à un manque de fiabilité, aggravant ce manque
d'innovations de quelques années.

Avec l'i-Mac, Apple se retrouve en phase avec son image de marque et gagne de nouveaux clients, sur une idée simple et, somme toute, peu d'innovations techniques : l'informatique multimédia doit être ludique, « colorée », vivante et abordable pour le plus grand nombre. Encore une fois, il s'agit de « penser différemment »...

En cela, le design des i-Mac est très proche de la révolution réussie par Swatch pour des montres amusantes, pour tous, pour tous les goûts, d'un bon rapport qualité / prix. Succès mérité donc, pour Apple dont la renaissance va certainement faire des émules chez ses concurrents plus enclins à faire la course aux Mégahertzs pour offrir des ordinateurs toujours plus « rapides » au meilleur prix.

Il n'est pas certain que les clients d'Apple inscrivent en tête de leurs critères d'achat la vitesse du microprocesseur, à condition, bien sûr, que celle-ci soit suffisante pour l'utilisation qu'ils font de leur ordinateur.

75

Par conséquent l'innovation est facteur de fidélisation si elle est attendue, demandée par les clients, et qu'elle fait partie intégrante de l'univers de la marque.

3.2 Différenciation et mix marketing

N'en doutons pas, il est plus simple de prôner la fidélisation par l'adoption d'une stratégie de différenciation que de le faire !

En effet, les entreprises se doivent d'agir sur des éléments communs à toutes, lesquels constituent le Mix.

Ainsi, le pricing, la promotion des ventes, les circuits et le mode de distribution, le merchandising, le packaging, le design, le positionnement de la marque, ou encore le produit lui-même, constituent le principal périmètre d'action des décideurs.

En cela, rien de bien original, si ce n'est qu'il faut systématiquement identifier les attentes des consommateurs pour chacun de ces éléments.

Qui aurait pu croire qu'on achèterait de la salade ordinaire à 70 francs le kilo, pour peu qu'elle soit nettoyée, lavée, découpée, préparée, prête à l'emploi et sous vide ?

En l'occurrence, ce produit a épousé les attentes de millions de consommateurs – rebutés par la « complexité » de la préparation d'une salade verte et prêts à la payer au prix fort.

──────── **Distribution et différenciation :** ────────
Noodle Kidoodle mène le jeu

Noodle Kidoodle en quelques mots et chiffres :
Métier : Distributeur de jouets éducatifs
Origine : Syossett, État de New York
44 magasins de 500 à 1200 m²
CA 1998 : 108 millions de dollars
Cible : enfants de 3 mois à 12 ans
Nombre de références dans les points de vente : 20 000
Nombre de références sur Internet : 900
14 employés et 6 caisses pour les magasins de 500 m²

76

Les jeux dits « éducatifs » représentent l'un des rares segments porteurs sur un marché des jouets plutôt morose.

Une petite chaîne américaine installée sur ce créneau a su développer et mettre en œuvre une politique de fidélisation efficace reposant essentiellement sur la différenciation, non pas de l'offre, mais de la « philosophie » des points de vente.

Les magasins sont mis en scène, tout y est pensé pour les enfants, lesquels ont la possibilité, somme toute assez rare, de toucher à tout et de « tester » les jouets, ou encore d'assister à une projection vidéo sur un écran géant.

Les points de vente Noodle Kidoodle sont petits ; l'univers qui s'offre aux enfants est donc à leur échelle, soit un « espace de jeux » d'environ 500 m² pour les magasins situés en centre-ville et de 1200 m² pour ceux installés à la périphérie des villes (*LSA* – n° 1638 – 1/7/99).

L'enseigne des magasins Noodle Kidoodle est très colorée, visible de loin, et le personnel chaleureux, nombreux, est formé spécifiquement à l'animation d'un point de vente dédié aux enfants.

Attraction phare, l'espace réservé aux ordinateurs de jeux permet de tester environ 500 logiciels sur un parc de 3 à 6 machines en fonction de la superficie du point de vente.

En outre, tout au long de la semaine, sont offertes des animations mettant en scène des magiciens, conteurs, mini-concerts ou démonstrations de jeux nouveaux.

Par conséquent, la maxime de l'enseigne Noodle Kidoodle est on ne peut mieux trouvée : « Les enfants apprennent mieux quand ils s'amusent ».

Il est à parier qu'ils achètent plus aussi !

3.3 Les collectivités locales se différencient... en fidélisant

A l'inverse des programmes – de certaines banques pour ne citer qu'elles – qui fidélisent par une offre de services « déconnectée » du métier de l'entreprise et ainsi non-différenciante, il est parfois délicat d'identifier des leviers de satisfaction Clients efficaces et en rapport direct avec la raison sociale de l'entreprise.

Contrairement aux idées reçues, les collectivités locales sont souvent en avance par rapport à bon nombre d'entreprises privées et elles ont pour vocation, – hormis un large éventail de services publics qui leur incombe –, d'attirer un nombre croissant d'entreprises et d'entrepreneurs.

Les collectivités s'acquittent de mieux en mieux de leurs missions empreintes d'un fort esprit Marketing, tant et si bien que nous avons choisi d'accorder une tribune à un haut responsable territorial dans une grande collectivité dont le budget se compte en milliards de francs.

77

Un exemple à suivre pour tous les décideurs qui souhaitent fidéliser dans le respect de leur métier, en offrant des services cohérents, sans se déguiser en clown et s'affubler d'un nez rouge...

Témoignage : comment les collectivités locales fidélisent-elles les entreprises et les cadres à fort potentiel ?

Par Bruno Lebecq, Directeur Territorial – Mairie de Courbevoie

1996   Directeur de l'Environnement à Courbevoie

1994   Directeur de l'Action Économique à Courbevoie

78

1990   Cabinet de Philippe Adnot, Président du Conseil Général de l'Aube

1989   Cabinet de Bernard Laurent, Président du Conseil Général de l'Aube

1983   Directeur des Affaires Générales, puis auditeur interne à Courbevoie

1980   Secrétaire Général Adjoint de Chanteloup-les-Vignes

Depuis 1990, Vice-Président du Groupe des Belles Feuilles, responsable de la commission « Pouvoirs locaux »

Intervenant au CNFPT, à l'ESSEC et à l'Institut de la Décentralisation.

Comment les collectivités fidélisent-elles les entreprises ?

On sait que les collectivités rêvent d'accueillir tant d'entreprises que leur taux de chômage en serait réduit aux fatidiques 5 % dits de « friction »... On sait aussi qu'elles déploient dans ce but une conséquente panoplie de moyens : leurs politiques de développement sont aujourd'hui très complètes.

Le temps est révolu où elles se contentaient de distribuer des primes à la création d'emploi (PCE) et les primes à la création d'entreprises (PCRE). Elles font feu de tout bois, mettant à la disposition des chefs d'entreprises des avantages directs, indirects, en argent, en nature. Elles font aussi de la micro économie, s'intéressant à tel ou tel autre secteur d'activité en particulier. Enfin, elles s'arrangent pour intervenir en relation avec les fonds européens. La France est ainsi couverte d'un tissu de plus en plus dense et fin, à la fois d'interventions publiques locales qui s'inscrivent dans ce mouvement répondant à l'appellation de « développement local », lequel s'inscrit en complément du fameux et national « aménagement du territoire ».

Mais chacun sait aussi que la mobilité des entreprises augmente. Il est de moins en moins rare de constater un départ, que les élus locaux redoutent toujours. Le départ d'une entreprise s'apparente à une fermeture, une perte nette d'emplois, de recettes, une augmentation de la demande sociale, donc une augmentation des dépenses publiques, voire des problèmes de sécurité. Et pour cause, la construction européenne diminue l'opacité des marchés du travail et des finances. Les zones géographiques à bas niveau de charges sociales sont aisément repérables. Les « paradis fiscaux » le sont aussi. Et l'évolution des modes de production autorise des délocalisations partielles et facilement réalisables. Enfin, la concurrence que se font les collectivités ne fait qu'accentuer un phénomène qui pour n'être pas généralisé, n'en est pas moins significatif.

Comment les collectivités fidélisent-elles donc les entreprises ?

On cite quatre voies principales, à savoir :
- la modération de la fiscalité locale
- l'adaptation des aménagements aux besoins de l'activité
- l'inflexion des politiques de développement
- la prise en compte du cadre de vie

1) La modération de la fiscalité rend fidèle...

La collectivité est à même de jouer sur les divers types d'impôts locaux, et ils sont nombreux, plus de 30.

Les principaux impôts sont bien connus. La taxe professionnelle pèse lourdement sur les entreprises, 150 milliards de francs en 1998. Critiqué pour l'iniquité des dispositions qui pénalisent les entreprises de main-d'œuvre, celles qui recrutent, cet impôt fait l'objet d'incessants réaménagements, au point qu'il est désormais en réalité payé aussi largement par l'État que par les entreprises...En effet, le législateur ayant choisi d'alléger la charge des entreprises sans pour autant diminuer les recettes des collectivités – qui ne pourraient d'ailleurs s'en passer – la différence est directement financée par l'État.

79

Il n'en demeure pas moins que le niveau de la fiscalité locale sur les entreprises pour n'être généralement pas déterminant dans les décisions de départ ou d'implantation, joue tout de même un rôle : la richesse attirant la richesse, les collectivités les plus attractives peuvent se permettre de maintenir les taux d'imposition les plus bas, ce qui renforce leur attractivité.

De plus, les « effets de frontières » entraînent des conséquences dommageables pour l'établissement situé du mauvais côté de la rue, c'est-à-dire sur le territoire d'une commune où les taux sont les plus élevés.

A conditions de production comparables, les entreprises localisées sur le territoire de la seconde commune mais dans la même agglomération, sont désavantagées.

Afin de réduire ces distorsions, les élus ont désormais la possibilité de mettre en place, sous certaines conditions, une fiscalité d'agglomération, dans le but d'harmoniser leur taux de taxe professionnelle.

Enfin, les brusques hausses de la pression fiscale sont le plus souvent mal perçues au point d'entraîner parfois des départs aux conséquences dramatiques dans les petites communes vivant de la présence d'une seule ou de deux grandes entreprises.

Les élus locaux sont à même de faire pression sur les administrations centrales et le gouvernement afin d'obtenir des avantages particuliers, comme les zones franches, et bénéficier ainsi de mécanismes de défiscalisation. De la sorte, ces quinze dernières années, à l'exemple de certaines pratiques introduites en France par l'Union Européenne, divers gouvernements ont choisi de « zoner ».

Cela consiste à déterminer une portion de territoire particulièrement mal lotie (fort taux de chômage...) et de lui offrir un régime dérogatoire en matière de fiscalité et de charges sociales. Des Zones de Revitalisation Rurales (ZRR) et Zones franches, en milieu urbain ou industriel, ont ainsi été créées, rencontrant des fortunes diverses et coûtant fort cher.

Si la fidélisation de l'entreprise installée en zone franche est pratiquement assurée, se pose néanmoins le problème de « sortie du dispositif », la rentrée dans le droit commun pouvant « tuer » l'entreprise fragilisée par les aides, de la distorsion de concurrence imposée aux entreprises situées à proximité de la zone aidée.

C'est pourquoi, ces zonages particuliers sont en perte de vitesse. Néanmoins, demeurent les zonages européens. Ceux-ci conditionnent l'accès aux fonds structurels européens (Fonds social européen, Fonds de Développement Régional, Fonds Européen d'Orientation et de Garantie Agricole) et la réforme en cours aboutira à renforcer la concentration de ces dépenses budgétaires sur des territoires plus limités. C'est désormais autour des zonages européens que s'organise l'attribution de la Prime à l'Aménagement du Territoire (PAT).

Si une entreprise a la chance d'être installée dans une zone devenant éligible aux fonds structurels, il y a lieu de penser qu'un départ ne sera envisagé qu'après un examen approfondi de cette nouvelle situation fiscale...

Afin de modérer la pression fiscale, n'existe-t-il pas de meilleur moyen que la maîtrise des dépenses publiques ? Les Maires et les Présidents de Régions ou Conseils Généraux le savent et ils développent progressivement des mécanismes de contrôle et d'analyse de gestion au sein de leurs propres services. Améliorer la rentabilité économique de la dépense publique constitue la dernière marge de manœuvre dont dispose l'administration française, face à des ménages et à des entreprises fiscalement surpressés, une manière de fidéliser également ses... électeurs.

2) Fidélisation et aménagement de l'espace

Pour fidéliser l'entreprise, il faut répondre en priorité à ses besoins : les infrastructures locales doivent être adaptées à leurs activités.

On distingue les infrastructures d'intérêt général : routes, embranchements ferroviaires, accostages fluviaux. Il importe en effet que les véhicules et les marchandises arrivent et partent en tout temps, ce qui implique, par exemple, la « mise hors gel » de certaines voies. Une commune isolée dans une région bien pourvue en autoroutes se videra de ses entreprises si rien n'est fait pour la raccorder au réseau principal.

Quoique la question se pose dans des termes un peu différents – car le territoire français est désormais couvert de réseaux de fortes capacités d'acheminement –, le principe vaut aussi pour les activités de service, en matière de transport de l'information.

Par ailleurs, on distingue les infrastructures d'intérêt particulier : toute collectivité qui saura offrir à ses entreprises des installations modernes à prix peu élevé emporte la certitude de fidéliser ces créateurs de richesses. Zones d'activité, hôtels et pépinières d'entreprises, locaux en tous genres, la panoplie est vaste et les collectivités l'utilisent abondamment.

Enfin, ce que l'on appelle les « petits efforts » n'en sont pas moins importants, notamment en milieu urbain et contribuent au maintien sur place des entreprises :

stationnement et circulation des voitures, camionnettes et camions, ramassage et traitement des ordures et autres déchets, mise à disposition de l'information relative à la disponibilité de locaux en faveur des entreprises qui en cherchent, discernement dans l'application des normes relatives au bruit, à la circulation, adaptation de la signalisation et des plans de circulation, qualité de l'éclairage public...

Certes, aucun de ces éléments n'est en soi déterminant, mais la qualité de l'ensemble contribue à forger une décision.

81

3) L'inflexion des politiques de développement local

Il est vital pour une entreprise de suivre les évolutions de son marché...En matière d'action publique, les politiques de développement local s'inspirent utilement de ce principe.

...

Au sein de la plupart des grandes collectivités, un service économique organise une veille et a mission, en collaboration avec les comités de développement et les organismes consulaires, d'informer les décideurs politiques et administratifs territoriaux de toutes les évolutions de la situation de l'économie locale. Cette fonction d'observation, de gestion stratégique de l'information, est remplie en collaboration avec la Banque de France et les services fiscaux. Rien ne doit échapper à un Président de Conseil Général ou Régional, ou encore à un Maire sur l'évolution des entreprises de sa circonscription, sur le nombre de traites impayées, sur le montant des investissements, sur la situation des trésoreries.

Une fidélisation efficace qui suppose la prévention des accidents et l'anticipation des besoins, passe donc par le suivi attentif de la « santé » du tissu économique.

Cet objectif de fidélisation conduit aussi les collectivités à entretenir les meilleures relations avec les organismes de formation et les organismes de recherche, en particulier avec les Universités, toujours dans le souci d'anticiper au mieux, aussi dans l'objectif que les entreprises disposent en temps réel, sur place, de la main d'œuvre qualifiée. On mesure ainsi l'importance des politiques de formation dont l'architecture revient au Conseil Régional mais auquel chaque niveau de collectivité s'intéresse.

On comprend ainsi mieux pourquoi les Conseils Généraux et les grandes villes financent généreusement l'aménagement de bâtiments universitaires : il en va de leur avenir.

Ceci étant, pour fidéliser, encore faut-il savoir orienter le développement. Dans ce but, les collectivités pratiquent désormais couramment les analyses avantages/contraintes fondées sur une approche socio-économique et géographique de leur situation. C'est ainsi que l'on décèle un potentiel de développement, par exemple, en repérant la présence de certaines entreprises spécialisées ou particulièrement performantes dans un domaine précis.

Il pourra s'ensuivre une politique de soutien au développement d'une nouvelle filière. Les entreprises concernées prospérant en conséquence n'auront de cesse de proclamer leur attachement régional...tout en multipliant leurs recrutements de collaborateurs choisis parmi les habitants du territoire. La totalité des Conseils Régionaux et la plupart des Conseils Généraux, un grand nombre de communes importantes ont ainsi bâti des plans de développement.

Il est facile de s'y reporter, car ces documents sont publics et les acteurs locaux ont tout intérêt à en diffuser le contenu.

Enfin, il convient de rester à l'écoute. Les collectivités l'ont compris et mettent l'accent sur l'accueil des responsables d'entreprises, se présentant en qualité de « facilitateur », n'hésitant pas à mettre à disposition leur carnet d'adresses administratives. Les élus prennent le temps de se rendre dans les usines et bureaux. Ils reçoivent les dirigeants, organisent des forums sur des thèmes variés, en fonction des besoins des entrepreneurs : emploi, formation, exportation...

4) Fidéliser par le cadre de vie

Prendre soin exclusivement des entreprises ne constitue pas la panacée. Aussi est-il préférable de s'attacher également la bienveillance des salariés, notamment des cadres.

Une décision de transfert est en effet assez largement liée au fait que les salariés - le savoir-faire de l'entreprise -, seront disposés à suivre leur employeur. Si les principaux responsables ne souhaitent pas quitter leur région, il y a lieu de penser que les chefs d'entreprises y réfléchiront à deux fois.

Les collectivités ont un rôle éminent à jouer. Certes, il ne s'agit pas, à l'annonce d'un départ, de se précipiter en proposant de nombreux appartements à loyer modéré ou autant de places de crèches... Il est déjà trop tard !

Car il aura fallu anticiper en adaptant les équipements et les services de proximité aux besoins des familles.

Parmi ces services de proximité, on cite pêle-mêle : l'accès aux transports en commun de quartier, la mise à disposition de crèches, de jardins d'enfants, d'écoles maternelles et primaires pour les plus jeunes ; assurer la continuité des études pour les plus grands : lycées, classes préparatoires, universités et autres écoles.

Les questions de sécurité sont devenues prégnantes et les élus locaux portent une grande attention à la gestion de leurs « quartiers difficiles » tant en matière d'attractivité, ces lieux nuisent à l'image d'une commune.

Comment empêcher une entreprise dont les véhicules sont régulièrement sujets au vandalisme de résister à la tentation de s'installer un peu plus loin ?

Les collectivités devront ainsi instaurer une qualité de vie culturelle, en proposant aux habitants les spectacles et les activités de détente ou loisirs qui font partie des « standards » actuels. Il faut noter que ces compétences sont bien maîtrisées par les collectivités qui disposent maintenant d'une grande expérience en la matière.

Les premières Maisons des Jeunes et de la Culture (MJC) datent de la fin des années 60 et bien des collectivités offrent aujourd'hui à leurs enfants des catalogues de destinations qui s'apparentent à ceux d'agences de voyages.

83

Quant aux programmes des théâtres et autres cinémas locaux, ils n'ont plus rien à envier aux programmes parisiens. Il n'en demeure pas moins que la collectivité qui saura mettre en valeur un théâtre, ou un équipement sportif de haut niveau, se verra attribuer un petit « plus » lorsqu'il s'agira de décider un cadre à déménager.

La sensibilité des français à leur cadre de vie est croissante. Ils adressent de nouvelles demandes aux élus. Les problèmes de bruit et de pollution atmosphérique viennent ainsi au premier plan des préoccupations des citadins. Les villes les mieux classées en ces matières sont désormais les plus cotées...

La pression fiscale n'est plus aussi déterminante que la qualité de l'air. Les grandes villes françaises participent toutes à l'élaboration des plans de déplacements urbains (PDU), définis en application de la Loi sur l'air de 1996 (Loi Lepage), qui visent à maîtriser la circulation automobile et à mieux organiser la circulation des cyclistes, des piétons et des transports en commun. Ainsi, les villes sont en profonde transformation et celles qui sauront déterminer les meilleures orientations pourront se prévaloir d'être les villes les plus attractives de la prochaine décennie.

Ces adaptations sont inhérentes au développement de nouvelles techniques de gestion au sein des collectivités : analyse de qualité, définition des besoins et des produits. Une lente révolution culturelle est en cours. La fidélité est à ce prix.

84 3.4 Comment fidéliser sur un marché atomisé

Vins et Fidélisation

Le marché des « vins tranquilles » – c'est-à-dire les vins de table, les vins de pays et les AOC de marque – est totalement éclaté, de sorte qu'en hypermarché, le nombre de références avoisine les 600 produits, contre 277 en supermarché (*LSA*, n° 1635 – 11/6/99).

Dès lors, la fidélisation devient un véritable casse-tête et ne peut se faire que par le biais d'une stratégie de différenciation forte.

En effet, le marketing a fait son entrée en grande distribution dans le rayon des vins tranquilles. Les raisons en sont simples : comment accroître la visibilité des marques « noyées » parmi des centaines de références, en jouant sur tous les facteurs de différenciation possibles...

Sortir du rayon

La mise en avant de vins en tête de gondole est extrêmement payante pour la marque et engendre, en termes de promotion, un bien meilleur taux de transformation que ceux que l'on observe dans les marchés dits du « food ».

D'après X. Jungmann d'Iri-Secodip (*LSA*, n° 1635 – 11/6/99), l'offre de prix n'est pas l'outil le plus efficace sur le marché des vins tranquilles, notamment sur celui des AOC. Le consommateur ne raisonne en effet qu'en fonction de fourchettes de prix.

Il importe donc d'accroître la visibilité des produits en ayant recours, par exemple, à l'affichage en rayon.

La marque « Vieux Papes » de la SVF, leader des vins de table avec plus de 30 millions de cols vendus, a mis en œuvre une opération de promotion qui a fait ses preuves, puisque sur un segment de marché en déclin de 6 %, les ventes ont progressé de 6,5 % en 1998.

Le principe est simple : Ce segment, de tous les segments du marché des vins tranquilles, étant le plus sensible aux variations de prix, une offre de gratuité ou de réduction immédiate a été proposée.

En parallèle, afin de pérenniser cette stratégie, une campagne de fidélisation intitulée « Vieux Papes vous offre sa cave », propose aux consommateurs des « collectors », et ce, afin de développer les ventes croisées avec les vins AOC du catalogue de l'entreprise SVF.

85

Chapitre 4

Choisir à quoi et quand fidéliser

1 A quoi fidéliser ?

1.1 Fidéliser à la marque

L'importance prise par la valorisation du Capital Clients est telle que les entreprises de taille mondiale, notamment américaines, intègrent les notions de Capital Marque et la Customer Loyalty dans leurs rapports annuels, afin de valoriser leur portefeuille Clients comme s'il s'agissait d'un actif traditionnel, d'un bien immobilier par exemple.

Tel est le cas de Nortel Networks, l'un des principaux leaders mondiaux en matière de réseaux de télécommunications fixes ou mobiles, dont le programme de Customer Value Measurement, de Customer Satisfaction, est certainement l'un des plus efficaces dans ce secteur d'activité en plein boom (Cf. l'interview de Laurence Deforeit, Directeur Marketing Monde, Nortel Networks Solutions GSM, en partie II, chapitre 5).

Par conséquent, pour mieux comprendre les facteurs de fidélité à une marque et *a fortiori* les facteurs d'infidélité, d'attrition[1], l'on doit disposer au préalable d'une bonne connaissance des attentes des clients.

---

1. Attrition : usure, érosion, abandon.

En cela, le schéma suivant développé par Statilogie nous aide à mieux cerner les attentes des clients ou consommateurs en fonction de leur fidélité à une marque.

Ainsi, l'on constate que les attentes des clients ont tendance à s'opposer en fonction de leur statut : fidèle ou infidèle.

a) Les attentes des clients fidèles

Cette population qui fait la richesse des marques, se distingue des « infidèles », des volages, sur la quasi-totalité des critères étudiés.

Parmi les 7 attentes analysées, la plus importante est sans nul doute l'intérêt porté au **produit**, ensuite viennent respectivement la notion de **plaisir**, puis l'importance attribuée à la **marque**, et enfin le besoin de **valorisation**.

Le **produit de marque** constitue une attente forte pour le client fidèle. Logiquement, il n'y aurait que très peu de marques mondiales, sans cet attachement d'une population importante de clients.

D'autre part, la notion de **plaisir** est souvent associée à la possession, à l'utilisation ou à la consommation d'un produit de marque. Ce plaisir dépasse la fonction première du produit et est inhérent à l'image que se fait le client de la marque. On pourrait le comparer de manière caricaturale à un « réflexe de Pavlov »... A contrario, le plaisir correspond également à la satisfaction d'une attente, ce qui ne nécessite pas, comme nous le constaterons plus loin, d'être fidèle à une marque !

En parallèle, il est clair que la marque a une fonction importante de **valorisation** de l'utilisateur, du consommateur, lequel n'est d'ailleurs pas toujours l'acheteur.

Le phénomène de valorisation s'opère autant pour les marques de luxe (Parfums, vêtements, bijoux...), que pour les marques grand public (Nike, Adidas, Coca-Cola ou Pepsi Cola, Swatch, Levi's...).

Le consommateur considère que l'acquisition du bien est source d'une valorisation de soi, parfois ostentatoire, preuve d'une appartenance sociale à un groupe.

Les attentes secondaires pour les « fidèles »

« **Faire une affaire** » n'est pas une attente première des clients fidèles, ce qui n'est pas en soi surprenant, puisque, en dehors des périodes de promotion, de soldes, les produits de marque sont généralement plus chers que les produits sans marque, ou avec des marques peu connues. Seules les marques Distributeurs permettent de faire des « affaires » en comparaison des grandes marques.

De plus, un produit de marque nécessite des investissements importants en matière de communication, d'image et son coût de revient est structurellement supérieur à un produit sans marque.

L'**absence de risques** ne constitue pas une attente prioritaire pour les clients fidèles, alors que certains consommateurs éprouvent régulièrement le besoin d'être rassurés.

Ceci peut s'expliquer par le fait que la marque constitue une **garantie** (Cf. Jean-Noël Kapferer, « *La sensibilité aux marques* », Éditions d'Organisation - 1992). Par conséquent, l'absence de risques est implicite dès lors que le client présumé fidèle fait l'acquisition d'un produit de marque. Il en est de même pour la **compétence perçue** et attribuée à la marque.

89

b) Les clients infidèles sont « hérétiques »

En premier lieu, il apparaît que le besoin de **faire une affaire** est de loin le plus important chez les consommateurs infidèles. Cela, n'exclut pas l'achat de produits de marque, mais souligne leur recherche du meilleur rapport qualité/prix. Ce type de consommateurs correspond généralement à ceux qui sont à la recherche d'informations, afin de procéder à une analyse critique des produits et *a fortiori* de leur prix de vente, pour une fonction donnée.

Le **plaisir** se place en deuxième position des attentes des clients infidèles, au même titre que pour les aficionados d'une marque. La possession ou la consommation d'un produit est source de satisfaction que le produit soit d'une marque ou d'une autre, seulement cette notion varie selon la fidélité des consommateurs.

Que dire par exemple du plaisir de consommer une plaquette de chocolat : quelles sont les parts respectives de plaisir attribuables à la marque à elle seule, et au chocolat en tant que simple produit...

En troisième position, la **compétence perçue** importe pour l'infidèle client, dont la recherche du meilleur rapport qualité/prix est une fois encore mise en évidence.

Les attentes secondaires des clients infidèles

L'importance de la marque ne constitue pas une attente majeure chez le consommateur infidèle, en cela point de surprise. L'infidélité aux marques n'est pas incompatible avec l'achat de produits de marque, néanmoins la marque demeure en arrière-plan par rapport aux deux premières attentes évoquées que sont la recherche de l'affaire et le plaisir.

De plus, son **intérêt pour le produit** est plus que limité et ne représente pas un élément moteur.

Il en est de même pour la **valorisation** induite par l'acquisition du bien ; l'infidèle ne compte pas sur l'aspect ostentatoire du produit, la marque étant « accessoire », il n'éprouve pas le besoin de la mettre en avant.

Enfin, de très loin, **l'absence de risque** n'est pas recherchée par les clients infidèles, ce qui représente le second point commun avec la population constituée par les clients fidèles.

Ceci peut s'expliquer par le fait que le besoin de faire des affaires implique une prise de risques minimale en phase d'acquisition.

Afin d'illustrer ce qui précède, le schéma suivant présente les attentes des clients et leur position face aux marques, en fonction de leur fidélité ou infidélité :

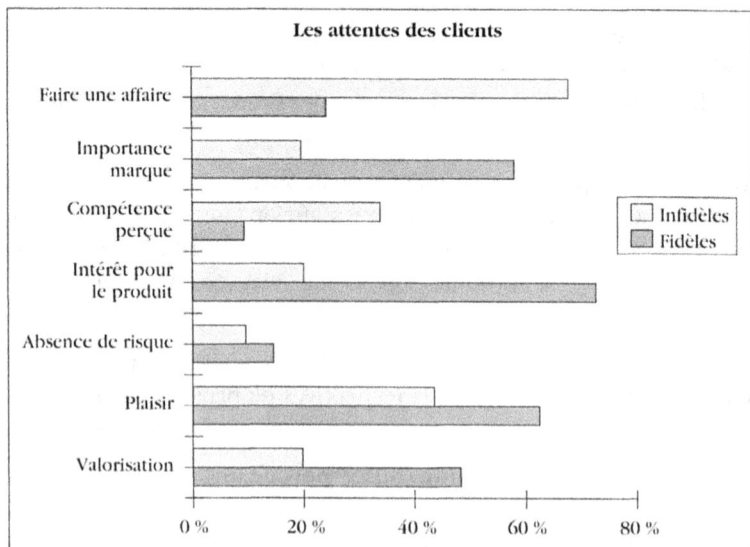

Source : Statilogie, Capital Client, 1997.

L'étude des motivations d'infidélité à la marque complète parfaitement l'analyse des attentes des clients. Les résultats proposés dans le schéma suivant dépendent du type d'attrition observé.

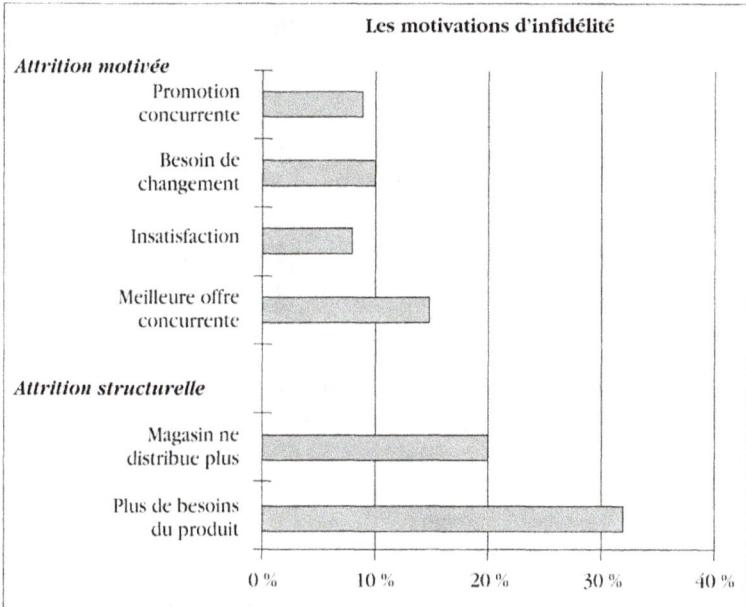

Les motivations d'infidélité

Attrition motivée
- Promotion concurrente
- Besoin de changement
- Insatisfaction
- Meilleure offre concurrente

Attrition structurelle
- Magasin ne distribue plus
- Plus de besoins du produit

0 % 10 % 20 % 30 % 40 %

Source : Statilogie, Capital Client, 1997.

En effet, l'attrition peut être motivée ou structurelle.

- Les motivations d'infidélité sont les plus fortes dans les cas d'**attrition**[1] **structurelle**, lesquelles sont de **deux sortes**.

  → Le consommateur n'a **plus besoin du produit** dans plus de 30 % des cas. Par voie de conséquence le lien avec la marque est rompu, du moins en terme de consommation.

  Mais, l'attachement à la marque peut subsister et l'ancien client peut se transformer en prescripteur fort.

_____
1. Attrition : usure, érosion, abandon.

➔ Le **produit n'est plus distribué** pour 20 % des motivations d'infidélité. Ce phénomène structurel est assez rare pour les grandes marques dont le référencement est largement assuré et dont l'absence en rayons peut être préjudiciable à l'image du distributeur.

Ainsi, certaines boissons sans alcool constituent des références quasi obligatoires pour la plupart des enseignes.

- Pour leur part, les **attritions motivées** correspondent à un peu moins de la moitié des motivations d'infidélité et sont subdivisées en trois catégories :

➔ Dans près de 15 % des cas l'attrition est justifiée par l'existence d'une **meilleure offre concurrente**.

Ce chiffre est intéressant à plus d'un titre, car il explique en quelque sorte la difficulté qu'ont les entreprises à conquérir de nouveaux clients chez leurs concurrents et par voie de conséquence, cela nous confirme que le coût de la conquête est très conséquent sur un marché en phase de maturité, où les parts de marché respectives sont assez stables !

Cet élément justifie également l'importance de la Connaissance Clients que confèrent les meilleurs programmes de fidélisation, puisque 15 % des clients sont sensibles au mieux disant.

➔ Environ 10 % des motivations justifiées d'infidélité sont inhérentes au **besoin de changement.**

Ce segment de Clientèle peut être « suivi » de manière préventive et se voir proposer de nouveaux produits, ou de nouvelles marques du même groupe. En cela, l'identification de critères qualitatifs et des motivations des clients peut s'avérer une arme très efficace en matière de prévention de l'attrition.

➔ Enfin, un peu moins de 10 % des clients sont infidèles pour des raisons d'**insatisfaction** liées à la marque. Une fois encore, ces facteurs d'infidélité peuvent être diminués de manière préventive par la mise en place de Services Consommateurs, de Services Après-Vente et de call centers opérationnels en permanence.

Chaque client a le droit d'être exigeant vis-à-vis des marques qu'il achète. Sa déception n'en est que plus forte lorsqu'il est peu ou mal écouté.

Il suffit souvent d'un peu d'empathie et d'un geste commercial pour retenir un client victime d'une expérience malheureuse ou décevante avec un produit ou service.

A contrario, l'absence d'écoute Client peut transformer des fidèles en détracteurs actifs de la marque.

En conclusion, **dans les trois cas d'attrition motivée, l'entreprise peut prévenir l'infidélité et y remédier** en grande partie. Ceci revêt une importance considérable, puisque les attritions motivées représentent près de la moitié des causes d'infidélité !

c) Qui sont les clients fidèles : galerie de portraits

Nous avons constaté que les clients fidèles présentent des attentes communes et notoires vis-à-vis de la marque. Néanmoins ils peuvent appartenir à des populations dont le niveau d'éducation, de formation ou encore la sensibilité culturelle, sont très disparates.

Par conséquent, il en découle que les éléments traduisant la fidélité, l'attachement à la marque sont récurrents pour ce qui est du « fonds commun », et diversifiés par ailleurs.

C'est pourquoi, nous vous proposons une brève typologie, non exhaustive, sans valeur scientifique, de clients fidèles :

Fidèle par tradition

Certaines marques automobiles sont « mythiques » et engendrent un attachement de longue durée, lequel peut même se transmettre de génération en génération. Jaguar, Alfa Romeo illustrent on ne peut mieux ce type de fidélité quasi inconditionnelle, malgré les variations de qualité, les pannes d'innovation, que peuvent subir les constructeurs automobiles.

Pensez également aux Mercedes des taxis, ou encore à l'attachement suscité par les voitures Peugeot en Afrique du Nord et en Afrique de l'Ouest.

Les fragrances font partie des produits de marque avec lesquels le poids des traditions exerce un pouvoir tout particulier. Ainsi n'est-il pas rare de voir une femme porter le parfum de sa mère ou offert par sa mère.

Attachement traditionnel, historique à la marque incarné par exemple par « Chanel n° 5 ». La marque est dans ce cas précis un moyen de « remonter le temps », de retrouver une ambiance, un univers familier.

Fidèle par mimétisme

L'envie incommensurable de faire comme certains que l'on considère comme étant des « modèles » fait les beaux jours des marchands depuis la nuit des temps.

Ainsi, nombreux sont les adolescents à vouloir s'habiller de la même manière que leurs camarades. Le résultat demeure assez prévisible, puisqu'il suffit de regarder les jeunes en groupe dans la rue, pour parfois, avoir du mal à les distinguer.

Nike, Adidas, sont ainsi des marques prouvant l'appartenance à un clan, à un groupe social bien identifié.

Ce type de fidélité étant inhérente à un phénomène de copie dure le temps des modes, même si certaines perdurent et deviennent de véritables phénomènes de société, marquant ainsi des générations.

Les jean's Levi's, la 2 CV de Citroën, ou encore les cigarettes Marlboro ont suscité des attachements forts et sur la durée.

Fidèle par habitude

L'habitude en termes de consommation peut s'expliquer de diverses façons. Ainsi un client fidèle à une marque, s'il habite en milieu rural et n'a accès qu'à un nombre limité de références pour un même type de besoin, sera enclin à tester une marque puis s'y tenir s'il en est satisfait.

Certaines marques mondiales sont presque toujours référencées, devenant parfois le seul référencement d'un commerce de proximité, ou de petites surfaces : le Ketchup Heinz, Coca-Cola…

Ces marques devenues des références « planétaires » ont un fort pouvoir de rétention pour le client « passif » et ne souhaitant pas remettre en cause ses habitudes d'achat, lequel est somme toute, par nature, « contraint » à la fidélité.

Les réflexes culturels

Les influences culturelles ont trop souvent été gommées dans les messages publicitaires, comme si le risque d'un détournement d'idées était possible, prévisible.

Il a fallu attendre la victoire des « Bleus » au mondial 1998 de football pour voir resurgir des références « hexagonales ».

Néanmoins l'attachement au « Pays », le retour de la notion de terroir se fait sentir, notamment pour les produits alimentaires. Le parfum du bocage normand n'est plus seulement l'apanage du fameux Camembert, puisque certains produits de nettoyage domestique y font clairement référence.

Le client peut donc être sensibilisé, puis séduit et enfin fidélisé par des références à la culture de sa Région, de son pays, de sorte que bon nombre d'industriels ou entrepreneurs se sont regroupés pour créer un label, « Produit en Bretagne ». Tel est le cas de la marque AROK, laquelle propose des conserves de produits de la mer « à la bretonne » et arbore fièrement la carte de Bretagne avec un phare en surimpression.

95

Marqué par la marque

Le client affectif, dont la vie aura été marquée par une rencontre, peut aussi bien s'attacher à une musique, qu'à un parfum, à une marque de savon de toilette, ou encore à une marque de chocolat.

Une marque peut ainsi être associée à un événement fort, mémorable et créer presque involontairement la fidélité.

L'influence du « paraître »

Certaines marques sont de véritables « faire-valoir » au sens où leur possession est, comme nous l'avons vu dans les attentes des clients, source de valorisation.

Cette consommation à visée sociale dont le caractère ostentatoire revêt une importance particulière, peut s'illustrer avec des marques de luxe telles que Rolex ou Cartier pour les montres, Vuitton pour la maroquinerie, Hermès pour les foulards.

Ce type d'attachement est souvent lié à une histoire forte de la marque et à des qualités intrinsèques du produit qui en font un « must », une référence.

1.2 Fidéliser au point de vente

La fidélisation des clients ou consommateurs finaux au point de vente doit être considérée sous deux angles, pour la marque distribuée et pour le distributeur.

A ce titre, la diversité des circuits de distribution, notamment lorsqu'il s'agit de produits de grande consommation, est d'une grande richesse et rend plus complexe l'appréhension du principe même de fidélité au « point de vente », voire de fidélité à l'enseigne de distribution (donc une marque en soi) ou encore de fidélité au mode de distribution.

Le mode de distribution est en effet de plus en plus « virtuel », mais le trafic et progressivement le volume d'affaires généré, deviennent concrets, tangibles, si l'on évoque par exemple le leader mondial de la vente par Internet de livres, Amazon.com.

Analyser la fidélité au point de vente peut donc se résumer par le titre d'un album du dessinateur Sempé : « Rien n'est simple ».

Les points de vente des parfums et produits de Luxe

Ainsi, pour illustrer nos propos, prenons l'exemple de la distribution des parfums et produits de luxe et identifions brièvement les principaux « points de vente » propres à ce type de produits.

– Les magasins propres à la marque
– Les grands magasins
– La grande distribution
– Les magasins Duty free
– La VPC
– Les circuits de vente sélective
– Le commerce électronique et Internet

Les magasins propres à la marque

Les exemples y sont nombreux dans le luxe avec notamment les boutiques Guerlain, Hermès, Cartier, Chanel, Christian Dior, Yves Saint Laurent...

En outre, les magasins en franchise doivent être intégrés à ce type de point de vente (Cartier...).

Les grands magasins

Les grands magasins sont en concurrence avec les chaînes intégrées et la grande distribution. De sorte que les linéaires en libre accès du style « shop in the shop » ont connu un succès indéniable, en offrant le service de « conseillères beauté » et des stands aux couleurs de chaque grande marque.

Ensuite il revient aux grands magasins d'animer leurs points de vente par des événements thématiques (« La semaine des parfums »...), ou des opérations spéciales avec une seule et unique marque.

La grande distribution

Hormis les marques de luxe, malgré les tentatives ou ambitions de grands distributeurs tels que Leclerc ou Carrefour, et outre les produits historiques, tels que l'alimentation ou les biens de consommation courants, la plupart des produits sont désormais commercialisés en grande surface : bijoux, automobiles, parapharmacie, assurances, crédits, essence...

Mais peu de produits résisteront à la volonté des grands distributeurs d'étendre leur offre, surtout si les marges sont au rendez-vous, en particulier pour les produits de luxe.

Les industries du luxe prétendent vouloir préserver leur capital image alors que les distributeurs se transforment en défenseurs des prix bas...

Mais que penser, par exemple, des Champagnes de marque distribués dans ces mêmes hypermarchés où les mêmes groupes de luxe, – pour certains également distributeurs –, craignent de galvauder ou de mettre à mal leur image pour des parfums de marque ? **97**

Les magasins duty free

S'ils sont menacés en Europe, ces points de vente n'en sont pas moins de formidables vecteurs commerciaux pour les grandes marques. Ainsi, en 1995, 16 % des parfums y étaient vendus.

Le groupe LVMH a ainsi procédé au rachat très médiatique de DFS, et malgré la récente crise des marchés asiatiques, ne peut que s'en féliciter.

La VPC

Mode de distribution sans véritables « points de vente », la VPC est en forte progression en France et son volume d'affaires est passé de 17 à 48,4 milliards de francs entre 1985 et 1997.

En outre, certains stylistes du prêt-à-porter tels que Agnès B, Michel Klein, Tan Giudicelli, ont recours à la VPC *via* le catalogue du « Club des Créateurs ».

Les circuits de vente sélective

L'exemple des parfumeries illustre on ne peut mieux ce circuit de distribution, où en 1997, 75 % des parfums y étaient vendus.

Qu'est-ce qu'une parfumerie sélective ?

Il s'agit à la fois des parfumeries classiques avec un conseil direct et des chaînes spécialisées, intégrées ou en franchise, pratiquant à la fois le conseil et le libre-service, telles que Marionnaud, Sephora, Marie-Jeanne Godard, Silver Moon, Blue Process, Baiser Sauvage...

Le commerce électronique et Internet

Le cyber-consommateur est une espèce en voie d'apparition et les chiffres du commerce électronique en France demeurent plus que modestes si ce n'est insignifiants au regard des transactions mondiales, mais aussi et surtout en comparaison de ce qu'ils deviendront dans un avenir proche.

Ainsi, d'après le cabinet IDC France, le commerce électronique grand public et Business to Business serait estimé à 110 milliards de francs pour 1998 dans le monde, contre 19 milliards en Europe (IDC, Forrester research et Jupiter Communication), et enfin contre 666 millions de francs en France pour la même année (Benchmark Group).

Ce tour d'horizon rapide des principaux circuits de distribution inhérents à la grande consommation étant fait, il est clair que l'analyse de la fidélité du consommateur au point de vente devient de plus en plus complexe avec l'arrivée de nouveaux modes de distribution.

Aussi, dans le but de ne pas effrayer les plus courageux lecteurs, n'allons- nous pas détailler les résultats des recherches effectuées depuis 1961 Tate R. (« *The supermarket battle for store loyalty* » *Journal of Marketing*, n° 25, octobre 1961) ; en passant par Carman J. (« Correlates of brand loyalty : some positive results », *Journal of Marketing Research Society*, vol 15, n° 1, 1970).

Si vous êtes friand de ce type de littérature, ne manquez pas de consulter Goldman A., (« The shopping style explanation for store loyalty », Journal of retailing, vol. 53, n°4, winter 1977), ou encore Filser M. (« Le comportement du consommateur », Dalloz, 1994).

Pour notre part, nous avons pris le parti d'aborder les différentes formes de fidélité au point de vente de manière peu académique, et surtout avec le souci d'être concis.

a) Les consommateurs fidèles au point de vente

Le choix a souvent accru le risque d'infidélité, ainsi les clients fidèles à une enseigne sont généralement issus de populations à faibles revenus et ayant un niveau d'éducation peu élevé. En outre, le fait de vivre dans des zones peu urbanisées favorise également la fidélité au point de vente.

A contrario, les consommateurs les plus « volages » à l'égard des distributeurs, si ce n'est des marques, appartiennent généralement à des catégories socioprofessionnelles plus favorisées et se situent en milieu urbain.

Ainsi, plus un consommateur est exposé à un grand choix d'enseignes, plus il est la cible d'un important faisceau d'informations sur les produits ou services, plus il est sensibilisé à des offres différenciées, plus son infidélité grandit.

b) Les distributeurs européens et la fidélisation

Les industries, à l'instar du groupe LVMH, disposent rarement de circuits de distribution en propre. Par voie de conséquence, les distributeurs sont en contact avec le client final, ce qui n'est majoritairement pas le cas des producteurs.

Ces derniers ont donc un degré de connaissance *a priori* moindre de « leurs » consommateurs.

99

Recréer la relation

Pour compenser cette distance et renforcer sa relation Clients, le fabricant tente de plus en plus de créer des prétextes, des occasions d'échanges. Les « in-packs » ou mini-questionnaires insérés, entre autres, dans le packaging des parfums, à l'exemple de la fragrance « Angel » du groupe Clarins, illustrent parfaitement ce phénomène.

Choisir ses circuits et ses distributeurs

Le Trade Marketing aborde tous les aspects de la relation Fabricants / Distributeurs. L'idéal serait d'entretenir une collaboration réelle et durable pour un meilleur référencement, la mise en place d'opérations de promotion conjointes, l'animation et la PLV, la négociation de marges motivantes pour les deux parties...

Ce portrait idyllique est quelque peu trompeur et pas toujours réaliste, surtout lorsque le fabricant ne dispose pas de marques leaders dont le référencement est « incontournable », en tout cas du point de vue du consommateur.

Tout producteur de biens ou services se doit donc, en fonction de la puissance de sa marque, de choisir, tant que faire se peut, ses circuits de distribution, si possible jusqu'à ses distributeurs, point de vente par point de vente.

Les partenariats établis entre les deux parties visent, particulièrement pour les fabricants, à créer des « ponts », à instaurer une relation durable avec ses clients finaux.

Afin de (re)nouer une Relation Clients sans avoir recours aux distributeurs, bon nombre d'outils, notamment tous ceux qui sont constitutifs de Base de Données, tels que les « in-packs », les coupons de réduction avec échange de courriers, ainsi que les panels consommateurs ou Clubs d'utilisateurs (dans l'Informatique par exemple), les services clients avec Call Center et numéros verts, sont autant de moyens de construire les fondements d'une connaissance réciproque et donc d'échanges fidélisés.

Les impacts d'image Fabricant / Distributeur

100 Lorsqu'il est possible, le choix du réseau de distribution influe sur l'image de marque des produits distribués. Ceci étant, l'inverse est également vrai et le non-choix du réseau peut induire une modification de l'image, si ce n'est de son capital.

Ainsi, il est notable que les parfums de marque de Luxe disponibles en Grande Distribution sont très rares.

Vendre plus, même avec des marges inférieures, grâce à une distribution plus puissante, tel pourrait être la perspective offerte aux industries dites de Luxe. Malgré cela, le monde du Luxe est engagé dans une bataille médiatisée avec certains grands distributeurs, dont les centres Leclerc.

Ces derniers souhaitant une plus grande diffusion, au meilleur prix pour le plus grand nombre, de produits haut de gamme de marque, tels que les parfums et cosmétiques.

De ce fait, les industries du Luxe ont craint de mettre à mal leur capital-image, de « galvauder » leurs marques et de sortir ainsi de leur univers d'origine.

Toujours est-il que la distribution a investi de manière conséquente dans la gestion de la relation Clients, même si leurs méthodes sont perfectibles et que les outils prévalent souvent sur des stratégies encore peu définies ou inexistantes.

La fidélisation, priorité des distributeurs européens

Pratiquement 100 % des distributeurs européens, – selon une étude réalisée par KPMG Peat Marwick en collaboration avec le CIES –

affirment que la fidélisation Clients est une question plus ou moins « importante ».

50 % d'entre eux la considèrent comme « vitale », alors que cette proportion concerne 64 % des distributeurs britanniques (*Marketing Direct*, n° 32, novembre 1998).

Des objectifs clairement identifiés

Les distributeurs européens estiment que la fidélisation est un facteur de rentabilité déterminant.

Ainsi les objectifs assignés à la fidélisation par les distributeurs européens sont, à hauteur de 50 % des réponses, d'accroître les niveaux de rétention des clients ; puis, autour de 15 %, d'augmenter la taille du panier moyen et la fréquence des visites.

101

Près de 12 % des réponses traduisent leur souhait d'attirer de nouveaux consommateurs, alors que 10 % environ souhaitent améliorer leur connaissance du client, et enfin, autour de 5 % souhaitent que la fidélisation soit un moyen de réduire les coûts (KPMG Peat Marwick –*Marketing Direct*, n° 32, novembre 1998).

Il est à noter que la fidélisation se voit attribuer des objectifs de conquête par près de 12 % des distributeurs européens sondés.

Même si la fidélisation peut être utilisée comme une arme de conquête induite, cet élément est symptomatique du règne de la confusion des genres, laquelle peut être en partie expliquée par l'absence de véritable stratégie de fidélisation.

Par voie de conséquence, on assiste à une prolifération d'outils de fidélisation, dans le meilleur des cas, de programmes (Cartes, Clubs...), sans discernement et donc sans segmentation des clients à haut potentiel, sans mesure du retour sur investissement...

Bref, à terme, à force de vouloir fidéliser « tout le monde », « bons ou mauvais » clients, certains annonceurs, distributeurs ou non, pourraient avoir à gérer des dizaines de milliers de clients dont le coût d'entretien sera démesuré au regard des marges inhérentes.

Or, il est peu aisé de « rejeter » un client sous prétexte qu'il n'est pas assez rentable, après l'avoir entouré d'attentions dans le cadre d'un programme de fidélisation non discriminant.

Encore une fois, il ne faut pas « fidéliser en aveugle ». Or, l'étude de KMPG confirme à nouveau qu'il existe un potentiel de progression conséquent dans la mise en œuvre de la fidélisation des distributeurs européens.

En effet, ces derniers sont 30 % à déclarer n'avoir pas de programme de fidélisation, à commencer par l'Allemagne (58 %), la Scandinavie (44 %), et le Royaume-Uni (40 %).

En revanche, l'Europe du Sud est conquise par la fidélisation, puisque seuls 4 % des distributeurs affirment ne pas disposer d'un programme de fidélisation.

Malgré leur variété, on observe une communauté d'outils par région et par secteur d'activité dans la distribution. Ainsi, les timbres, bons de réduction ou coupons, arrivent en tête, notamment en Europe du Sud avec 55 % des enseignes. En outre, ces outils sont usités par 60 % des chaînes spécialisées dans le « food » et 41 % dans la filière textile.

102

L'étude de KPMG Peat Marwick met également en lumière l'utilisation des cartes de fidélité en analysant trois catégories de cartes, lesquelles remportent respectivement les 2e, 3e et 4e places dans le classement des outils utilisés dans la distribution européenne, à savoir :

- les cartes de fidélité à bande magnétique
- les cartes de paiement de magasin
- les cartes à puce

42 % des enseignes d'Europe offrent une carte, avec pour l'instant, une utilisation non optimale et encore limitée des cartes à puce.

La gratuité des cartes prévaut, l'infidélité aussi

80 % des cartes sont libres de cotisation. En revanche, le pourcentage des porteurs est sensiblement différent d'un pays à l'autre :

- 34 % en Grande-Bretagne
- 24 % en Europe du Sud

Parmi cette population, les clients fidèles des distributeurs européens sont estimés à 14 % au total, contre 10 % seulement si l'on prend en compte uniquement l'Europe du Nord.

Autrement dit, les cartes gratuites pour la plupart n'ont pas été attribuées en fonction d'un potentiel d'achat et d'un attachement à la marque caractérisé par un historique commercial classique de type RFM (Récence Fréquence Montant des achats.)

C'est pourquoi 85 % des porteurs de cartes d'enseignes européennes de distribution sont considérés comme étant infidèles...

L'ancienneté des outils

La fidélisation commence à faire ses armes, alors que les outils qui lui sont dédiés sont « anciens ». Tel est le cas des timbres ou coupons qui, dans 60 % des enseignes, ont en moyenne 5 années d'existence. Les cartes à puce sont plus fringantes et affichent une ancienneté toute relative de 2,7 ans.

Victoire aux points

103

Les programmes sont à près de 50 % basés sur un système de cumul de points convertibles en primes, cadeaux, avantages ou services. Ces programmes reposent sur les cartes magnétiques ou à puce.

Fréquence vaut récompense

Plus l'on fréquente, plus l'on est aimé. Telle pourrait être la devise de la plupart des enseignes européennes, puisque la fréquence de fréquentation du point de vente est récompensée dans 51 % des cas en Europe du Nord.

Cette propension à récompenser presque tous les clients sans véritable segmentation, sans ciblage, est la plus forte en Europe du Sud.

Les Bases de Données sont sous-exploitées

La BDD constitue un élément clef pour les décideurs européens, lesquels ont, en ce domaine, une marge de progression encore très « confortable ».

Preuve en est que 30 % des distributeurs européens n'ont pas de Base de données nominatives. Cette proportion s'élève à 48 % dans le secteur de la distribution alimentaire.

Les BDD nominatives, pour leur part, ne sont souvent que partiellement renseignées :

- 60 % ne disposent d'aucune information comportementale

- 20 % sont dépourvues de données démographiques
- 8 % ne contiennent aucune indication géographique

Autrement dit, certaines BDD des enseignes européennes n'offrent qu'une utilité toute relative...Que dire en effet d'une fiche client sans adresse ou encore dépourvue de tout renseignement relatif au comportement d'achat...

Les principales données collectées proviennent des questionnaires de coupons-réponses, en cela rien d'étonnant. Ce qui l'est plus, c'est que, d'après l'étude de KPMG Peat Marwick, 59 % des distributeurs européens n'exploitent pas les informations inhérentes aux Bases De Données des cartes de fidélité ou des cartes de magasin !

Mieux encore, 10 % des distributeurs confessent ne jamais se servir de leur Base De Données pour établir leur stratégie Marketing.

36 % d'entre eux avouent ne pas segmenter, ce qui, compte tenu des taux de fidélité affichés par les porteurs de cartes de distributeurs en Europe (14 % pour mémoire), est certainement supérieur dans la réalité.

Le retour sur investissement non maîtrisé

70 % des enseignes européennes engagées dans un programme de fidélisation en ignorent la rentabilité !

La France, en ce domaine, se distingue en mal et atteint le taux record de 95 % contre 79 % pour l'Europe du Nord.

Les retours sur investissement effectivement évalués indiquent une hausse de la **rentabilité d'environ 10 %.**

Les « freins » à la fidélisation

L'étude de KPMG interroge les distributeurs sur les difficultés à :

- mesurer les bénéfices
- susciter l'attention des clients
- mettre à jour les données
- travailler les données
- recueillir les données
- accéder aux données

Parmi les faits les plus marquants, à en croire les distributeurs européens sondés par KPMG, fidéliser n'est pas simple et nombreux sont les freins ou obstacles perçus quant à la mise en œuvre d'un programme *ad hoc*.

Mais il est intéressant de noter que ces « freins » sont appréciés différemment selon que les distributeurs disposent ou non d'un tel programme.

Les praticiens de la fidélisation sont ainsi 51 % à estimer que le plus délicat consiste à entretenir l'intérêt de la clientèle dans le temps. Seuls 26 % de ceux qui n'offrent pas de programme le perçoivent de la sorte, alors que 41 % des « non pratiquants » craignent que la mesure des bénéfices soit délicate.

Par conséquent, les distributeurs européens sont détenteurs de données certes imparfaites ou incomplètes sur des millions de consommateurs et n'ont pas toujours conscience de la valeur commerciale de ces informations, notamment lorsqu'il s'agit de fidéliser des clients à haut potentiel de réachat.

105

Les nouvelles technologies de l'information, les entrepôts de données (datawarehouse), le datamining et l'informatique décisionnelle offrent aux distributeurs les perspectives d'une exploitation optimale de leur connaissance du consommateur dans le but d'augmenter sa satisfaction et d'accroître la valeur de chaque client.

La grande distribution devra donc utiliser cette manne d'informations que bien des industriels n'ont pas sur leur clients finaux, sachant que les fabricants multiplient les occasions d'échanges avec leur client malgré la distance induite par la distribution : clubs de consommateurs, création de trafic, jeux-concours, consumer magazine, service après-vente, sont autant de ponts lancés vers le consommateur par l'industrie.

2 Quand fidéliser ?

2.1 Fidéliser en fonction du cycle de vie et de la saisonnalité du produit

Les investissements en matière de fidélisation doivent être rentables ou ne pas être, dès lors force est de constater que les entreprises oublient souvent de respecter ce principe élémentaire en communiquant à tort et à travers auprès de clients qui, avec les meilleures intentions d'achat possible, ne sont pas en position de procéder à un réachat du produit ou service dans la période donnée.

En somme, outre les capacités de réinvestissement non renouvelées (achat d'une voiture dans les 6 mois qui précèdent), il faut attendre le renouvellement du besoin et donc tenir compte du cycle de vie du produit !

Ce postulat pourtant banal n'est que très rarement respecté, tant et si bien que pour des enfants censés ne plus porter de couches-culottes depuis des mois, les mailings continuent d'obstruer les boîtes aux lettres de leurs mamans dont les coordonnées furent saisies dans une Base de Données, suite à un couponing pour l'obtention d'une réduction de 5FF à valoir sur le « pack de 92 couches avec le petit élastique là et pas ailleurs »...

106

Dans ce cas de figure, hormis la naissance d'un nouvel enfant, le cycle de vie du produit, du point de vue du consommateur, est terminé.

D'autres produits offrent des fréquences de renouvellement plus importantes et leur cycle est plus proche de la « grande consommation », *a contrario* leur prix peut être modeste en volume et ne pas justifier des investissements importants en fidélisation et marketing relationnel.

Ceci pose le problème de la saisonnalité des produits et de la fréquence de renouvellement du besoin inhérent.

La rentabilité d'un programme de fidélisation risque donc de s'en trouver amoindrie dès lors que le temps de renouvellement du besoin est long, puisque l'entretien d'une relation commerciale pérenne sera coûteux (mailings, faxings, primes, incentives...).

Rappelons que plus de 30 % des motivations structurelles d'infidélité sont liées à la disparition du besoin, de ce fait la prise en compte du cycle de vie du produit du point de vue du consommateur permet d'optimiser la gestion de la relation Clients et d'éviter des relances inutiles et intempestives.

Pour affiner de manière optimale la segmentation de leurs clients, certains constructeurs automobiles, dans un secteur confronté à une faible fréquence de réachat, ont décidé de briser bien des « tabous » du marketing traditionnel.

2.2 Fidéliser en fonction de la croissance du marché

La fidélisation doit être modulée et évoluer en fonction de la maturité du marché des produits ou services inhérents.

Trop nombreuses sont les entreprises qui perdent de vue que les cycles de conquête et de fidélisation de clientèle sont complémentaires, souvent simultanés, et qu'*a fortiori* les investissements consacrés, soit à la conquête, soit à la fidélisation, n'étaient pas linéaires mais variables dans le temps.

Pourquoi moduler les investissements et donc la part de la marge du produit allouée à la conquête ou à la fidélisation ?

Car les besoins ne sont pas les mêmes en fonction des stades de croissance franchis par le marché et donc que la rentabilité des investissements ne peut être garantie si la quote-part consacrée par exemple à la fidélisation par rapport à la Customer Value induite est insuffisante.

107

Dès lors, il importe d'identifier, même schématiquement, les différentes phases de croissance d'un marché, d'analyser pour chaque stade l'évolution des besoins de communication induits et d'infléchir en conséquence l'allocation des moyens.

Marché naissant

La conquête représente logiquement l'essentiel des investissements en communication sur un marché naissant, néanmoins, phénomène nouveau, les industries high-tech, particulièrement la téléphonie mobile, tentent de fidéliser dès la conquête.

Les raisons en sont simples, puisque sur un marché à très forte croissance, les marques se livrent une concurrence acharnée à coup d'offres promotionnelles, de guerre des « packages » ou forfaits, le consommateur est ainsi amené à devenir « volage », puisque soumis à de nombreux et incessants stimuli.

A prestations égales ou comparables, le prix est facteur d'attrition sur ce type de marché.

Par ailleurs, le « ticket d'entrée » sur le marché des télécommunications mobiles est très élevé et l'effet de taille est primordial pour garantir la pérennité des opérateurs.

Par conséquent, la part la plus importante de la marge – si marge il y a – doit être consacrée à l'effort de conquête, et, en parallèle, un effort de « pré-fidélisation » doit être entrepris pour constituer le noyau dur de ce qui à terme constituera le Capital Clients et la Customer Loyalty.

Marché en phase de développement

Plus un marché se structure, plus les positions concurrentielles sont établies, plus le coût de la conquête s'avère important.

Néanmoins, les marchés en phase de développement permettent aux challengers de rejoindre voire dépasser les leaders, puisque l'innovation Produits y est souvent prépondérante, les places ne sont donc pas figées.

Dès lors, conquête et fidélisation se complètent. Comme nous l'avons souligné à maintes reprises, la fidélisation a pour but d'accroître la Valeur Client et donc d'augmenter les marges engendrées par les clients à fort potentiel.

Ces marges sont nécessaires au financement de la conquête alors que les parts de marché ne sont pas encore stabilisées.

Donc Conquête et Fidélisation sont très complémentaires en phase de développement.

Marché en phase de maturité

Les positions concurrentielles étant bien établies, la conquête est de plus en plus onéreuse et le leadership revient aux entreprises disposant du plus fort taux de fidélisation, si tant est qu'elles développent pleinement Customer Value et Satisfaction Clients.

Il s'agit donc de valoriser le Capital Client, de prévenir l'infidélité motivée pour ses propres marques et d'exploiter les phénomènes d'attrition chez les concurrents.

Donc la fidélisation nécessite une allocation de moyens prépondérante en phase de maturité.

Marché stagnant, voire déclinant

A moins qu'une évolution technologique du produit ou de son mode de fabrication puisse relancer la demande ou diminuer les coûts de production, il est évident que la conquête sera réduite au strict minimum, si ce n'est à une communication d'entretien, d'occupation de terrain.

La politique de fidélisation sans pour autant absorber une part importante de la marge doit être maintenue, permettant ainsi de dégager des revenus supplémentaires grâce aux meilleurs clients, mais aussi dans la perspective d'opérer, le cas échéant, un transfert de clientèle sur un nouveau produit de la marque.

Les techniques de cross selling (ventes croisées) sont pratiquées également sur des marchés en pleine expansion et Cegetel tente de convertir ses abonnés SFR au « 7 », ce qui constitue une offre complémentaire et logique entre téléphonies mobile et fixe.

Tableau de synthèse : quand fidéliser en fonction de la croissance du marché

Phase du Marché	Politique de Conquête	Politique de Fidélisation	Allocation de Marge
Naissant	Ambitieuse et active	Pré-Fidélisation	Majoritairement pour la Conquête
En développement	Active et continue	Active et soutenue	Equilibrée entre Fidélisation et Conquête
Mature	Moins soutenue	Active et continue	Majoritairement pour la Fidélisation
Stagnant ou déclinant	En arrêt ou en veille	Moins active et de plus en plus ciblée	Restreinte et circonscrite à la Fidélisation

2.3 Fidéliser avant l'achat ou la pré-fidélisation

Les avantages de la pré-fidélisation chez Opel

Les us et coutumes en matière de fidélisation impliquent communément que le client soit conquis avant même d'être fidélisé. Cette logique semble par trop « convenue » pour les dirigeants du constructeur automobile Opel, lequel considère que l'on peut fidéliser avant l'achat !

En somme, il s'agit de fidéliser le prospect afin qu'il se mue en client potentiel, puis réel.

Comment réaliser une telle performance qui consiste à avoir des « clients fidélisés » qui n'ont encore rien acheté ? Le plus simplement possible...

En effet, le prospect est invité par un ensemble de messages, au fil du temps, à suivre la gestation d'un produit nouveau, afin, à terme, donc dès la commercialisation, à être **pré-fidélisé**, ainsi devenu consommateur.

Telle a été la technique utilisée par Opel pour optimiser la sortie de la **Zafira,** modèle exposé initialement au Salon de Francfort 97 (*Action Commerciale* – n° 183).

Chaque exposition fut le prétexte à la collecte de données sur les prospects du futur modèle, de sorte que près de 4000 acheteurs potentiels furent identifiés. Dès le lancement, cette Base de Données riche en informations qualitatives et comportementales, sera confiée aux concessionnaires pour son exploitation commerciale.

110

DEUXIÈME PARTIE

Mettre en œuvre la stratégie de fidélisation

Chapitre 5

Le programme de fidélisation

Les différentes stratégies de fidélisation présentées en première partie, nécessitent une mise en œuvre de moyens tactiques et logistiques lourds, dans une perspective à long terme, puisque tel est le principe de la construction d'une relation commerciale profitable et pérenne.

Par conséquent, que ce soit pour une stratégie de fidélisation par les services (Banques), par l'événementiel (Cf. le cas l'Opel Frontera II), ou encore par le co-branding (SFR et le « 7 »), la conception d'un **plan d'actions de marketing relationnel visant à développer le potentiel commercial des meilleurs clients** constitue un programme de fidélisation.

Malheureusement, nombreuses sont les entreprises à brûler les étapes en confondant, plus ou moins sciemment, un outil avec un programme de fidélisation, si ce n'est avec la stratégie inhérente.

Ainsi, à la question « Avez-vous un programme de fidélisation ? », n'est-il pas rare de se voir rétorquer : « Oui, nous offrons à nos clients une carte de fidélité ».

Si tant est que ladite carte ne soit ni à puce, ni magnétique, on peut légitimement se demander à quoi elle sert, puisque les récences, fréquences ou encore volumes d'achats ne seront pas conservés en mémoire. D'où l'impossibilité de garder une trace des transactions et de développer la Connaissance Clients.

1 Le programme au service de la stratégie de fidélisation

Par conséquent, un programme bien pensé correspond à la traduction de la stratégie de fidélisation en plan d'actions, et nécessite que les objectifs en soit déterminés au préalable.

Toute entreprise est en droit de « tester » son approche de la fidélisation, un type de programme, ou encore des outils, en choisissant une gamme de produits et des segments de clientèle déterminés, restreints, et ce afin de profiter des enseignements de la construction d'une relation commerciale durable pour d'autres produits, marché ou segments de clientèle.

Ceci ne signifie pas que l'entreprise ne doive pas développer une démarche de fidélisation sur tous ses couples Produits / Marchés, bien au contraire.

Mais, ce « lien » et la richesse du dialogue instauré avec certains clients nécessitent la mise en œuvre de moyens techniques, financiers et humains sur le long terme.

Ainsi, ne pouvez-vous pas mettre en place un programme de fidélisation, puis l'abandonner après quelques mois en laissant quelques milliers de clients en plan !

En termes d'image, ce type de « retraite » est catastrophique et préjudiciable à tous les « Capitaux » de l'entreprise, Capital-Image, Capital-Clients, Capital-Marque et Capital financier.

1.1 Un programme, des objectifs

Par conséquent, développer un programme de fidélisation implique de le concevoir en fonction des objectifs fixés au niveau stratégique et ceux-ci peuvent être divers.

L'**objectif premier** demeure de développer la « **Customer Value** », et donc d'accroître les revenus générés par les segments de clientèle à fort potentiel.

Les entreprises américaines de taille mondiale telles que Nortel Networks maîtrisent avec précision les outils dits de « CVA » (Customer Value Analysis).

De même, la Satisfaction Client est un indicateur à évaluer en continu dès lors que l'on investit dans la Relation Client.

Ainsi, optimiser la **Valeur** et la **Satisfaction Clients** sont deux objectifs implicites et *sine qua non* de tout programme de fidélisation.

A fortiori, de manière induite, le **taux de fidélité** des Clients doit augmenter et le taux d'attrition ou de désaffection diminuer.

Hormis ces objectifs presque naturels, logiques, toute entreprise peut assigner à la fidélisation des buts inhérents à son organisation, à la donne concurrentielle ou encore à la volonté affichée par ses dirigeants en termes d'image par exemple.

Ainsi, un programme peut avoir pour finalité d'instaurer la mise en œuvre d'une **démarche qualité dans le Service Après-Vente**, ou bien viser à une plus grande implication des circuits de distribution en associant le fabricant et les enseignes partenaires dans un même programme.

L'accent d'un programme de fidélisation peut être mis sur un point faible identifié par les observations ou critiques des clients lors des diverses occasions de dialogue établies : questionnaires, in-packs, cercles de qualité, focus group, sondages, numéros verts pour hot line et call centers...

Sans oublier les autres dimensions constituant la relation Clients, ce point faible, s'il constitue un facteur clef de succès sur le marché concerné, devra être pris en compte systématiquement dans l'élaboration du programme de fidélisation.

A titre d'illustration, si les clients estiment ne pas avoir assez d'opportunités de **dialogue avec la marque**, la multiplication des prétextes de communication dans le temps peut s'avérer payante et accroître sensiblement la Customer Value :

- Création de consumer magazines
- Mise en place d'une hot line 7 jours sur 7 et 24 heures sur 24
- Campagnes de création de trafic sur le lieu de vente
- Échantillonnage pour les lancements de produits auprès des meilleurs clients
- Invitations à caractère événementiel
- Personnalisation de toutes les correspondances
- Etc.

Un audit de la **qualité de l'accueil téléphonique** recoupé avec les remarques des clients entraîne souvent de sévères diagnostics. De ce

115

fait, l'une des priorités d'une campagne de fidélisation peut être de développer un call center afin de professionnaliser l'accueil au téléphone et donc de diminuer le taux d'attrition qui en découle.

Dans d'autres cas de figure, pour des produits ou services relativement similaires, l'avantage concurrentiel se détermine sur des « détails » auxquels les clients sont de plus en plus sensibles.

Ainsi, Chronopost, acteur majeur du transport express en France, dans une étude remarquable initiée depuis 1995, a mis en lumière les rapports des consommateurs avec le temps ! Cette étude a depuis été réitérée puis élargie à tous les pays d'Europe.

L'apport majeur du travail entrepris par Chronopost réside dans l'identification d'une attente croissante et nouvelle des consommateurs, laquelle consiste à exiger un bon **rapport Qualité / Temps** !

116

L'étude définit le rapport Qualité / Temps comme la prise en compte et l'optimisation du temps du client par le fournisseur.

56 % des entreprises françaises considèrent le temps comme un élément discriminant dans la relation client / fournisseur.

1.2 Identifier les leviers de la fidélité

Tous ces éléments simples et récurrents dans une relation commerciale grand public ou Business to Business, soulignent l'importance des motifs d'insatisfaction et de satisfaction, d'attrition ou fidélité.

Or, ces leviers, de même que les outils, les programmes et *a fortiori* les stratégies de fidélisation, reposent essentiellement sur la connaissance Clients, point névralgique de toute relation pérenne.

De fait, peu d'entreprises possèdent les outils, méthodes, techniques ou volonté nécessaires à cette connaissance, et de sorte très fréquemment, les décideurs ont besoin de développer leur Base de Données concernant le comportement des consommateurs afin d'affiner leur stratégie.

1.3 Collecter les informations pour acquérir la connaissance clients

Pour ce faire, presque chaque programme comporte **initialement** une **opération de collecte de données** sous des prétextes variables :

- Insertion de mini-questionnaires dans les emballages à remplir et retourner afin d'adhérer à un Club, de recevoir le Consumer Magazine de la marque.
- Invitations à des événements à condition de retourner une fiche d'information.
- Opérations du service clientèle qui fait un sondage auprès de « ses meilleurs clients ».
- Jeux-concours, loteries : « vous avez gagné un magnifique kit « beauté » pour la plage disponible dans notre point de vente le plus proche de votre domicile, pour le réserver, appelez votre conseillère beauté Nathalie au... ».
- Mise à jour du fichier clients par téléphone ou par mailing.

...

117

a) Vers une segmentation revisitée

Ces données, une fois analysées, travaillées, vont permettre s'il y a lieu de reconsidérer la segmentation de Clientèle, de l'affiner, sans tomber dans les travers de l'hyper-segmentation, et en mettant l'accent sur les segments à fort potentiel de développement.

b) Identification des facteurs d'attrition motivée

Puisque satisfaire ses clients, c'est également éviter de les décevoir, les facteurs d'infidélité et d'attrition doivent être détectés et analysés en détail de manière à les combattre par une politique systématique et préventive.

Pour mémoire, il existe deux grandes catégories d'attrition que sont respectivement l'attrition motivée ou justifiée et l'attrition structurelle.

Cette dernière est induite par deux éléments, à savoir l'absence d'un produit en linéaires, d'une part, et la disparition du besoin chez le consommateur, d'autre part.

Les actions à l'égard du consommateur sont donc à entreprendre pour tout ce qui n'est pas structurel, mais motivé :

• promotion concurrente
• besoin de changement
• insatisfaction
• meilleure offre concurrente

c) De la segmentation à la personnalisation

Par ailleurs, pour chaque segment de clientèle, les attentes, les leviers de fidélisation vont varier, de même que les outils, les prétextes de communication, les périodes de dialogue, les marges dévolues aux campagnes, etc.

Ces éléments discriminants représentent de formidables opportunités dès lors qu'il s'agit de plaire, de fidéliser, en usant à bon escient de la personnalisation de la relation commerciale à tous les niveaux.

Une fois encore, le bon sens doit prévaloir de sorte que les programmes à moitié personnalisés sont parfois plus dangereux que s'ils ne l'étaient guère.

118 Que dire par exemple des services en lignes offerts sur le Web aux clients d'une banque qui s'adresse indifféremment à des clients de plus de 60 ans « dépassés » par les nouvelles technologies et à des foyers dont les revenus sont trop modestes pour que l'ordinateur multimédia ne vienne détrôner la sacro-sainte télévision.

Que penser également des entreprises chargées de l'entretien des chaudières individuelles qui croyant bien faire, vous imposent la visite gratuite d'entretien annuel le 9 août, soit en plein milieu des vacances pour le commun des mortels.

La fréquence des campagnes de fidélisation est aussi importante que le choix des périodes, puisque le client doit se croire « aimé », cajolé, sans pour autant sentir peser sur lui « le chaud et le froid ».

Certaines entreprises de livraison de pizzas à domicile, de taille internationale, n'hésitent pas à tomber dans **les excès de la customer value**, puisque le client dont les montants et la fréquence d'achats sont importants, se verra proposer de nombreuses réductions tarifaires et promotions.

A contrario, si le consommateur, pour quelque raison que ce soit, connaît des faiblesses même passagères pour ce qui est de sa fringale de pizzas, c'en est fini des missives avenantes de la part des leaders américains de la pizza livrée à domicile.

Le client devient moins intéressant, moins rentable, il est « sorti » des segments à fort potentiel commercial, ne serait-ce que provisoirement. Dès lors, la marque se désintéresse de ce consommateur de manière maladroite, en cessant toute communication, en mettant fin au dialogue.

Ce type de démarche n'est pas toujours remarquée par les consommateurs par trop soumis à d'innombrables messages émanant de toutes sortes de marques, pour des besoins très hétéroclites.

Néanmoins, après avoir été l'objet de sollicitations diverses et variées des mois durant, le client autrefois fidèle car rentable, est en droit de s'interroger sur les motifs de cet « abandon », quitte à devenir activement infidèle, pour avoir été maltraité, oublié, après une longue et rentable relation commerciale et « affective ».

Comme quoi, nous sommes peu de chose...face à un programme de segmentation automatisé, déshumanisé...

L'utilisation de **données à caractère exclusif** peut s'avérer très efficace, à la condition que les investissements en matière de gestion et de mise à jour de la Base de Données soit réguliers et suffisants.

A ce propos, **l'utilisation des dates anniversaires** des meilleurs clients est un prétexte assez usité dans la grande consommation et dans la distribution.

119

Fly

Les magasins de mobilier Fly ont su exploiter avec pertinence les anniversaires pour désaisonnaliser les ventes et les lisser, les étaler sur toute l'année, en offrant des bons de réduction par mailing personnalisé deux ou trois jours avant la date. Comment dès lors se refuser un cadeau avec 150 ou 200 FF de réduction à valoir sur tout achat de plus de x FF dans un délai de 15 jours par exemple.

Pour ce type d'opération efficace mais classique, trois écueils sont à éviter :

Tout d'abord il est primordial que la **Base de Données** soit à jour, tant pour la date d'anniversaire, que les coordonnées, ou encore la civilité. Mais le plus important afin d'éviter tout drame, toute indélicatesse, consiste à s'assurer au préalable que vos chers Clients sont bien vivants, même si cela peut paraître incongru.

En effet, nombre de plaintes ont été enregistrées alors que des mailings continuaient d'affluer pour une personne défunte, parfois même des enfants, comme ce fut le cas pour une célèbre marque de couches culottes qui n'avait vraisemblablement pas intégré la notion de mortalité infantile dans la conception de son programme de fidélisation et, par voie de conséquence, dans les critères de mise à jour de sa Base de Données.

En second lieu, le « **juste à temps** » est un principe incontournable de toute opération de fidélisation liée à l'utilisation d'une date anniversaire comme prétexte de communication.

De ce fait, les mailings de « vœux » accompagnés par exemple de coupons réponses, de bons de réduction ou encore d'invitations à caractère événementiel, doivent parvenir à temps aux clients visés, ce qui implique une logistique puissante, sans faille et surtout pas de grèves ou de perturbations dans la distribution du courrier.

Enfin, en l'occurrence, l'utilisation des dates anniversaires ne constitue pas un prétexte de communication d'une grande originalité et comporte un **risque de banalisation des programmes** si la contrepartie offerte n'est pas pertinente, motivante pour les clients.

120

Si l'on pose comme postulat évident qu'il ne faut pas déranger ses clients, en l'occurrence ceux dont le potentiel commercial est avéré, la « prime », le levier de motivation et donc de fidélisation devra être choisi en fonction des attentes du segment de clientèle étudié, et du **profiling** établi pour chaque client dans l'optique d'une communication personnalisée de manière optimale.

Une fois encore, la segmentation opérationnelle permettra d'isoler les segments à fort potentiel commercial, lesquels peuvent être hiérarchisés comme suit :

- segments de clientèle à potentiel avéré
- segments de clientèle à potentiel déclaré

Bien sûr, il existe des sous-segments propres à chaque marque, à chaque famille de produits ou encore à chaque environnement concurrentiel voire géographique, démographique…

d) L'exclusivité des informations clients gage de réussite

Le caractère exclusif des données collectées à propos des clients offre des opportunités de dialogue avec la marque dont ne disposent pas les concurrents.

Pour reprendre l'exemple quelque peu inattendu que nous avons utilisé au tout début de la première partie, votre boucher-charcutier en sait plus sur vous que n'importe quelle Base de Données dite « relationnelle ».

Cela est normal, puisque le degré de connaissance Clients dont il dispose est le fruit d'un long apprentissage tant qualitatif que quantitatif.

Les Bases de Données comportementales se rapprochent progressivement d'un fort degré de connaissance, lequel n'est plus seulement quantitatif et axé sur des critères tels que la récence, la fréquence et le montant des achats effectués sur une période donnée par un consommateur.

Dès lors, les occasions de contact avec les clients doivent être considérées comme étant des moments privilégiés par la marque et ses fidèles, de sorte que les données collectées seront plus précises, plus personnelles, moins banales…

Si, par le biais d'un Club de clients, de focus groups, d'animations à caractère événementiel ou culturel, vous collectez des informations quant à la fidélité des clients, à leur attachement à la marque, à leurs attentes véritables, vous pouvez les associer à terme au développement de nouveaux produits, tout comme l'a fait le groupe Clarins pour le lancement de sa nouvelle gamme de produits de soins Angel.

e) Les clients fidèles créent les produits de demain

Une vingtaine de clientes venues de toute la France, issues du Cercle Angel, ont participé à la conception et au lancement de cette gamme pour ce qui concerne respectivement les éléments suivants :

- composition des produits
- choix des textures
- des fragrances associées
- du design et du packaging

Cette gamme dénommée les « Secrets d'Angel » a nécessité la collaboration des clientes pendant plus d'un an ; elle regroupe 5 produits de soins de la peau, d'hydratation et de protection.

Hormis celles qui ont collaboré à la naissance de la gamme, les clientes du Cercle Angel se verront offrir une palette de présentation de la nouvelle gamme.

Ce type d'expérience préfigure le Marketing de demain, « participatif », plus axé sur la qualité et la profondeur des relations humaines établies entre une marque et ses consommateurs. Dès lors que les clients sont associés, consultés pour la genèse de nouveaux produits, ces produits sont les leurs, et la filiation est si forte que la fidélité s'en trouve assurée.

Cependant, sur les milliers de femmes appartenant au Cercle Angel, seulement 20 d'entre elles ont participé au programme d'élaboration de la nouvelle gamme, mais elles sont en quelque sorte les porte-parole de leurs « consœurs ».

Gageons que **cette appropriation « prénatale » de la gamme** de soins « Les Secrets d'Angel » fera des émules dans l'univers du Luxe.

122

1.4 Principales étapes d'un programme de fidélisation

	Étapes	Contenu
1	**Stratégie de fidélisation**	Détermination des grands axes
2	Choix des principaux **segments à fidéliser**	Segmentation première
3	**Collecte des données** complémentaires sur la cible	Connaissance Clients affinée
4	**Hypersegmentation**	Identification de groupes homogènes de clients à fort potentiel commercial
5	**Identification des « leviers de fidélisation » et des motifs d'attrition**	Suggérer l'« exclusivité » par le développement de la qualité de services, etc.
6	**Détermination du Mix Fidélisation**	Choix des outils, des périodes de communication, de la fréquence, des marges allouées, du Budget Fidélisation
7	**Pré-test du programme**	Validation auprès d'un panel clients
8	**Lancement**	Campagne et mise en œuvre des outils
9	**Mesure de l'efficacité**	Customer Value Measurement, Customer Satisfaction, mesures d'impact, mesure du Retour sur Investissement
10	**Pilotage dans le temps**	Actions correctives

2 Les programmes de fidélisation les plus innovants

123

Interview de Régine Jean-Rabechault, Brand Manager, Mattel France
Barbie et Planète B : les NTIC au service de la fidélité

Préambule
Historique du Club Barbie

Le Club Barbie a été créé en 1982, il y a 19 ans pour Mattel France par Ogilvy One avec pour objectif de fidéliser les petites filles de 4 à 8 ans à la marque. Le Club a rassemblé jusqu'à 300 000 membres par an, ce n'est pas moins de 3 millions de petites filles qui ont été fidélisées. Les petites filles inscrites (l'abonnement était payant) recevaient régulièrement des courriers à leur nom et des petits cadeaux (bijoux, stickers, …).

Les études ont montré que les petites filles membres du Club étaient le véritable cœur de cible de la marque, puisqu'elles possédaient 2 fois plus de poupées que la moyenne nationale. Par ailleurs, le Club recevait chaque année 10 000 lettres des petites membres, pour raconter leurs secrets ou envoyer des dessins. Chaque lettre recevait une réponse personnelle.

Question 1

Le Club Barbie existe depuis 19 ans et constitue une véritable institution inhérente au phénomène de société qu'est Barbie. Pourquoi avoir créé le programme Planète B ? Quels sont les grands axes, le mode de fonctionnement et les objectifs de Planète B ?

Les petites filles d'aujourd'hui et les modes de communication changent, notamment avec l'apparition de nouvelles technologies. Mattel a souhaité s'adapter, voire anticiper ces changements.

La formule du Club était perçue comme moins attractive par les petites filles, appréciation que l'on constatait dans les études qualitatives et dans les chiffres d'adhésion : 200 000 membres fin 1999. L'idée était donc d'élargir le Club par rapport à Barbie et de créer un véritable univers, qui inclut Internet, la mode, la beauté, le show business, etc. Bref tous les centres d'intérêt des petites filles d'aujourd'hui. C'est ainsi qu'est née Planète B, un outil de recrutement et de fidélisation à la marque. Le principe est simple : la petite fille s'inscrit à Planète B. Elle bénéficie pendant un an de toutes les informations et animations du programme en recevant des courriers chez elle à son nom, et en se connectant grâce à son code d'accès, sur un serveur vocal interactif ou sur Internet : www.planeteb.com.

Planète B est aussi un programme de fidélisation par

cumul de points, que la petite fille peut acquérir en renvoyant les codes barres des produits Barbie, en se connectant sur le site ou serveur vocal, en parrainant une amie ou encore via des opérations relayées par des partenaires. Les points acquis lui permettent de choisir des cadeaux : à titre d'exemple, un tapis de souris, un T-shirt, ou une poupée Barbie. Les objectifs étant pour Mattel de démontrer la modernité de la marque, de maintenir l'attractivité de la marque pour les petites filles plus âgées (au-delà de 8 ans), et aussi d'augmenter le temps que les petites filles passent au contact de la marque dans leur journée très chargée.

Question 2

En quoi les petites filles d'aujourd'hui ont-elles changé ? Quels sont leurs centres d'intérêt ?

Elles sont moins sages, plus espiègles et complices. Elles revendiquent une certaine autonomie. Très exposées aux médias, elles vivent dans un monde qui bouge et leurs centres d'intérêt se sont diversifiés : elles s'intéressent à la mode, à la beauté, aux loisirs, à la musique, au show business, au multimédia. Mais il ne faut jamais oublier qu'elles restent néanmoins des enfants, qui ont besoin de repères et qui jouent toujours à la poupée et qui adorent l'univers Barbie.

Question 3

Pour renforcer le « dialogue » entre les petites filles et Barbie, quelle stratégie de fidélisation avez-vous mis en œuvre ? Est-ce une stratégie de fidélisation par les services, par la Satisfaction Clients, par l'événementiel ?

Planète B est un outil de fidélisation qui repose à la fois sur le cumul de points mais également sur l'entretien de la relation. A ce titre, Internet est un outil exceptionnel d'animation et « d'événementialisation » de la relation :
- *d'une part, grâce à la fréquence de la mise à jour : le site est entièrement remis à jour tous les mois, certaines rubriques le sont toutes les semaines.*
- *d'autre part, grâce à la personnalisation : dès que la petite fille a entré son mot de passe, elle est immédiatement accueillie par son prénom, le contenu de certaines rubriques est même adapté en fonction de sa tranche d'âge et enfin grâce à des outils spécifiques comme la possibilité de créer son adresse e-mail @planeteb.*

Question 4

Vos clientes sont-elles des ambassadrices de la marque ? Si oui, les y aidez-vous ?

Oui bien sûr, elles ont la possibilité de parrainer des copines (ce qui leur permet de gagner des points supplémentaires), mais il

125

ne faut pas négliger non plus le phénomène « cour de récréation », c'est-à-dire le bouche à oreille. C'est pourquoi nous nous attachons à proposer des cadeaux et des contenus informatifs originaux.

Question 5

Comment segmentez-vous votre clientèle ?

Le cœur de cible de Barbie est les 4-8 ans, mais le programme Planète B a pour vocation d'intéresser également des préadolescentes (jusqu'à 11 ans).

Question 6

De quels outils de développement de la Connaissance Clients disposez-vous ?

Toutes les données sont recueillies en temps réel sur une même base de données plurimedia. Ces données précises sont exploitées pour adapter l'offre de Planète B aux petites membres. Par ailleurs, nous pratiquons régulièrement des focus groups (membres et non membres, fillettes et mères). Et nous réalisons des tests pour affiner notre offre et notre message sur des échantillons.

Question 7

Votre Connaissance Clients se traduit-elle directement dans l'offre de Planète B ? Quelle est cette offre ?

Planète B a été conçu comme un immense terrain de jeux et de découverte pour les petites filles et

les préadolescentes avec un contenu éditorial, des jeux, des animations. Planète B c'est aussi des services et des fonctionnalités qui servent la relation : la personnalisation, les rendez-vous... Enfin Planète B est un programme de fidélité par cumul de points.

Question 8

Quel est le degré de la personnalisation des Relations avec les clientes de Barbie ? Quels sont vos outils de personnalisation en ligne ?

Tous les courriers sont personnalisés au nom de la petite fille. La technologie utilisée sur le Web nous permet d'accueillir la petite fille par son prénom, de lui donner accès en temps réel au nombre de points dont elle dispose et même d'adapter certains contenus en fonction de son âge.

Question 9

Votre programme repose sur une mécanique très classique de cumul des points. Vos clientes étant essentiellement des jeunes filles de 4 à 11 ans, comment procédez-vous pour éviter que ce système ne soit par trop complexe et peu incitatif pour votre cible ?

Les études prouvent que les petites filles ont très bien compris le système de points : comment elles peuvent en gagner et ce qu'elles peuvent en faire. La rubrique Boutique est l'une des plus visitée ! Nous nous attachons bien entendu à présenter les choses de manière extrêmement

126

visuelle, nous n'oublions jamais que certaines petites filles ne savent pas bien lire. Les mamans participent et aident aussi leurs petites filles.

Question 10

Ce programme à points a été créé exclusivement pour Planète B. Peut-on envisager le recours à un programme à points multimarques ? Pourquoi ?

Aujourd'hui ce n'est pas le cas, mais la question est intéressante en particulier pour permettre à Mattel de fidéliser à d'autres marques.

Question 11

Où « vit » Planète B ?

Planète B ce sont des courriers que la petite fille reçoit à son nom (4 mailings par an : un welcome pack, un mailing anniversaire, deux mailings actualité), un serveur vocal interactif et un site Internet avec une dizaine de rubriques remises à jour mensuellement.

Question 12

Les nouvelles technologies dont le Web, posent des problèmes éthiques, notamment pour tout ce qui concerne les mineures. Planète B est-il inspiré par le Marketing éthique ? Si oui, en quoi ?

Bien entendu Mattel est très soucieux de ces questions : toutes les précautions ont été prises. Il n'y a aucun échange direct entre les petites filles, de plus, aucun lien vers un site extérieur n'est proposé à l'intérieur de la partie « membres » (ce qui nous a d'ailleurs obligé à renoncer à certains partenariats). Au-delà, Mattel, conscient de son rôle d'initiateur à Internet, a publié en ligne une fiche donnant aux petites filles toutes les consignes pour naviguer en toute sérénité sur le Web (ne jamais transmettre son adresse à une personne étrangère, demander l'avis de ses parents avant de se connecter sur un nouveau site, ...)*

127

Question 13

Un tel programme ne peut se concevoir sans une logistique forte. Quels sont les moyens humains, techniques et financiers déployés ?

L'ensemble des supports de Planète B est entièrement géré par les différentes filiales d'Ogilvy One : une trentaine de personnes travaillent sur le programme. Ainsi qu'une personne chez MATTEL FRANCE

Question 14

Quelles sont les principales innovations du programme Planète B ?

Planète B présente 4 innovations majeures : innovation du concept et du ton de communication, innovation marketing (intégration de la dimension multimédia et interactive), innovation technologique (un système d'information plurimedia en temps réel) et enfin une innovation dans la relation avec la distribution grâce au développement d'une stratégie « trade » qui associe les distributeurs au programme.

Question 15

Concrètement, comment associez-vous les distributeurs à l'opération ? Comment les impliquer ? « Pourquoi vous ? »

La distribution est associée dans la phase de recrutement ; des animations sont montées dans les différentes enseignes partenaires. Et lorsque la petite fille s'inscrit, il lui est demandé dans quel magasin elle achète le plus souvent ses Barbie, ce qui permet ensuite une communication co-brandée avec l'enseigne sur chacun des supports de communication de Planète B. Les promotions proposées par Planète B renvoient donc la petite fille dans son enseigne de rattachement.

Question 16

Quelles opérations menez-vous en cobranding ? Quels en sont les facteurs clefs de succès ?

Des opérations ont également été menées soit pour enrichir le concept avec des marques partenaires : On peut citer sur le long terme, le magazine « Julie », qui parraine la rubrique Beauté et apporte du contenu, « Télépoche » qui sélectionne des programmes TV et diffuse des points B dans ses pages en échange de visibilité sur le site.

D'autres opérations de partenariat avaient pour objectif de donner de la visibilité à Planète B et de faciliter le recrutement comme la distribution de bulletins d'inscription dans les happymeal McDonald's ou dans les albums Panini, un jeu-concours monté avec Canal J (TV et site Internet) et une animation du portail pour enfants « sssplash ».

Question 17

Ce programme est-il à la fois conquérant et fidélisant ?

Il n'est pas « conquérant », car avec un taux de pénétration de 98% sur le cœur de cible, ce n'est pas grâce au programme que nous gagnons des consommatrices de la marque.

Fidélisant : il l'est fortement, puisque toutes les études nous montrent que les petites membres possèdent plus de poupées que la moyenne nationale, reçoivent plus de cadeaux Barbie à leur anniversaire que la moyenne nationale.

Question 18

Quelles sont les perspectives d'évolution de Planète B ?

Aujourd'hui, les projets envisagés visent à développer le recrutement en particulier en mettant en place des programmes de partenariat et d'affiliation avec d'autres sites. Nous travaillons également sur de nouveaux réseaux de diffusion de l'offre Planète B.

Question 19

Quelles sont les spécificités de la fidélisation en ligne ?

Concernant les spécificités de la fidélisation en ligne, il faut bien sûr accorder un soin tout particulier à la qualité (originalité, exclusivité, ...) et à la fréquence de l'animation et de la mise à jour du site; la personnalisation est également un atout.

De manière plus générale, comme pour toute action de communication sur Internet, la facilité d'utilisation et les services rendus à l'internaute - qui est de plus en plus sollicité - doivent être la préoccupation numéro 1.

Mais je tiens à préciser que notre programme de fidélisation en ligne ne peut être considéré seul, il s'inscrit dans le cadre d'un programme global de fidélisation, et doit donc être conçu en synergie avec les autres media. La gestion d'une BDD unique, mise à jour en temps réel, regroupant toutes les informations concernant la consommatrice et l'historique de sa relation avec la marque (en magasin, via un centre d'appel ou sur Internet) est un facteur-clé de succès.

129

Interview de Delphine Wasser-Treiger
Responsable Relations Clients et e-CRM, Canal Numédia
Le client au cœur de l'entreprise grâce au e-CRM

Préambule
Présentation de CANAL NUMEDIA

Créé en janvier 2000, Canal Numédia a pour mission de fédérer et développer les sites télévision et film de CANAL+ et Vivendi - Universal en Europe. La société a pour ambition de devenir un fournisseur européen majeur de contenus pour Internet avec des produits éditoriaux multi-supports (TV, PC, mobiles) autour des thèmes phares du Groupe CANAL+ (cinéma, sport, fiction).

Les clients de Canal Numédia sont les internautes grand public ainsi que les abonnés de CANAL+.

La société a développé et lancé plusieurs sites de CANAL+ en Europe, notamment en Belgique, en Scandinavie et aux Pays-Bas. Largement impliqué dans le cinéma, Canal Numedia est l'actionnaire majoritaire d'AlloCiné et a lancé les services téléphonique et Internet d'AlloCiné en Belgique en mai 2001.

Question 1
Quelles sont d'après vous les spécificités de la fidélisation en ligne ?

* Contrairement au off-line, on ne « voit » pas son client. Et pourtant, le lien est très fort.

Du fait de l'instantanéité du Web, les réactions des clients sont immédiates : en visite sur le site, l'internaute ne trouve pas les recettes d'Eric Roux ? Il nous adresse sur le champ un email auquel il est recommandé de répondre très rapidement, plus rapidement que dans le monde off line. Canal+ y répond en 24 à 48 heures. Plus si le message demande des recherches.

Du fait de l'interactivité, et notamment les "chats", où l'internaute s'exprime en « live » : l'internaute prend la parole

* La puissance du marketing viral

On n'en a pas exploré encore toutes les facettes, mais c'est un outil très puissant de notoriété et de fidélisation.

Bien sûr, il y a le revers de la médaille, l'information se diffuse très vite : un plantage, une bévue, et tout le monde est au courant par la magie du mail, des "chats", des newsgroups…

* La puissance du « permission marketing »

- On passe d'un marketing imposé de masse, à un marketing autorisé et personnalisé

- *On ne communique qu'avec les clients qui ont donné leur accord (opt in)*
- *On adresse des messages commerciaux à ceux qui ont accepté d'en recevoir, ces messages couvrant des thématiques sélectionnées par l'internaute*

Bien sûr il y a des dérives : pour se constituer des bases opt in à commercialiser, des opérateurs proposent un "deal" aux internautes qui acceptent de donner leurs infos : surf rémunéré, etc. Aux acheteurs donc d'être vigilants.

* La Connaissance Clients se fonde non seulement sur le déclaratif mais aussi sur l'implicite

Si le déclaratif peut parfois laisser songeur sur le Web, on peut suivre la circulation des internautes qui ne refusent pas les cookies. Ces données n'ont pas d'intérêt individuellement, mais dès lors que l'on effectue une analyse comportementale, elles revêtent un intérêt particulier : on dégage alors des segments et l'on peut effectuer des scorings.

* En fonction de la Connaissance Clients, on peut alors personnaliser l'offre Clients et faire du « one to one »

Grâce aux outils de personnalisation, autre spécificité du Web, on peut personnaliser l'interface comme le contenu pour tenter de répondre au mieux aux centres d'intérêt exprimés de façon implicite par l'internaute.

Pour chaque client, une boutique spécifique et unique ; une « home page » de son site de contenu préféré qui n'existe que pour lui.

C'est le client qui crée son produit et non plus le contraire. On rentre dans une logique de marketing de la demande et non plus de l'offre.

Ceci a bien sûr ses limites : le fou de rap qui a commandé un album de Luis Mariano pour sa grand-mère, ne considérera pas comme un avantage de se voir proposer l'intégrale du chanteur à prix imbattable lorsqu'il reviendra sur le site

131

Question 2

Le e-CRM existe-t-il ? Comment le définiriez-vous ?

Ensemble des outils et techniques destinés à capter, traiter et analyser les informations relatives aux clients et aux prospects, dans le but de les fidéliser en interagissant avec eux et en leur offrant le meilleur service.

Le CRM permet d'identifier les visiteurs et les clients de façon individuelle, de les différencier, d'interagir avec eux et de personnaliser la relation.

Question 3

Quels sont les grands axes de la stratégie de fidélisation Clients chez CANAL NUMEDIA ?

* Quand l'internaute est inscrit

➤ *Fidélisation par le biais des services qui lui sont offerts* lorsqu'il s'inscrit : on peut dire qu'en cela on est proche du off line. Toutefois, ces services sont immédiatement consommables :

- accès à des jeux : canalplus.fr propose au minimum 15 jeux en ligne, qui sont renouvelés fréquemment
- email gratuit
- service PDA : on offre des contenus aux internautes pour leur palm pilote : infos cinéma, sport, goodies
- tuyaux sur le cinéma : grâce au service « Mes meilleurs amis », l'internaute donne une note aux films qu'il a vus. Il peut suite à cela obtenir des conseils sur les films à voir en salle, sur Canal+ ou en général. Par ailleurs, il peut consulter les choix de ses « meilleurs amis » (qui ont noté comme lui) ou de ses « pires ennemis » : http://www.canalplus.fr/cinema/mmc/index.asp
- bons plans : il peut consulter les bons plans cinéma, sorties, expositions, boîtes, jardins…et donner son avis sur les mêmes thèmes.

➤ Fidélisation par le biais des newsletters :

S'il s'abonne l'internaute pourra recevoir une news sur le sujet de son choix.

➤ Fidélisation par le biais des mailing événements :

Les César, Cannes, autant d'événements qui sont signalés aux internautes ayant coché la case « Je souhaite recevoir des infos sur les événements et les jeux de canalplus.fr »

* L'internaute n'est pas inscrit :

➤ Nous proposons des jeux, nécessitant une inscription. Ces jeux remportent un grand succès.

➤ Nous l'incitons à s'inscrire aux newsletters.

Grâce à notre système de tracking, nous pouvons détecter les non-inscrits. Il est prévu de pousser des messages incitant à l'abonnement aux newsletters pour des internautes qui reviennent 4 fois sur une même rubrique.

Un système d'inscription rapide est en cours de développement. Nous affinerons la connaissance Clients par des questions supplémentaires au fur et à mesure de l'établissement de la relation.

Question 4

Comment procédez-vous à la segmentation de vos clients et de vos visiteurs ?

Pour le moment la seule segmentation qui s'opère :

- demande aux abonnés aux newsletters d'exprimer leurs préférences (avec un lien placé en bas de leur news hebdo)
- segmentation en fonction de leur abonnement à une newsletter thématique

La segmentation interviendra avec le datamining qui devrait démarrer bientôt.

Nous segmenterons en fonction de critères classiques (sexe, âge,

132

adresse), mais également entre inscrits/non-inscrits, joueurs/non-joueurs, etc.

Question 5

Pour mieux anticiper les besoins de vos clients, vous avez mis en œuvre des outils de développement de la Connaissance Clients.

Quels sont-ils ? Utilisez-vous les questionnaires de satisfaction en ligne ou les baromètres Clients ?

Chaque semaine, une analyse qualitative des emails internautes concernant le site canalplus.fr est effectuée. Les réactions des internautes sont classées par thèmes et des verbatim illustrent les tendances décelées. Cette note est diffusée au sein de Numédia et sert notamment de support à un groupe de travail sur l'amélioration de l'ergonomie du site.

Pour le moment, il n'y a pas de questionnaire de satisfaction en ligne, mais ils sont prévus.

Question 6

Pourquoi avez-vous mis en œuvre un important projet de Datamining ? Quelles en sont les principales étapes ? Les écueils à éviter ?

Le datawarehouse que nous avons mis en place n'a d'intérêt que s'il s'intègre dans une approche décisionnelle : il ne fait pas que stocker des informations, il suit les interactions entre les sites et les internautes. Il nous permet donc de suivre la Relation Clients.

Le datamining est une suite logique : nous stockons toutes les infos sur nos internautes et le datamining (segmentation et scoring) va nous permettre :

- *de qualifier et enrichir le fichier de façon dynamique et régulière pour affiner sans cesse le traitement des internautes*
- *de dégager des segments et profils d'internautes*
- *de déterminer des priorités et des stratégies, segment par segment de clients, pour permettre un traitement différencié*

Le but :

- *augmenter la valeur de la base des inscrits*
- *à plus long terme, faire de la personnalisation : campagnes de publicité ciblées pour les annonceurs ; contenus ciblés pour nos visiteurs*

Les pièges : pas assez de retour d'expérience. Toutefois, il est indispensable de bien choisir les données qui vont servir à construire les tables. De même, il faut bien réfléchir et toujours affiner sa réflexion dans la construction d'agrégats. Ne pas hésiter à modifier les facteurs discriminants afin de disposer de segments d'internautes bien distincts.

Question 7

L'exploitation de la Connaissance Clients est essentielle. Comment utilisez-vous ces données Clients ?

Outre les utilisations citées plus haut avec le Datamining, voici

133

quelques exemples supplémentaires :
- amélioration de la navigation du site
- on traque la répartition des internautes entre inscrits/non inscrits et les taux de transformation. Ceci nous a permis d'améliorer les pages d'inscription au fan club zidane.fr
- l'étude des sites référents nous permet de savoir d'où viennent les internautes sur notre site : depuis les sites extérieurs, depuis d'autres sites du ring Numedia, depuis d'autres pages thématiques du site etc.

134

- récompenser les internautes en fonction de leur profil en s'appuyant notamment sur les enseignements de la segmentation et du scoring
- internautes les plus profitables et les plus fragiles
- parties du site les plus et les moins visitées - parties du site à promouvoir

Nous demandions également qu'un tel programme soit simple sans efforts de compréhension :
- gratuit
- ouvert à tous
- permettant de récompenser mieux certains segments de visiteurs

Question 8

La personnalisation des Relations Clients est-elle l'une de vos priorités ? Quelles sont vos réalisations en la matière ?

A part la personnalisation de nos newsletters avec le prénom du client, nous n'utilisons pas la personnalisation pour l'instant. Cela demande un outil difficile à mettre en œuvre et beaucoup de suivi.

Question 9

Comment définiriez-vous votre futur « programme de loyauté » ?

Il va être développé au niveau groupe par Vivendi Universal. Une première réflexion a eu lieu.

Les points sur lesquels Numedia a insisté :

Question 10

Pour optimiser vos Relations Clients, vous avez recours à de nombreux outils du Marketing Direct ? Quels sont-ils ? La « culture Marketing Direct » semble essentielle dans le CRM, qu'en pensez-vous ?

Nous pratiquons l'emailing de façon régulière. Sur Internet, le MD est essentiel dans la relation client et la fidélisation, car il permet d'entretenir un lien privilégié avec les internautes et intervient dans le cadre d'une relation opt in (où l'internaute a donné son accord pour qu'on communique avec lui) :
- acquisition, en travaillant sur des fichiers externes : nous ne l'avons pas encore fait, mais cela viendra dans une 2ème étape

- *fidélisation avec les newsletters et les mailings événements*
- *d'autres projets : messages SMS avec résultats sportifs, etc.*

L'emailing est également source de revenus, notamment grâce au sponsoring de newsletters. Il y a aussi la location d'adresses pour des mailings purement commerciaux vers des internautes opt in.

Il permet d'affiner la connaissance Clients, grâce à des petits quizz ou jeux au cours desquels sont posées des questions qualifiantes d'une façon contextuelle (équipement auto, enfants...).

Question 11

Le CRM est associé à une vague de néologismes parfois déroutants. Pouvez-vous nous confier vos définitions concernant :

- Le filtrage de contenu :

l'information ou le contenu sont modifiés en fonction de la connaissance acquise sur le visiteur. (information personnalisée, filtrage collaboratif, modification de contexte, pré remplissage de formulaires...)

- Le filtrage collaboratif :

exploitation des informations possédées sur les clients pour en satisfaire d'autres

- Opt-in :

à tout moment, l'internaute peut choisir de recevoir ou non des mails, des newsletters et des offres de la part du site. Pour cela, on lui propose de cocher s'il souhaite recevoir des informations. Lorsque l'internaute coche OK, un mail de confirmation lui est adressé avec un lien sur lequel il doit cliquer pour confirmer son choix. Ceci permet d'avoir des internautes réellement intéressés par les messages.

- Opt out :

la même chose en option négative. On lui propose de « décocher » la proposition de recevoir des infos, s'il souhaite ne rien recevoir.

- Double opt in :

l'internaute coche OK pour recevoir des infos. Un mail de confirmation lui est adressé avec un lien sur lequel il doit cliquer pour confirmer son choix. Ceci permet d'avoir des internautes foncièrement intéressés par les messages.

135

NORTEL Networks maîtrise le Customer Value Measurement

Nortel Networks est l'un des leaders mondiaux sur le marché des réseaux de télécommunications, avec un chiffre d'affaires de près de 18 milliards de dollars en 1998 et environ 75 000 salariés de par le monde.

Le choix de Nortel Networks concernant la fidélisation est justifié par sa stratégie de développement de la Satisfaction Clients, laquelle lui a valu une distinction très remarquée en mars 1999 par l'APQC.

En effet, the American Productivity & Quality Center (APQC) est un organisme à but non lucratif regroupant 500 entreprises internationales issues de tous les secteurs d'activité, depuis l'industrie, les services, l'éducation, jusqu'aux services publics.

Fondée en 1977 et basée à Houston, l'APQC offre aux entreprises les connaissances, informations et méthodes nécessaires pour accroître leur productivité et progresser dans leur démarche Qualité orientée Clients.

C'est dans le cadre d'une étude internationale intitulée « Customer Value Measurement : Gaining Strategic Advantage », que l'APQC a sélectionné neuf entreprises développant une politique approfondie, établie de longue date, en matière de satisfaction, de fidélisation Clients.

A ce titre, Nortel Networks a été distingué par l'APQC pour ses innovations dans le domaine du Customer Value Measurement, innovations qui ont permis à Nortel de construire des relations profitables, pérennes avec ses clients.

Les principaux métiers de Nortel Networks :

Les activités de Nortel sont presque exclusivement Business to Business et concernent deux types de clients que sont respectivement les Opérateurs Télécoms (France Télécom, Bouygues Télécom ...) et les entreprises dans plus de 150 pays.

Les ventes aux opérateurs :
- réseaux de télécommunications fixes
- réseaux de radiocommunications (aux différents standards mondiaux dont le GSM)

Les ventes aux entreprises :
- réseaux voix et données
- commutateurs téléphoniques (standards)

En bref, Nortel Networks est au cœur de la révolution Internet avec toute une gamme d'équipements de réseaux voix et données unifiés reconnus par les opérateurs et les entreprises pour leur avance technologique et leur fiabilité.

Les ventes aux opérateurs se font en direct par appel d'offres, la valeur moyenne d'un contrat se situe aux alentours de 500 millions de francs. Les ventes aux entreprises s'effectuent le plus souvent par l'intermédiaire d'un réseau de distributeurs.

Les principaux concurrents de Nortel Networks :

LUCENT, CISCO, ERICSSON, MOTOROLA, SIEMENS et ALCATEL, constituent l'oligopole à la tête des réseaux de Télécommunications dans le monde, suivi par un très grand nombre de sociétés de taille plus modeste.

137

Interview de Laurence Deforeit
Directeur Marketing Monde Solutions GSM Nortel Networks :
Nortel Networks maîtrise le Customer Value Measurement

Question 1

La distinction décernée à Nortel Networks par l'APQC confirme votre place dans le peloton de tête des entreprises mondiales en matière de fidélisation et de création de Valeur Clients.

138 Comment expliquez-vous ce succès ?

Laurence Deforeit

« La reconnaissance de l'APQC découle de la réussite de notre programme de mesure de la satisfaction Clients mis en œuvre en 1989 au niveau mondial dans toutes les entités de Nortel Networks. »

Question 2

Quelles sont les grandes lignes de ce programme dit de « Customer Value Measurement » ?

Laurence Deforeit

« Tant pour ce qui est de nos clients Opérateurs, que pour nos clients Entreprises, nous avons mis en place une mesure permanente de la Satisfaction et de la Valeur Clients.

Chaque trimestre, les résultats sont communiqués à toutes les équipes de Nortel Networks dans tous les pays, avec le détail des

résultats par Région du Monde et par ligne de Produits.

Par conséquent, ces informations sont accessibles par n'importe quel salarié du groupe, que ce soit pour sa propre entité ou une autre division.

Inutile de vous préciser que ces résultats sont très attendus ! »

Question 3

Ce programme fait-il partie intégrante de votre stratégie ?

Laurence Deforeit

« Oui, et il s'agit plus que d'un simple programme, mais d'un véritable engagement du Groupe, lequel se traduit par l'existence d'une charte indiquant clairement l'importance attribuée à la mesure de la satisfaction et de la fidélisation des clients.

Cette charte d'entreprise s'articule autour des trois principes essentiels de la « Customer Value », à savoir, la Valeur Ajoutée de nos prestations, telle que perçue par les clients, leur juste prix et la mise à disposition à temps.

L'engagement vers les Clients est l'un des fondements historiques du développement de Nortel Networks et ce programme nous a permis de mesurer constamment notre progression depuis dix ans. »

Question 4

Existe-t-il une organisation dédiée à votre politique de « Customer Value Measurement » ?

Laurence Deforeit

« Oui et cette organisation, gage du bon fonctionnement de notre programme, est très développée. Ainsi, Nortel Networks est l'une des rares grandes entreprises internationales à disposer d'une importante organisation fonctionnelle dédiée à la Valeur Clients.

Le Vice-Président en charge de cette structure coordonne l'ensemble des mesures et actions visant à améliorer la fidélisation des clients partout dans le monde et pour chaque ligne de produits. »

Question 5

Quel est le fonctionnement concret de votre programme CVM (Customer Value Measurement) ?

Laurence Deforeit

« Nous évaluons deux valeurs fondamentales que sont la Satisfaction et la Fidélisation Clients auprès d'un échantillon de 6 000 contacts dans le monde, issus de nos clients Opérateurs ou Entreprises.

Bien sûr, nos 6000 clients ne sont pas tous interrogés chaque trimestre, il existe un roulement. Néanmoins, chaque grand compte

Opérateur ou Entreprise, est sondé tous les trois mois de manière à ce qu'aucun client vital ne soit exclu de ce baromètre récurrent.

Nous évaluons la « Customer Satisfaction » et la « Customer Loyalty » par le biais d'une série de critères portant sur toute la chaîne de valeur et chaque valeur mesurée figure sur un mapping de positionnement perceptuel par rapport à nos principaux concurrents.

De la sorte, nous pouvons apprécier les valeurs que nos clients perçoivent positivement ou négativement, tout en quantifiant leur degré de satisfaction sur des échelles graduées.

Par exemple, sont étudiées toutes les dimensions inhérentes à la qualité des produits, le marketing, les relations avec nos équipes ; la ponctualité, le rapport qualité/prix et les services.

Les réponses sont ensuite analysées de façon matricielle par région (Europe, Moyen-Orient et Afrique, Asie, Amérique du Nord, Amérique du Sud) et par ligne de produits. »

Question 6

Quels sont les modes de sondage utilisés pour votre « baromètre permanent » ?

Laurence Deforeit

« Nous avons recours à quatre media pour réaliser les sondages trimestriels. Le téléphone est l'outil de loin le plus utilisé pour

139

les interviews ; ensuite l'envoi de questionnaires, puis les interviews en face-à-face, et enfin, nous avons de plus en plus recours à Internet pour sonder nos clients. »

Question 7

Comment motivez-vous vos équipes afin que la réalisation de votre programme soit optimale ?

Laurence Deforeit

« Les rémunérations des dirigeants, des cadres ou salariés impliqués, sont directement liées aux performances relevées tous les trois mois par rapport aux objectifs fixés.

Ces performances se traduisent en chiffre d'affaires, en profits, en taux de fidélité et de satisfaction. L'objectif assigné à tous est d'améliorer sans cesse la note globale, ainsi que celles attribuées à tous les points étudiés. »

Question 8

Quelles sont les suites données à la publication de chaque baromètre trimestriel ?

Laurence Deforeit

« Chaque Manager se doit de concevoir un plan d'action afin de corriger tous les éléments dont le niveau est jugé trop faible, ou tout simplement perfectible pour nos clients. D'un baromètre à l'autre, les responsables s'engagent à ce que la note progresse globalement, ainsi que pour chaque élément jugé trop faible dans le précédent bilan.

Il s'agit en quelque sorte d'une course à l'excellence pour laquelle Nortel Networks a déployé des moyens techniques, humains et financiers considérables »

Question 9

Comment communiquez-vous autour de vos efforts en matière de satisfaction Clients ?

Laurence Deforeit

« Notre politique de communication est double, puisqu'elle s'adresse aussi bien aux acteurs internes et donc à toutes les équipes de Nortel, qu'à nos clients ou prospects.

En ce qui concerne nos équipes, tout un chacun peut consulter les résultats du baromètre trimestriel de toutes les Régions Nortel, de toutes les lignes de Produits.

En outre, nous publions une lettre mensuelle d'information concernant les meilleures pratiques en matière de Customer Value Measurement, de Customer Satisfaction et de Customer Loyalty.

Pour nos principaux clients ou prospects, notre baromètre est un outil très apprécié et démontre que notre expérience en la matière est mondiale, pérenne et surtout réussie.

Nous sommes persuadés que notre politique en matière de Customer Value Measurement n'est pas seulement un outil de fidélisation, mais aussi une arme redoutable de conquête. »

Question 10

Votre Service-après-Vente est-il considéré comme un outil de fidélisation ?

Laurence Deforeit

« Le SAV est un point névralgique de Nortel Networks, ainsi est-il opérationnel 7 jours sur 7, 24 heures sur 24, dans le monde entier.

Nous offrons différents niveaux de services tant pour les Opérateurs que pour les Entreprises.

Dans le cas des Opérateurs, lesquels sont en temps normal en contact direct avec les utilisateurs finaux de nos réseaux Télécoms, si ceux-ci ont un problème technique qu'ils ne peuvent résoudre, nous prenons automatiquement la relève.

De la sorte, notre SAV obtient des scores de satisfaction très élevés et s'intègre au mieux dans notre dispositif orienté Clients.

D'ailleurs, nous sommes constamment en phase de développement de nouveaux services, puisque nous lançons en 1999 un programme de services nommé « e-business ».

Il s'agit d'un Extranet mondial réservé à nos clients concernant aussi bien le marketing, les ventes et offrant SAV et informations en ligne ».

Question 11

Le Retour sur Investissement de votre Charte de création de valeur Clients mise en place voici dix ans est-il mesuré et estimez-vous que le bilan soit positif ?

Laurence Deforeit

« Oui, depuis 1989, les résultats sont extrêmement positifs, démontrant une progression quantifiable très nette.

Nous savons que nous disposons donc d'une avance indéniable par rapport à nos rivaux immédiats.

De surcroît, hormis la croissance intrinsèque du marché, nous pouvons légitimement attribuer une part conséquente de notre succès à la forte fidélité de nos clients Opérateurs et Entreprises.

Nos baromètres intègrent également des données comportementales telles que la mesure de la prescription dont le taux est très positif.

L'importance de la prescription générée par nos clients est certainement, pour nous, une source de satisfaction importante... ».

141

2.4 Deux exemples du secteur bancaire

a) Les banques programment la fidélité

Produits banalisés, services non différenciants, réseaux comparables, malgré une fidélité relativement bonne, les banques doivent prévenir attrition et infidélité provoquées par une concurrence exacerbée.

Les programmes se sont donc multipliés et les stratégies sont plus complètes, « intégrées », elles ne visent donc plus à fidéliser la clientèle à un produit ou service donné, mais à développer une fidélité réelle, fondée sur un attachement à un ensemble de services, tout au long de la relation commerciale.

―――――――――――――― **Crédit Lyonnais** ――――――――――――――

« Crédit Lyonnais Avantages », lancé en septembre 1998, récompense ainsi le client pour tous ses actes de « consommation » et ses marques de fidélité :

– ancienneté, montant des paiements réalisés avec la carte, augmentation de l'épargne durant une période donnée, remboursement mensuel des prêts, des réserves de crédit en général...

Ces actes sont « récompensés » par un système désormais très classique de points convertibles en services bancaires gratuits ou en cadeaux.

La force et l'intelligence de ce programme résident dans sa cohérence en termes de métiers. En effet, ce qui est mis en avant, ce sont les récompenses en services bancaires purs !

Par ailleurs, les partenaires du programme du Crédit Lyonnais ne sont pas légion et recouvrent logiquement les principales dépenses qu'un particulier peut effectuer en voyage ou durant ses loisirs : Fnac, Air France, Europcar et les enseignes hôtelières du groupe Accor.

Enfin, autre élément caractéristique de ce programme simple et bien pensé, y souscrire est gratuit, volontariste et les clients en sont informés dans les agences ou par le biais de mailings d'information joints aux relevés de compte.

Sur près de 4 millions de clients, à fin 1998, ce programme comptait la bagatelle de 250 000 adhérents.

Utilisant ce même principe, bien qu'elle soit payante, la carte de paiement Adésio de La Poste génère les trois quarts des demandes de conversion de points de fidélité autour de la gratuité d'un produit dont la carte Adésio elle-même (Source : « *Action Commerciale* », n° 183).

Même si cela coûte plus cher à l'établissement financier, ce phénomène est éloquent puisque la fidélité devrait idéalement entraîner des bonus en « plus produits » et « plus services » inhérents au métier de l'entreprise et non par des cadeaux sans rapport avec le savoir-faire ou la « production » de l'entreprise.

b) Les banques communiquent sur l'offre de fidélisation

La plupart des entreprises du secteur Bancaire n'hésitent pas à se servir de leurs programmes de fidélisation comme s'il s'agissait d'une arme redoutable de conquête. De nombreuses campagnes publicitaires, notamment en radio, nous l'ont récemment prouvé.

Or, ce qui importe au prospect en général et à celui d'une Banque en particulier, n'est pas tant de savoir que plus de 700 000 personnes ont adhéré à tel programme ou sont porteurs de telle carte de fidélisation, mais réaliser quels sont les avantages concrets offerts aux meilleurs clients.

En cela, communiquer en prospection pure sur l'existence d'un programme ne consiste pas en soi un levier de conquête puissant.

A contrario, la satisfaction des clients, le taux inhérent et les motifs de satisfaction représentent des axes de communication pertinents pour les prospects dont le besoin d'identification est fort.

143

Chapitre 6

Les principaux outils de la fidélisation

1 Les clubs de clientèle : synthèse de tous les outils de fidélisation

Le succès de Clubs tels que ceux de grandes marques comme Barbie, McCain, Morgan ou le Cercle Angel, pour ne citer qu'eux, ne signifie nullement que les Clubs sont systématiquement rentables, dès lors qu'ils comptent un grand nombre d'adhérents, bien au contraire, puisque des Clubs de grandes marques mondiales ont été contraints de faire machine arrière, voire de fermer (Nintendo France).

Certaines marques ont changé radicalement de politique face au coût de fonctionnement de leur Club. On peut ainsi s'interroger sur la stratégie suivie par Swatch qui demande désormais une implication financière forte, soit 500 F environ pour le Club Swatch 1999 dont l'adhésion est subordonnée à l'achat de la montre « Space Dream ».

Bien sûr, pour cette somme, l'on vous promet un pack de bienvenue comprenant un livret historique reprenant les événements Swatch, la carte de membre du Club et le CD de la musique du spot TV de Swatch…

Voici donc une barrière à l'entrée suffisamment sélective pour que seuls les « fondus » de la marque adhèrent, à ce titre cette politique est on ne peut plus segmentante !

Pour éviter des changements de cap par trop violents et suscitant une déception auprès des clients, la création d'un Club est subordonnée à l'analyse des buts recherchés.

1.1 Objectifs principaux des clubs

Dans une optique systématique de rentabilité à moyen terme, soit deux à trois ans, les buts assignés à un Club de Clientèle peuvent se résumer comme suit :

- Développer le potentiel commercial des meilleurs clients
- Renforcer l'univers de la marque
- Fédérer les clients à fort potentiel
- Identifier les motifs de satisfaction ou d'insatisfaction
- Enrichir la Base De Données et affiner la segmentation
- Optimiser la connaissance Clients
- Accroître le potentiel de prescription des membres
- Tester de nouveaux concepts de produits ou services
- …

D'une manière générale, sans omettre les contraintes financières, un Club de Clientèle peut être considéré à bien des égards comme un « laboratoire », tant sur le plan des pratiques Marketing ou Commerciales, que sur celui de la Recherche et du Développement de nouveaux produits à l'image du groupe Clarins et du Cercle Angel créé à l'occasion du lancement du parfum du même nom chez Thierry Mugler.

a) Quelques bonnes raisons de créer un club de clientèle

Le principe, au risque de nous répéter, de la construction d'une relation commerciale profitable, de type « gagnant/gagnant », réside dans l'attitude de l'entreprise à faire vivre, fructifier et animer les échanges sur le long terme en créant de la valeur pour les deux parties.

Plus que tout autre outil de fidélisation, le Club mobilise des ressources considérables, lesquelles, de fait, correspondent au déploiement de plusieurs outils de fidélisation que sont, entre autres :

- le call center
- les mailings personnalisés avec incentives ou informations privilégiées...
- les opérations de création de trafic et à caractère événementiel
- les cadeaux de bienvenue (welcome pack...)
- les campagnes de parrainage
- les consumers magazines

Paradoxalement, si le nombre d'adhérents est trop important, le fonctionnement du Club peut s'avérer trop coûteux et le rendre économiquement non viable.

Ainsi, le Club Nintendo France a-t-il été débordé par les demandes, soit environ 80 % sur les offres in-pack, ce qui a conduit ses dirigeants à y mettre fin en 1995 (Source : *Marketing Direct* – n° 26 Mars 1998). **147**

Donc, **le succès réel d'un club de clientèle ne se mesure pas au nombre de ses « ouailles »**, mais au potentiel créé par la relation entre la marque et ses clients les plus actifs.

Que dire donc des grandes entreprises françaises qui annoncent à grands frais, avec force achats d'espaces publicitaires, que leur programme de fidélisation a atteint les 700 000 membres !

Peut-on entretenir à grands frais 700 000 clients supposés fidèles sans perdre d'argent, sachant qu'un Club revient cher et que le coût de gestion par adhérent oscille entre 40 et 50 F... ?

Cette évaluation comprend la gestion de la base de données et 4 à 5 campagnes de marketing direct par an, sans compter les primes.

En l'occurrence, la réussite du Club dépend du contenu de l'offre, des avantages réels offerts aux clients et *in fine* de la rentabilité d'une telle « relation ». Toujours est-il que la segmentation s'avère vitale, car si elle n'a pas permis d'isoler 700 000 clients à fort potentiel et que le programme est « non-segmentant », le coût d'entretien annuel du Club risque fort d'annihiler tout espoir de rentabilité.

D'autant plus que l'hypersegmentation est la base même de la personnalisation des échanges, alors que ce type d'ouverture du Club tous azimuts s'y oppose.

Dès lors, le « melting pot » qui en résulte risque de faire plus de clients mécontents que de satisfaits, et ainsi atteindre des objectifs contraires à ceux initialement poursuivis par la stratégie de fidélisation et le Club qui devait la servir.

Une fois encore, il faut veiller à l'impact du Club sur le développement des ventes, la rentabilité de chaque client, la « Customer Value » et non pas se satisfaire d'un recrutement d'adhérents dont l'effectif important laisse croire faussement à un succès.

b) Quelques mauvaises raisons de créer un club de clientèle

- Les « me too programs » sont à proscrire. Même si la tentation est grande, créer un Club pour faire comme ses concurrents, pour ne pas être en reste, miser sur l'effet médiatique de l'annonce du lancement, est une grossière erreur souvent observée.
- Vouloir faire plaisir à tous les clients sans exception en ouvrant le Club à tous peut le dévaloriser aux yeux des meilleurs clients
- Rechercher la performance du Club dans le recrutement et non dans la qualité de ses clients adhérents
- Penser le Club comme étant essentiellement une « vitrine », un outil de communication externe

148

Les objectifs principaux de la création d'un Club de Clientèle

- Fidéliser
- Renforcer le territoire de la marque
- Gagner de l'argent à moyen terme
- Activer les plus fervents clients, disposer de clients-ambassadeurs de la marque
- Travailler sur une cible et ses segments

1.2 Communiquer sur et autour du club

Avec des nuances, l'on peut exploiter l'existence du Club de Clientèle sur tous les fronts de la communication, tant externe, qu'interne.

En effet, en matière de **communication externe**, sont concernés en premier lieu, les « meilleurs » clients, puis les clients dont la valeur commerciale est moindre.

Ces derniers peuvent néanmoins être séduits par les avantages offerts par le Club et en « pousser » la porte pour ainsi rejoindre le segment des hauts potentiels, privilèges obligent.

Dans une optique décalée par rapport à la fidélisation, les prospects sont parfois « ciblés » lorsqu'il s'agit de vanter les mérites d'un Club de clientèle ou d'un programme de fidélisation.

Concilier conquête et fidélisation implique de ne pas communiquer de manière indifférenciée et de s'imposer une cohérence totale afin de garantir le caractère exclusif, privilégié, voire social inhérent à l'appartenance à la « famille des meilleurs clients ».

Autrement dit, l'ouverture d'un Club à « tous les gentils clients » peut mettre à mal l'image de marque auprès de ses fidèles, si ceux-ci ne se sentent plus choyés, ne bénéficiant plus de faveurs, d'avantages exceptionnels.

Pour sa part, la communication interne doit être intégrée au préalable et en continu dans le processus de création mais également dans la vie du Club.

149

Les équipes en contact avec les clients, commerciaux, Call Center, Service Après-Vente, pour ne citer qu'elles, doivent être associées au concept du Club, participer à son élaboration et apporter leur Connaissance Clients dans une logique RH d'empowerment, afin de réunir toutes les chances de succès.

Participation, information et formation des équipes sont primordiales. A l'exemple de ce que font les industries du Luxe pour les parfums, les cosmétiques, ou encore les constructeurs automobiles, les forces de vente sont étroitement associées d'amont en aval dans la politique de fidélisation.

1.3 Le caractère pluridisciplinaire d'un club et sa rentabilité induite

Chaque Club peut faire appel à toutes les techniques, à tous les outils classiques de la fidélisation ; en cela, il incarne l'outil le plus complet, voire complexe, dédié à l'accroissement de la Customer Value.

Mais ce qui caractérise le Club, réside dans son **rôle charnière** entre :

- les parties **commerciales**, avec des objectifs de chiffre d'affaires et de marges
- les aspects liés à la **communication** et au développement de **l'image de marque**
- les éléments **Marketing** permettant d'optimiser la Connaissance Clients

- et, enfin, son caractère expérimental – le **Club « Laboratoire »** – conféré par un accès direct, voire constant aux clients représentatifs de par leur attachement avéré à la marque

Ces éléments sont vitaux pour réussir un Club, le faire fructifier, le pérenniser, et ce d'autant plus qu'ils influent directement ou indirectement sur sa rentabilité.

La rentabilité induite par ces dimensions du Club est traduite par le schéma suivant :

Rentabilité

➔ **Commercial**

> développement par :
> - le Capital-Client
> - le Customer Value
> - la Customer Satisfaction
> - le Chiffre d'affaires
> - la Marge par client…

➔ **Communication**

> - de fidélisation
> - de conquête
> - de prescription
> - culturelle propre à la marque…

➔ **Marketing**

> - Connaissance Clients
> - Veille concurrentielle
> - Panel permanent
> - Prévention de l'attrition
> - Base De Données enrichie
> - Détection de nouvelles tendances

➜ **« Laboratoire »**

> • Test de nouveaux concepts
> • Test de nouveaux produits ou services
> • Test de partenariats en cobranding
> • Implication des Clients dans la R&D
> • Lieu d'échanges…

Résumé : quelques questions préalables à la création d'un club

- Quelles sont les motivations des dirigeants ?
- Quels sont les moyens alloués à long terme ?
- Quels sont les clients visés ?
- Quel est le « degré d'ouverture » choisi ?
- Quels sont les produits ou gammes concernés ?
- Quels sont le concept et le territoire du Club ?
- Doit-on incarner le Club par un personnage réel ou fictif ?
- Quel est le fonctionnement du Club ?
- Doit-on sous-traiter tout ou partie de sa gestion ?
- Quels sont les outils de contrôle de la rentabilité ?
- Faut-il prévoir une « exploitation » du Club hors fidélisation ?
- …

151

1.4 Principaux facteurs clefs de succès d'un club

- Inscrire le club dans la durée
- Asseoir le Club sur la notoriété de la marque
- Se concentrer sur les clients à fort potentiel
- Etre sélectif, voire élitiste, pour créer un sentiment d'exclusivité
- Impliquer les adhérents dès leur adhésion
- Systématiquement pré-tester le concept du Club et le contenu de son offre auprès d'un panel de clients
- Mettre en œuvre les outils de mesure des objectifs
- Faire un usage modéré, cohérent du cobranding afin de minimiser les coûts d'exploitation du Club

──────── **Le Club Grohe, un « bon tuyau »** ────────
pour les plombiers

Le Club « Grohe Privilèges » comptait près de 800 membres en 1998 : des Plombiers installateurs très ciblés par la marque. Pourquoi un tel Club ?

Il fallait que la marque puisse établir une relation directe avec ses clients finaux que sont les plombiers, car ces derniers n'étaient informés sur les produits Grohe que par le biais des grossistes- revendeurs.

Ce Club intelligemment pensé permet ainsi de faire connaître les mérites des produits du fabricant allemand auprès des plombiers, puis par voie de conséquence, auprès du grand public.

En tout premier lieu, Grohe a segmenté sa cible de clients plombiers en fonction de leurs fréquences et montants d'achat de la marque. Ainsi, ont été regroupés en un segment à haut potentiel, les installateurs actifs de la marque

152

Le coût d'un Club étant conséquent, cette segmentation a permis d'éviter de recruter un nombre « ingérable » de plombiers membres, puisqu'il existe environ 30 000 plombiers recensés.

Pour le lancement du Club, en mars 1996, seules 500 entreprises clientes ont été choisies pour recevoir le mailing d'offre d'adhésion, laquelle est payante.

Cette adhésion donne droit à un capital de points qui peuvent être « dépensés » en services dits « stratégiques » pour la marque (Source : *Marketing Direct*, n° 26 – mars 1998).

Ces services sont matérialisés par l'offre de présentoirs pour les boutiques des plombiers, de formations, de mallettes de pièces détachées...

Le système incite donc les plombiers adhérents à utiliser leurs points en services qui vont augmenter la visibilité et la notoriété de la marque.

Le succès de ce Club se matérialise notamment par un taux de réadhésion estimé à 75 %.

En termes d'outils, le Club, hormis l'envoi d'environ 4 mailings annuels, utilise une lettre d'information pour ses adhérents.

Par conséquent, le Club Grohe constitue une réponse efficace, lorsque l'on souhaite fidéliser ses clients finaux (les plombiers) et se faire connaître auprès des « consommateurs » du grand public...à suivre.

————— Le Club Contrex fait payer ses fidèles —————

Le groupe Perrier-Vittel a testé la formule Club depuis 1992 avec l'eau Hépar, en créant un cercle gratuit du même nom, lequel réunit aujourd'hui près de 12 500 clients.

La marque Contrex, en deuxième position sur le segment des eaux plates nature avec 12,4 % des volumes, bénéficie d'un capital-image et d'un positionnement très fort, de sorte que ses consommatrices ont un taux important de fidélité.

Pour développer sa connaissance Clients et multiplier les occasions d'échanges avec ses clients, en majorité des femmes, la marque a choisi de lancer un Club payant dans l'univers de la grande consommation.

Le Club Contrex est accessible moyennant 80 F et il vise pas moins de 500 000 adhérentes d'ici trois ans (Source : *CB News*, n° 576 – 21 au 27 juin 1999).

La contribution financière permet à la marque d'offrir de réels avantages à ses « adeptes », mais aussi et surtout de n'attirer que les consommatrices les plus motivées.

153

En quelque sorte, la cotisation fait office de segmentation !

Les contreparties offertes sont, somme toute, assez classiques :
- carte de membre
- quatre guides saisonniers « belle & bien »
- l'accès à une boutique exclusive offrant des réductions « privilégiées »
- un courrier trimestriel d'information inhérent à l'actualité de la marque

Le guide est présenté comme un vrai magazine sur la promesse « belle et bien » faite par le « partenaire minceur » de ces dames.

Il comporte 80 pages en format poche et a été pré-testé auprès de consommatrices fidèles et occasionnelles.

Egalement disponible en kiosque, cinquante mille exemplaires seront diffusés pour 30 F, à chaque saison.

Enfin, Contrex communique sur son Club, tant auprès des clientes que des prospects, puisque sont prévues des annonces en presse féminine, en télévision, le tout avec le renvoi à un numéro azur. Nonobstant un mailing à toutes les consommatrices de la base de Contrex, ainsi que quelques 42 millions d'étiquettes sur les packs Contrex.

Difficile donc de passer à côté de cette campagne du Club Contrex dont les objectifs de recrutement sont conséquents, d'autant que le Club est utilisé comme un outil d'image, de communication presque « institutionnelle », plus que comme un véritable programme de fidélisation Marketing.

Reste à savoir si un tel Club peut être rentabilisé sur deux ou trois ans…

2 Les cartes de fidélité se banalisent

De toute évidence, les études telles que le baromètre annuel réalisé depuis 1997 par C-Link et le Cabinet Ernst & Young, quant à la perception de la fidélisation par les consommateurs, convergent et constatent une multiplication des cartes de fidélité et, *in fine*, une banalisation de l'offre en la matière (Source : *CB News* – n° 544 – 2 au 8 novembre 1998).

Même si les cartes ont, pour certaines, un caractère ludique et sont perçues par les clients comme étant source de primes ou avantages variés, il n'en est pas moins que les cartes mono-enseignes présentent un intérêt limité, surtout si le consommateur veut éviter d'en détenir une quantité ingérable.

Par voie de conséquence, les consommateurs vont de plus en plus donner leur préférence aux cartes offrant de réels avantages ou services, aux cartes innovantes et offrant un cobranding cohérent.

La problématique consiste donc à offrir un ensemble d'avantages et de services motivants, afin d'activer l'intérêt des consommateurs soumis à une offre pléthorique en matière de cartes.

2.1 Qu'est-ce qu'une carte de fidélité ?

La question n'est pas vaine, puisque la notion de carte évolue constamment. Pour simplifier, la carte, autrefois simple outil de paiement, est aujourd'hui un outil Marketing à part entière.

Le principe de fonctionnement de la carte repose sur un système de reconnaissance de la fidélité inhérent à des achats répétés et est associé au déploiement de conditions commerciales privilégiées.

Les cartes sont majoritairement au service d'un système de comptabilité de points de fidélité convertibles en primes, cadeaux ou services.

Les clients peuvent, par eux-mêmes, mesurer l'avancement des points cumulés et choisir dans un « catalogue » les primes ou avantages.

D'autres entreprises, moins passives, informent automatiquement les consommateurs de la progression de leur « épargne » en points de fidélité et utilisent cette occasion comme un prétexte de communication, d'information, de sensibilisation à de nouvelles offres.

Le programme « Crédit Lyonnais Avantages » permet ainsi à ses adhérents de recevoir régulièrement le relevé de leurs points.

Bien évidemment, la non-implication de la marque dans l'information inhérente au cumul progressif des points, constitue un handicap et peut parfois s'expliquer par un système de gestion de base de données qui n'a pas initialement prévu ce type de relances commerciales, par ailleurs bien perçues des clients.

2.2 La technologie au service des cartes

Toutes les cartes n'offrent pas les mêmes capacités de stockage et de traitement de l'information, ce qui explique que l'utilisation Marketing qui en est faite est parfois limitée à la portion congrue.

Il existe principalement trois types de cartes :

- les cartes à puce
- les cartes à codes barres
- les cartes à pistes

155

Leur coût de revient unitaire est sensiblement différent, et est d'environ 10 F pour les cartes à puce, de 5 F pour les cartes à piste et de 2 à 3 F pour les cartes à codes barres.

Les possibilités techniques sont très différentes, et les cartes à puce sont de loin celles qui offrent le plus d'intérêt pour le traitement, le stockage des informations recueillies sur le comportement d'achat des consommateurs. A ce propos, les Anglo-Saxons utilisent un terme plus approprié pour dénommer les cartes à puce : « smartcard » ou carte intelligente.

Les puces électroniques permettent un traitement nomade de l'information, une totale traçabilité et donc une évaluation en temps réel, dans n'importe quel point de vente équipé, des avantages, primes ou privilèges acquis par le détenteur de la carte.

A court terme, les cartes à puce devraient constituer l'écrasante majorité des cartes de fidélité, leur efficacité marketing étant incomparable par rapport aux deux autres principales technologies encore usitées.

2.3 Quels clients ont accès aux cartes de fidélité ?

Sélectif ou non, gratuit ou payant, l'accès aux cartes de fidélité est très variable selon les marques, les enseignes.

Plusieurs « écoles » s'affrontent notamment quant à la gratuité de la carte. Faut-il faire payer les meilleurs clients, ceux dont le potentiel commercial est avéré et important, ou doit-on leur offrir la carte ?

La carte Adésio de La Poste, la carte du Club Contrex et la carte Fnac, pour ne citer qu'elles, sont payantes. Alors que la carte Axa Cocoon ou la carte Sephora sont gratuites.

Subordonner l'acquisition d'une carte de fidélité à un « droit d'entrée » dépend de deux facteurs bien distincts.

Tout d'abord, les entreprises ont parfois été victimes du succès imprévu de leurs programmes de fidélisation et les coûts de fonctionnement ont mis à mal tout espoir de rentabilité du fait, notamment, de l'absence de participation financière de la part des clients ou consommateurs.

156

D'autre part, certaines entreprises, particulièrement dans la grande consommation, ont du mal à segmenter efficacement leur clientèle et à isoler les clients les plus profitables, lesquels augmenteraient le volume et le montant de leurs achats, s'ils faisaient l'objet d'une campagne de fidélisation.

Par conséquent, plutôt que d'avoir à gérer une multitude de clients plus ou moins « rentables », les entreprises déclarent de plus en plus, à l'image de Contrex, qu'elles souhaitent attirer dans leurs programmes les clients les plus motivés, leur offrir de réels avantages, et que par conséquent une participation est nécessaire.

Cette approche est légitime, mais est souvent synonyme d'une segmentation « dans le tas », ou encore d'une segmentation passive de la part de l'entreprise, laquelle a trop tendance à considérer que si les clients achètent la carte, ce sont donc de « bons clients fidélisables ».

Certes, l'achat de la carte est « qualifiant » puisqu'il s'agit d'une démarche volontaire. Ceci étant, il existe pour certaines marques des possibilités d'amortissement, voire de remboursement de la carte, par un système de cumul de points de fidélité.

2.4 Que dire des cartes non-payantes ?

Les entreprises offrant leur carte de fidélité ont la possibilité de sélectionner les clients qui, par leur consommation, leur fidélité, la « méritent ».

Ce système d'hypersegmentation préalable à l'attribution de la carte renforce la notion de privilège et en fait un **outil électif**.

A contrario, puisque la carte est gratuite, l'identification des motivations d'achat est aléatoire, voire arbitraire. A moins que ces motivations aient été détectées par le biais d'études qualitatives et comportementales.

A ce niveau, les entreprises qui disposent d'une force de vente en contact direct avec les consommateurs finaux, sont à même d'enrichir leur connaissance Clients, afin d'identifier les segments de clientèle « porteurs », pour déterminer, quantifier la population potentiellement bénéficiaire d'une carte gratuite.

Certaines entreprises ne peuvent pas résister à la tentation qui consiste à proposer ou offrir une carte de fidélité à tous les gentils clients qui en font la demande. Il va sans dire qu'une telle démarche est non-sélective, non-segmentée et coûteuse : édition, envoi et gestion des cartes, mailings d'entretien, campagnes diverses.

157

Cette approche est bien évidemment à proscrire !

2.5 Carte de fidélité et date limite d'utilisation

Vieux « truc » commercial, l'offre limitée dans le temps s'applique souvent aux cartes. Or, l'usage d'une date limite de validité présente l'avantage de désaisonnaliser les achats, incite souvent à une hausse de leur fréquence et de leur montant global.

De manière générale, les durées de validité sont d'une année, ce qui permet à la marque de saisir l'occasion quelques semaines avant l'échéance pour inciter les détenteurs de cartes à consommer.

2.6 Cartes et facteurs clefs de succès

- Favoriser l'innovation et le cobranding sans diluer l'image de marque
- Renforcer le sentiment d'exclusivité
- Choisir d'emblée la technologie la plus performante
- Offrir aux détenteurs de la carte un dialogue permanent *via* les mailings, primes, invitations, consumer magazines..
- Segmenter et sélectionner les détenteurs potentiels

- Bien identifier les avantages et inconvénients de la gratuité pour :
    - ne pas croire que le seul fait de faire payer la carte constitue une bonne segmentation
    - n'offrir la carte qu'aux meilleurs clients
- Promouvoir à l'avance le renouvellement de la carte

2.7 Étude de cas : la carte Grand Voyageur de la SNCF

——————— **La carte Grand Voyageur de la SNCF** ———————

Les « FFP », Frequent Flyer Programs, programmes de fidélisation créés par les compagnies aériennes pour récompenser leurs meilleurs clients, sont déclinés dans bon nombre de secteurs d'activité. C'est fort logiquement que la SNCF lance la carte « Grand Voyageur » dans une optique de fidélisation et de services, s'inscrivant autour de trois axes stratégiques majeurs que sont « le client, l'efficacité et l'Europe » (Source : *CB News* n° 565, 5 au 11 avril 1999).

Les utilisateurs réguliers de la SNCF visés par la carte « Grand Voyageur » sont ceux qui empruntent le train au moins 50 fois par an, que ce soit pour des motifs professionnels ou personnels.

Dans sa grande sagesse, la SNCF a choisi de tester la carte auprès de 2 500 clients au printemps 1999 pour s'assurer de l'intérêt des avantages offerts. Quant à la promotion, les moyens alloués sont conséquents : brochures de recrutement distribuées aux bons clients dans les gares, les boutiques SNCF et les agences de voyages.

En complément, les 80 000 détenteurs de la carte Euraffaires se verront proposer gratuitement par mailing la carte « Grand Voyageur ».

La Base De Données Clients de la SNCF sera également exploitée auprès des abonnés et des clients fréquents. De fait, des objectifs ambitieux ont été assignés à la carte « Grand Voyageur », puisque pas moins de 400 000 adhérents, clients des grandes lignes, sont escomptés.

En terme de contenu, primes et services sont offerts aux heureux détenteurs avec un dosage pertinent : échanges de billets, accueil en gare, salons d'affaires réservés à l'exemple des compagnies aériennes, hot line dédiée...

Les récompenses sont plus classiques, réductions tarifaires dans un réseau de partenaires de la carte : Relais H, Disneyland Paris, Avis , Accor...

En outre, un système de points permet de bénéficier de l'appellation « Très Grand Voyageur ».

Enfin, outre la brochure, la carte, le welcome pack, le magazine « Grand Voyageur » est adressé quatre fois par an aux détenteurs de la carte.

3 Le Service Après-Vente

3.1 Un programme à la loupe, Renault

─────── **Renault, moteur du changement** ───────

Renault est l'un des principaux constructeurs automobiles en Europe. A l'image de l'ensemble de ses concurrents, la société se prépare aux bouleversements que va subir la distribution en Europe.

159

En effet, sur de nombreux marchés et notamment en France, la maîtrise de la distribution *via* des réseaux de concessions exclusifs est remise en cause, les véhicules pouvant, à échéance de 2002, être vendus en grande distribution, sur Internet ou dans n'importe quel réseau de vente.

Dans ce contexte, la fidélisation de la clientèle Renault devient un élément essentiel et nécessite une véritable création de valeur ajoutée autre que celle conférée par le seul produit.

Les raisons en sont simples, puisque désormais chaque constructeur va subir une concurrence féroce sur le *lieu de vente devenu multimarques*.

Il en résultera une confrontation directe entre marques automobiles et nous assisterons vraisemblablement à une bataille des prix orchestrée par la grande distribution, voire la distribution en ligne sur le Web, et ce au plus grand profit des automobilistes.

Le consommateur surexposé aux offres concurrentes

Ainsi soumis à une offre pléthorique et concentrée en un point de vente, l'acheteur potentiel d'un véhicule sera contraint d'analyser un nombre croissant d'informations commerciales. Son choix devenant de plus en plus délicat, sa fidélité à une marque n'en sera que toute relative.

Renault, très soucieux de limiter son taux d'attrition, a mis l'accent sur l'importance du service après-vente, en considérant qu'il s'agit d'un vecteur fort de fidélisation.

De fait, le SAV crée un trafic régulier sur un point de vente appartenant au réseau Renault et donc par définition non « exposé » aux messages de la concurrence.

Problématique et solutions mises en œuvre

Comment fidéliser la clientèle Renault en concession ?

Comment développer le chiffre d'affaires Services dans le réseau Renault ?

Pour répondre à cette attente, une véritable Base de Données après-vente a été développée avec pour objectif la mise en place d'un outil de création de trafic *via* un marketing direct visant une hypersegmentation de la clientèle, afin d'aboutir à une personnalisation optimale de l'offre.

Cette opération a été menée par l'agence Himalaya, dont Marc Semhoun, Directeur Général, a bien voulu nous confier les grands axes.

160

Renault fidélise en optimisant sa Base de Données SAV

Pour constituer une Base opérationnelle, Renault a mis en place une organisation simple à même de lui garantir d'une part, une grande fiabilité de l'information recueillie et d'autre part, par voie de conséquence, un meilleur retour sur investissement.

La constitution de la Base De Données repose sur la collecte des bordereaux de réparations et d'entretiens renseignés par les chefs d'atelier après chaque réparation, révision ou autre intervention sur le véhicule.

Ces bordereaux qui contiennent de nombreuses informations qualitatives sur l'état du véhicule et les prévisions de réparation sont saisis.

Dès lors, une approche systématique du marketing « one-to-one » peut ainsi émerger avec des déclenchements automatiques de courriers présentant des offres personnalisées en réponse à un besoin anticipé et suivi d'une relance téléphonique systématique poussant le client à se rendre chez son concessionnaire Renault.

La fidélisation en pratique

Le propriétaire d'une Renault Mégane se rend dans une concession Renault pour effectuer la révision de son véhicule. Après la révision, l'atelier réalise les réparations nécessaires et renseigne un formulaire indiquant les coordonnées du client, la date de l'intervention, les différentes opérations effectuées sur le véhicule ainsi que les actions à prévoir en fonction de l'état constaté du véhicule.

Cette fiche est transmise à un centre de traitement qui l'intègre dans la base de données. On est ainsi en mesure de prévoir les besoins en matière de services de l'ensemble de la clientèle répertoriée et de lui proposer au bon moment le forfait Service qui répond à ses attentes.

La réussite de cette campagne permanente de fidélisation repose donc sur la qualité des sources ainsi que sur le respect de la procédure de collecte des données par les ateliers de réparation.

La sensibilisation et la formation des équipes est ainsi indispensable, puisque les équipes des ateliers sont formées initialement à un tout autre métier que celui du renseignement de Bases de Données Clients.

Les données, notamment la gestion des dates prévisionnelles des futures réparations, permettent d'extraire chaque semaine automatiquement l'ensemble des clients ayant des véhicules nécessitant une intervention et donc une prestation dans le mois qui suit.

161

L'exploitation hebdomadaire de la base comporte des informations très précises, sur le type de véhicule, le type de réparation à effectuer...

Personnalisation, automatisation, gestion en temps réel...

Cette source d'information permet de générer systématiquement une multitude de lettres différentes. Le courrier est structuré en cinq paragraphes personnalisés selon les données relatives à chaque client.

Le premier paragraphe est conçu de manière à attirer l'attention du client en lui démontrant qu'on le connaît bien, notamment en lui indiquant le type de son véhicule et en lui rappelant d'emblée le nom de la concession Renault dans laquelle il a effectué sa dernière opération d'entretien ou de réparation.

Ensuite, le deuxième paragraphe a pour objectif de lui rappeler l'état de son véhicule *via* les différentes interventions nécessaires à son bon fonctionnement, ainsi qu'à la sécurité de son conducteur.

Le troisième paragraphe apporte une réponse précise à travers un forfait ou un devis personnalisé pour les opérations concernées. Des prix qui sont étudiés et attractifs notamment au travers de la gamme de forfaits développée par Renault.

Puis, le quatrième paragraphe est une invitation à se rendre dans la concession Renault concernée pour effectuer les différents travaux.

Enfin, le cinquième paragraphe se veut plus proche du client, par le biais d'une phrase de politesse et la signature du responsable de l'atelier.

Bien évidemment, toute cette opération repose sur un programme informatique très puissant, ainsi que sur un travail rédactionnel en amont permettant de prévoir tous les cas de figure.

Le programme informatique permet d'analyser les informations de la base de données clients, de faire le lien avec la base documentaire de solutions, de prix et d'offres répondant à chacun des scénarios ou objectifs à atteindre dans les paragraphes du courrier.

En bref, ce programme génère des codes qui vont déclencher tel paragraphe plutôt qu'un autre, le lier à la base de prix afin d'éditer le courrier le plus adapté.

Donc, chaque client de Renault sait quand il doit faire changer les pneus de son véhicule, qu'il peut profiter du forfait pneu à un prix préférentiel s'il se rend chez son concessionnaire Renault habituel.

162

Suite aux courriers, une relance télémarketing est organisée afin d'augmenter les chances de voir le client venir effectuer les réparations prévues.

---

4 Les Centres d'appels : un dispositif de fidélisation en vogue

La plupart des plates-formes téléphoniques disposent d'un distributeur intelligent des appels entrants (ACD), ainsi que d'un couplage entre la téléphonie et l'informatique (CTI) afin de permettre l'affichage automatique de la fiche des clients sur l'écran des terminaux avant même que ces derniers soient en ligne avec les Services Clients.

Ces possibilités techniques ont entraîné une évolution certaine de la gestion de la Relation Client au téléphone, offrant ainsi une systématisation de l'accueil clients et une rationalisation de la gestion des Bases de Données inhérentes.

Le secteur de la Distribution a bien intégré les avantages et inconvénients d'un call center en optimisant l'utilisation de l'outil téléphone tant en émission qu'en réception d'appels.

Le téléphone en réception d'appels est utilisé pour :
- l'accueil dans les magasins
- la vente à distance

- l'assistance Clients
- l'information Clients

En phase d'émission d'appels le téléphone sert à :
- l'assistance Clients
- la conclusion d'un achat en ligne (call back)

Les enseignes Darty, Auchan ou encore Carrefour, pour ne citer qu'elles, ont massivement investi dans des centres d'appels dédiés à la gestion de la Relation Clients.

─────────── **Darty s'engage à fidéliser...** ───────────

Darty, enseigne devenue célèbre pour ses engagements de services depuis le début des années 70, traite 1,1 million d'appels par an sur son seul centre de Paris. Son call center de Lyon, pour sa part, prend en charge les demandes destinées aux magasins de la Région Rhône-Alpes.

Concrètement, tous les appels entrants sont décrochés avant la 4e sonnerie.

Tous les clients sont accueillis comme s'il s'agissait de leur point de vente habituel auquel ils peuvent être connectés directement pour s'adresser à une personne en particulier, sans avoir pu se rendre compte de la « délocalisation » de l'accueil téléphonique initial (Source : *LSA* – n° 1637 – 24 juin 1999).

Pour optimiser la qualité de l'accueil, les membres des centres d'appels de Darty sont recrutés parmi le personnel de l'enseigne.

Le client peut trouver une réponse à toutes ses questions concernant par exemple :
- les heures d'ouverture de son magasin Darty
- les plages horaires d'une livraison
- les possibilités de dépannage
- le suivi d'un article déposé au SAV
- les délais avant la disponibilité d'un produit en magasin

Ces liens avec les différentes Bases de Données de l'enseigne sont le fruit d'un couplage de type CTI, mariant informatique et téléphonie.

De la sorte, chaque téléactrice dispose d'un accès en temps réel à l'état des stocks, aux fiches de chaque produit, aux argumentaires de vente spécifiques, au système d'information concernant l'avancement des réparations au SAV.

163

Par ailleurs, le commerce électronique *via* Internet est relayé par une opération de « call back », ainsi, une fois la vente confirmée par email, le client est rappelé à son domicile pour l'enregistrement des coordonnées bancaires et la conclusion de la transaction.

Darty a prévu d'enrichir cette approche en mettant en œuvre sur Internet une fonction « click and talk » qui relie les clients directement à une hôtesse, en voix et en image. Ce type d'interface Clients existe déjà chez certains grands vépécistes.

Les gains de productivité et de satisfaction Clients sont tangibles, d'autant plus que Darty, selon une étude réalisée par France Télécom en 1998, tient ses engagements avec 95 % des appels aboutis en moins de trois sonneries et seulement 4,3 % d'appels perdus contre 20 % en moyenne dans le secteur de la grande distribution en France.

164

Carrefour fidélise ses abonnés au GSM

Pour sa part, l'enseigne Carrefour dispose depuis septembre 1998 de son premier centre d'appels national situé à Saint-Etienne, centre dont la vocation est de gérer le Service Clients de son département dédié à la téléphonie mobile avec notamment près de 320 000 abonnés au GSM.

En outre, ce centre gère également le bureau d'études de Cégétel.

En 1999, la quantité mensuelle d'appels destinés aux hot-lines commerciales et techniques de Carrefour avoisine les 500 000 appels.

Ce centre d'appels est voué à évoluer afin d'absorber progressivement la totalité des appels inhérents aux services dispensés par l'enseigne, notamment la carte Pass, les services financiers ou d'assurance, les réservations de billets de spectacle, d'avion, d'hôtels…

Dans le même esprit, un numéro d'appel unique destiné aux abonnés GSM de Carrefour a été mis en place pour que les abonnés soient informés à distance sur les produits financiers de l'enseigne.

———— Cégétel améliore son taux de satisfaction ————

Cégétel, pour sa part, a créé en 1997 une filiale spécialisée dans la gestion de la relation Clients au téléphone, laquelle regroupe tous les appels concernant les marques du groupe que sont SFR, le « 7 », Tam Tam.

Quatre centres d'appels situés respectivement à Bagnolet, Lyon, Poitiers et Toulouse, constituent un unique « centre d'appels virtuel » dont l'accès s'effectue par un numéro d'appel unique.

Cette structure multisites compte près de 2000 salariés.

Au total, 85 % des demandes sont faites par téléphone et le reste par courrier (Source : *CB News* – n° 555 – 25 au 31 janvier 1999).

Ce sont des Chargés de Clientèle qui prennent en charge l'essentiel du service Clients en « front office » en s'appuyant sur une « base de connaissances » conçue et enrichie de manière à faire face à toutes les questions concernant notamment les modes d'emploi des portables GSM.

165

Ce service Clients a pour objectif de renseigner et de fidéliser, et ce d'autant plus que le marché est extrêmement disputé, de sorte que chaque opérateur vise à renouveler les abonnements du plus fort taux de clients possible, sachant que 20 millions de Français détiennent aujourd'hui un téléphone portable.

Les moyens déployés par Cégétel sont considérables et les deux tiers des investissements concernent les équipes, contre 10 % pour la téléphonie et environ 15 % pour l'informatique.

Le personnel y est formé avant d'être opérationnel pendant 3 semaines, puis chaque mois à raison de 3 heures environ.

La disponibilité des chargés de clientèle est entière, puisque les quatre centres d'appels sont ouverts 24 heures sur 24 et 7 jours sur 7, et les équipes d'accueil téléphonique peuvent représenter jusqu'à mille personnes lors des heures de pointes dont les prévisions statistiques sont établies par le bureau d'études de Cégétel Services.

Distribution intelligente des appels (ACD), téléphonie assistée par ordinateur (TAO), le tout géré en réseau, techniquement tout a été prévu pour que les quatre centres de Cégétel fonctionnent comme une seule entité homogène et efficace vis-à-vis des clients.

Malgré cette profusion d'outils, le retour sur investissement du centre n'est pas calculé avec précision, et ce, même si SFR augmente de manière conséquente ses parts de marché.

Ceci étant, le taux d'attrition est considéré comme l'un des plus faibles, soit environ 30 %, des trois principaux opérateurs Télécoms.

Néanmoins, Cégétel a conçu, développé et mis en place des baromètres mensuels, lesquels permettent de mesurer la croissance effective du taux de satisfaction global des clients du GSM, lequel avoisine les 90 %.

5 Les Nouvelles Technologies de l'Information

──────── **Federal Express fidélise par le Web** ────────

Federal Express investit plus de 1 milliard de dollars par an dans son système informatique et les NTIC, ce qui lui permet de conforter son leadership avec 43 % du marché mondial de la livraison express et plus de 11 milliards de dollars de CA (*Les Échos Management* – 10 mars 1998).

L'accent est mis sur les nouvelles technologies et notamment Internet, afin d'offrir aux clients la possibilité de suivre le parcours de plus de 3 millions de colis quotidiens.

Ainsi, un logiciel FedexShip est fourni à environ 650 000 utilisateurs à ce jour, pour qu'ils puissent s'informer en temps réel de l'acheminement de leurs biens.

60 % des transactions quotidiennes sont ainsi couvertes. Le système informatique de Fedex comprend de nombreuses « passerelles » avec ses principaux clients, de sorte qu'il est aisé d'identifier les plus rentables, de même que ceux qui ne le sont pas.

Avec ce formidable outil de gestion de la relation Client, le groupe Fedex dispose d'une avance concurrentielle conséquente qu'il compte bien exploiter pleinement avec le développement du commerce électronique et l'explosion du Supply Chain Management.

A terme, Fedex prendra en charge l'intégralité de la gestion des stocks de ses principaux clients.

──────── **Ford renforce sa relation client sur Internet** ────────

Le site Ford Focus privilégie une grande interactivité, de sorte que l'internaute peut assembler à sa guise la voiture qu'il désire, le tout en choisissant respectivement :

– le moteur
– les options
– l'intérieur

– la couleur
– le prix de chacune des options et le budget global

Dès lors, une mise en contact direct est proposée avec le concessionnaire Ford le plus proche et un fax récapitulatif de la demande du client parvient chez le concessionnaire, lequel a tout loisir de recontacter le prospect.

L'opération a bien fonctionné lors du lancement, lequel a été renforcé par des bandeaux publicitaires sur le Web et dans la Presse.

Gageons que ce type de lancement virtuel soit appelé à se développer considérablement dans le cadre de stratégies de « push ».

───────── **Internet s'envole avec American Airlines** ───────── **167**

Record d'audience pour un site de compagnie aérienne avec 300 000 visites en une journée (*CB News* – mai 1999).

Distingué du Web Site Award de la Web Marketing Association, le site d'American Airlines – www.a-a.com – est très personnalisé.

Tous les clients bénéficiant d'un compte de fidélisation peuvent gérer leur en-cours en ligne sur le site. Les transactions et la navigation sont accélérés pour les adhérents.

Ainsi, en quelques mois, 25 % des membres du programme « Executive Advantage » ont visité le site.

Commercialement, le Web a boosté les ventes, lesquelles ont triplé en un an.

5.1 La segmentation « en ligne » porteuse d'avenir

Segmenter sa clientèle est parfois un exercice fastidieux, long, et délicat, surtout lorsque vos clients ne vous communiquent qu'une partie limitée des informations nécessaires à la détermination de leur profil, attentes et besoins.

Néanmoins, l'émergence des nouvelles technologies et particulièrement du Web permet de segmenter grâce à la participation active des clients ou consommateurs. Ainsi les enquêtes en ligne représentent une solution pertinente, rapide et efficace lorsqu'il s'agit d'établir une typologie précise de votre clientèle.

Telle est la démarche mise en œuvre au sein du Département Édition Electronique du Groupe *Les Échos*, par le biais d'une enquête en ligne dont nous livreront ci-après les principaux enseignements.

a) Les objectifs de l'étude en ligne

- Identifier le profil des clients et visiteurs du site
- Déterminer les motivations de visites et les attentes des internautes du site *Les Échos*
- Établir le bilan des points forts et faiblesses du site
- Explorer les axes d'optimisation et tester de nouvelles propositions

b) L'approche méthodologique

168 L'annonce de l'étude a été faite sur la « home page » (page d'accueil) du site des *Échos* pendant toute la durée de l'enquête. Les utilisateurs du site des *Échos* ont ainsi eu un accès direct au questionnaire en ligne.

- Le questionnaire est élaboré en fonction des questions récurrentes posées par les internautes, des nouveaux concepts de contenu que souhaite tester l'équipe des *Échos*.
- La personnalisation du questionnaire est vitale, puisque ce dernier respecte scrupuleusement la charte des *Échos*, ses « couleurs et style », le ton concis, professionnel et rigoureux en adéquation avec le capital-image des *Échos*.

Pour une efficacité optimale, les questionnaires ont été hébergés à l'extérieur et l'importante Base de données associée, sans pour cela que *Les Échos* ait eu recours à un développement informatique supplémentaire.

En outre, élément essentiel pour préserver l'intégrité et la cohérence du site, le renseignement des questionnaires en ligne se fait sans quitter, en apparence, le site des *Échos*. Pour ce faire, un simple lien hypertexte est créé vers l'adresse du questionnaire.

Autre facteur clef de succès, le respect du client visiteur qui va se prêter à un questionnaire, lequel n'excède pas 20 questions et nécessite moins de 5 minutes d'attention.

5.2 Étude de cas : le site « *Les Échos* » ou comment segmenter votre clientèle en ligne

Le site développé par le Département Édition Électronique du groupe *Les Échos* présente bien des intérêts, surtout lorsqu'on se réfère au questionnaire en ligne qui fut mis en place par son service Marketing.

Le site des Echos est le premier en matière de contenu en ligne en France et le développement de l'édition électronique aux *Échos,* premier quotidien économique français, semble connaître une forte croissance.

Pour **satisfaire et conserver ses clients** ou abonnés aux éditions électroniques, *Les Échos* ont proposé sur leur site Web une offre exhaustive, variée et complémentaire d'informations ou services visant à améliorer l'efficacité de l'entreprise par une meilleure connaissance de ses marchés.

169

En cela, les clients sont attirés du fait de la notoriété et sont incités à la fidélité par la qualité, la fiabilité et la pertinence des informations.

La stratégie de fidélisation semble donc reposer sur la satisfaction des clients quant aux informations recherchées. En ce qui concerne les outils, *Les Échos* ont mis en place un **service d'Alerte** qui propose d'envoyer aux utilisateurs les informations économiques ou boursières qui les concernent particulièrement, soit par mail, soit *via* la consultation d'une page Web entièrement personnalisée.

Ce service, disponible gratuitement repose sur une **identification préalable des centres d'intérêts de l'utilisateur.**

Ainsi, en précisant les critères qui motivent son choix (entreprises, mots clés, valeurs boursières, appels d'offres, etc.), chaque client se voit offrir une **information « sur mesure »**, en temps réel.

Il s'agit clairement d'une aplication à la lettre de la **stratégie de « push »**, à laquelle se prête idéalement l'internet.

Un **service d'e-mail gratuit** est également offert, outil de fidélisation de plus en plus proposé sur le Web et reconnu comme vecteur de création de trafic non négligeable, peu coûteux et très efficace par les principaux sites Web.

Les cadres et dirigeants d'entreprises sont historiquement la cible privilégiée des *Échos*.

Cela dit, pour mieux connaître ses clients du Web, *Les Échos* utilisent les profils qu'ils ont déterminés dans *Les Échos* Alerte, les types d'achats d'informations effectués sur le site et les questionnaires en ligne.

La connaissance de leur clientèle est donc inhérente à des études en ligne et vraisemblablement à l'analyse de l'historique des consommations de données. Encore une fois, l'outil Internet se prête tout à fait à ce type de segmentation électronique et confère une connaissance Clients qui n'est pas « virtuelle », mais concrète et opérationnelle.

Ceci étant, pour l'instant, le Web ne remplacera pas le papier si l'on considère qu'il est difficilement envisageable de consulter l'intégralité du journal en ligne.

170 Le Web se veut un complément du papier en proposant, outre l'information économique du quotidien, des informations et services que n'offre pas le quotidien. A titre d'exemple, les bilans, appels d'offres, ou encore les fiches INSEE sont des données propres au Web des *Échos*.

La stratégie du quotidien est certainement plus axée sur une complémentarité des deux supports.

Quant aux enquêtes en ligne, elles sont conçues pour identifier les clients, pour mieux leur répondre. Elles permettent également de valider la pertinence de contenus existant ou à venir.

L'offre s'étoffe au fur et à mesure que les baromètres en ligne mettent en lumière de nouveaux besoins en information business.

Mieux connaître pour mieux satisfaire les clients, telle est la fonction principale des études en lignes.

Le site Internet des *Échos* est aussi bien consulté par les abonnés que par les prospects et permet donc de concilier des objectifs de conquête et de fidélisation sur un même site.

Ce dernier propose aussi bien des informations en accès gratuit que des informations payantes.

Le visiteur peut trouver une grande quantité d'informations sur le site sans pour autant y être abonné.

Cependant, il est évident qu'être abonné permet d'obtenir des informations plus détaillées, plus complètes et plus précises.

En somme, avec des niveaux d'accès différents et une valeur ajoutée croissante pour le client, le site des Echos est à la fois un « outil » de conquête pour les visiteurs avec l'Internet et un outil de fidélisation pour les clients en réseau Intranet.

A n'en pas douter, ce site mis en avant par un marketing intelligent fera des émules !

5.3 L'intranet, outil fédérateur pour les points de vente expert

Le groupement Expert, implanté majoritairement dans les villes moyennes, spécialisé dans « l'électrodomestique », à savoir la télévision, la hi-fi, le multimédia et l'électroménager pour les particuliers (produits Bruns et Blancs), a mis à la disposition des 174 points de vente de la centrale un Intranet (*LSA*, n° 1634 du 16 juin 1999).

171

La gestion de l'information dans le réseau des adhérents Expert se fait à partir d'un matériel et de logiciels communs, « package » proposé par la centrale à tous ses points de vente, assurant ainsi une plus grande cohérence et compatibilité des outils.

Les adhérents conquis et fidélisés

Au niveau commercial, chaque adhérent peut consulter, importer, éditer des fiches concernant les produits ou encore les fournisseurs. La Base de Données inhérente aux articles comporte des informations variées et mises à jour en temps réel :

- typologie des produits, prix, marges, durée de vie et gamme.

Dans le même esprit, les responsables des points de vente peuvent consulter les nouveaux catalogues jusqu'à deux mois avant leur distribution.

Les gains pour le client final

Les clients détenteurs d'une carte de fidélité « Consomalins », soit environ 110 000 personnes, ont accès à un nouveau service de « crédit en ligne ».

L'Intranet est ainsi connecté à un organisme de crédit, partenaire d'Expert, de sorte que les vendeurs peuvent valider avec les clients porteurs de la carte l'attribution d'un crédit on line.

Un espace de dialogue

Les magasins adhérents au groupement Expert ont tout loisir d'échanger leurs expériences, de se demander mutuellement des conseils en matière de gestion financière, taux de marge, et ce, en toute confidentialité sur l'Intranet, réservé exclusivement, pour ce type de données, aux dirigeants.

En conséquence, les attentes des clients sont mieux anticipées, les produits mieux connus des vendeurs, le service de crédit en ligne constitue un atout pour les clients porteurs de la carte. L'Intranet est donc également un outil de fidélisation du réseau de distribution et, *in fine*, bénéficie aux consommateurs.

172   6   Les « consumers magazines »

Considérer un magazine destiné à tout ou partie de vos clients comme étant un outil de fidélisation se suffisant à lui-même est une erreur.

En cela, le « consumer magazine » s'inscrit de plus en plus dans le cadre de programmes de fidélisation intégrant un Club de clientèle ou une carte de fidélité.

La complémentarité de ces outils y est essentielle, renforce la cohérence des programmes et constitue un gage d'efficacité supplémentaire.

6.1 La marque fait place à l'univers de la marque

Lorsqu'une marque apparaît « en clair » 52 fois dans un magazine de 24 pages, cela devient inepte et tient plus du tract électoral que du marketing direct.

Dès lors, la grande difficulté consiste à valoriser la marque, augmenter sa visibilité, lui donner vie, sans saturer le client, en se préservant bien de faire du « hard selling ».

A ce titre, les attentes et besoins des clients doivent être satisfaits par le renforcement d'un univers culturel propre à la marque, créant ainsi une occasion de rencontre privilégiée.

En théorie, cette recherche d'un positionnement différenciant, valorisant, paraît claire. Ceci étant, sa mise en œuvre est plus délicate, puisque les consumers magazines doivent naître sur la base d'un concept fort et simple à même de durer.

Continent et le magazine du « Junior Club »

Destiné aux enfants de 5 à 15 ans, le Junior Club du distributeur a été lancé en juin 1997. Chaque enfant se voit offrir une carte d'adhérent laquelle lui offre la possibilité de jouer sur des bornes interactives et de profiter d'animations spécifiques.

Pour fédérer ce lien, Continent a décidé de lancer le magazine Club Junior et en faire bénéficier les 250 000 membres, à commencer par le segment des 7 à 13 ans dont les attentes sont relativement homogènes (Source : *Marketing Magazine* – n° 36 – janvier 1999).

L'axe rédactionnel est ludo-éducatif et le magazine est subdivisé en trois parties qui sont le journal des lecteurs, le dossier central et l'actualité des loisirs. Disponible sur simple présentation de la carte dans tous les Continent, le magazine comporte 52 pages y compris la publicité et est édité par Disney Hachette Presse.

Ce consumer magazine n'est pas le premier du genre chez Continent, puisque le distributeur édite également un mensuel destiné aux femmes : « Gagnant ».

Gageons qu'en favorisant la prescription d'une part et en développant les ventes d'autre part, tout le monde devienne gagnant !

173

Leroy Merlin : un distributeur qui s'invite chez vous

On parle moins de cocooning, mais le phénomène n'en reste pas moins durable, puisque les Français éprouvent toujours l'envie de se sentir bien à la maison.

Autre tendance importante, les Français sont gagnés par la mode du « do it yourself » en matière de bricolage, de décoration et d'aménagement de la maison.

De fait, sur un marché global avoisinant les 170 milliards de francs, le poste « habitat » arrive en tête des dépenses des ménages en intégrant les frais de location ou d'achat.

Le développement de Leroy Merlin, filiale du groupe Auchan, est conséquent, avec 10 milliards de francs en 1993 pour 17,4 milliards de francs en 1998, avec 16 000 personnes dont 12 000 en France (Source : *CB News* – n° 565 du 5 au 11 avril 1999).

Cette enseigne en pleine croissance se devait de renforcer son dialogue avec ses clients en toute cohérence avec son métier, en « entrant » chez eux, avec leur bénédiction s'entend...

D'ou la naissance d'un véritable magazine « Maisons en vie », tiré à 200 000 exemplaires, à raison de 5 numéros pour 1999 et vendu au prix de 10 F.

Le concept de ce consumer magazine repose sur l'accompagnement du client et « Maisons en vie » développe un contenu rédactionnel autour des reportages, des idées shopping, des projets à réaliser soi-même et de l'équipement.

C'est la raison pour laquelle ce magazine est très proche, de par son contenu et sa forme, de la presse Déco traditionnelle.

6.2 La marque devient un titre de presse

174

Évolution marquante, notamment dans l'industrie des jouets et jeux, la promotion ne repose plus uniquement sur les sacro-saints catalogues.

Pour preuve, les magazines de marque dédiés aux enfants se multiplient et deviennent d'importants supports publicitaires.

Barbie Magazine du groupe Mattel sous-traité à l'éditeur Egmont, Playstation Magazine réalisé par Hachette Disney Presse ou encore Nintendo Magazine, sont des titres phares en matière de consumers magazines.

Ainsi, par exemple, en visant les segments de clientèles des filles de 5 à 9 ans, Barbie Magazine atteint une diffusion de 50 000 exemplaires.

Pour sa part, Playstation Magazine explose les records avec 17 000 exemplaires en diffusion mensuelle, tandis que Nintendo Magazine revendique 65 000 exemplaires (Source : *CB News* – n° 558 du 15 au 21 février 1999).

Kellogg's et son « Réveil malin »

Sur un marché très concurrentiel Kellogg's a choisi de fidéliser ses clients grâce à un mini-consumer magazine.

Le concept est simple puisqu'il s'agit d'offrir des recettes et des conseils en matière de nutrition pour préparer les « meilleurs petits déjeuners équilibrés ».

Deux cibles principales ont été visées :

– les familles avec enfants gros consommateurs de céréales

- les couples sans enfants et/ou les femmes seules (*Marketing Direct* n° 31 – octobre 98).

Les enfants ont eu la possibilité de participer à un concours de dessin axé sur le thème du petit déjeuner en famille et gagner des peluches ou des pots de peinture.

Pour leur part, les couples sans enfants pouvaient participer à un quiz dont les éléments de réponse se trouvaient notamment dans le « Réveil malin » et gagner, entre autres, des plateaux petits déjeuners.

Les très bons retours annoncés semblent prouver la pertinence du concept et de l'utilisation du consumer magazine sur ce marché.

—————— **Ça se passe bien chez McDonald's** ——————

Sur le segment des 15/25 ans, le consumer magazine gratuit « Ca se passe comme ça » est devenu un titre généraliste très puissant en traitant les thèmes fétiches de sa cible : culture, sport, loisirs, société…

L'interactivité du magazine est assurée par un système de dotations sur les concours et les jeux qui y sont promus. Les lots sont en totale adéquation avec les centres d'intérêt de la cible : T-shirts, disques, CD-ROMS, places de cinéma, de concert…

En moins de 5 ans, pas moins de 30 000 personnes ont été récompensées de leur fidélité.

Chaque mois, 330 000 exemplaires sont diffusés. Ce qui prouve, d'une part, le succès auprès des lecteurs et représente de solides garanties pour les annonceurs bénéficiant d'une pagination passée de 16 à 56 pages depuis sa création.

In fine, la fidélisation est avérée, puisque les études de perception réalisées régulièrement attestent que :

- 93 % des lecteurs apprécient son contenu rédactionnel
- 95 % l'emportent régulièrement ou occasionnellement
(Source : *CB Publifocus* – *CB News* n° 550 – 14 au 20 décembre 1998).

175

Chapitre 7

Garantir la rentabilité de la fidélisation

1 Mesurer la rentabilité

En première approche, la rentabilité de votre programme de fidélisation se jauge à l'aune de l'objectif que vous vous étiez fixé en le concevant. Car fidéliser ne signifie pas seulement garder longtemps des clients en portefeuille, mais aussi :

- mieux faire connaître l'ensemble des lignes de produits que vous proposez : répondre exhaustivement à la demande, c'est s'assurer de toujours offrir une réponse aux besoins des clients, sans qu'il leur soit nécessaire de faire appel à la concurrence, mais encore faut-il qu'ils sachent ce que vous pouvez leur apporter. La conséquence visible de cette démarche sera alors une augmentation des ventes de produits/services parmi ceux qu'ils ne consommaient pas jusqu'à présent ;

- vendre mieux, pour vous et pour votre interlocuteur, selon la fameuse stratégie gagnant/gagnant. Pour vous car votre marge s'améliore : votre coût de commercialisation est amoindri grâce au processus d'apprentissage commun inhérent à toute relation commerciale suivie et à l'*a priori* positif de votre client en votre faveur. Quant à lui, son besoin est d'autant plus correctement satisfait que, justement, vous le connaissez bien.

De ce fait, nombre d'entreprises commettent l'erreur de calquer l'indicateur leur permettant de juger de l'impact de leur programme de fidélisation sur l'évolution du montant moyen de la marge ou du chiffre d'affaires pour chaque commande, ou bien sur l'élémentaire « durée de vie » moyenne d'un client dans leur entreprise.

Cette première approche est certes simple à mettre en œuvre, mais elle frise en réalité le simplisme : améliorer la marge peut être le révélateur d'une baisse de service en faveur du client, par exemple, ce qui n'est pas à franchement parler cohérent avec la fidélisation...

Il vous faut donc recourir à une approche plus riche et plus fine. Inutile de réinventer l'existant : plusieurs formules ont fait leurs preuves. Nous avons retenu les plus efficaces (puissantes et simples mais non simplistes !), d'autant qu'elles sont très faciles à informatiser. Elles font l'objet du présent chapitre.

178

1.1 La formule RFM : Récence, Fréquence, Montant

Les trois lettres de la formule RFM signifient Récence, Fréquence et Montant. Prendre en compte simultanément ces trois caractéristiques permet de mesurer l'intérêt que revêt un client pour vous par son comportement d'achat...

A chiffre d'affaires égal, mieux vaut un client achetant peu mais souvent, qu'un acheteur ne passant qu'une seule grosse commande par an. En effet, en termes de fidélité et de potentiel de ventes, le second a tendance à nous oublier, son achat étant par nature anormal - irrégulier -. Mais comment évaluer le comportement d'achat ? En notant les clients, selon les trois variables de la formule RFM :

La **Récence** désigne le délai écoulé depuis la dernière commande du client. Le barème pourrait être celui-ci :

- 12 points si le client a commandé il y a moins de 3 mois
- 9 points si 3 à 6 mois se sont écoulés depuis la dernière commande
- 6 points de 6 à 9 mois
- 3 points de 9 à 12 mois
- 0 point au-delà

La **Fréquence** permet d'attribuer des points pour chaque commande passée dans les 12 derniers mois (3 points par commande, par exemple).

Le **Montant** se traduit par l'octroi des points en fonction du chiffre d'affaires apporté par chaque commande, selon un pourcentage évalué à partir du montant moyen des commandes habituelles. Cette note est plafonnée afin d'éviter de donner trop d'importance à une commande exceptionnelle qui, par nature, a peu de chance de représenter un réel potentiel pour l'avenir. Ainsi, avec un montant moyen de 2 000 F de commande, on pourra attribuer 0,2 % de points (arrondi à l'entier le plus proche), avec un plafond limitant à 9 points cette note.

Pour votre ordinateur, ce calcul ne dure qu'une micro seconde. Prenons un exemple concret, à partir de l'historique des commandes de 5 clients sur les 12 derniers mois. Pour simplifier cette première explication, imaginons que nous soyons aujourd'hui le 31 décembre :

Client	Date de la commande	Montant de la commande
A	février	750 F
A	mai	1 800 F
A	août	1 200 F
A	décembre	5 400 F
B	janvier	1 300 F
B	février	2 700 F
B	mars	3 000 F
B	mars	2 100 F
B	mars	1 000 F
C	février	8 700 F
D	décembre	150 F
D	décembre	300 F
D	décembre	600 F
D	décembre	1 200 F
E	janvier	1 500 F
E	février	1 500 F
E	mars	1 500 F
E	avril	1 500 F
E	mai	1 500 F
E	juin	1 500 F
E	juillet	1 500 F
E	septembre	1 500 F
E	octobre	1 500 F
E	novembre	1 500 F
E	décembre	1 500 F

179

Les différents points de récence, fréquence et montant seront
attribués comme suit :

Client	Date	Montant	Récence	Fréquence	Montant
A	février	750 F		3	2
A	mai	1 800 F		3	4
A	août	1 200 F		3	2
A	décembre	5 400 F	12	3	9
B	janvier	1 300 F		3	3
B	février	2 700 F		3	5
B	mars	3 000 F		3	6
B	mars	2 100 F		3	4
B	mars	1 000 F	3	3	2
C	février	12 700 F	3	3	9
D	septembre	150 F		3	0
D	octobre	300 F		3	1
D	novembre	600 F		3	1
D	décembre	1 200 F	12	3	2
E	janvier	1 500 F		3	3
E	février	1 500 F		3	3
E	mars	1 500 F		3	3
E	avril	1 500 F		3	3
E	mai	1 500 F		3	3
E	juin	1 500 F		3	3
E	juillet	1 500 F		3	3
E	septembre	1 500 F		3	3
E	octobre	1 500 F		3	3
E	novembre	1 500 F		3	3
E	décembre	1 500 F	12	3	3

180

Le client A totalise 41 points et 9 150 F de chiffre d'affaires
Le client B totalise 38 points et 10 100 F de chiffre d'affaires
Le client C totalise 15 points et 12 700 F de chiffre d'affaires
Le client D totalise 28 points et 2 250 F de chiffre d'affaires
Le client E totalise 78 points et 165 000 F de chiffre d'affaires

Puisque la vocation de ce système est d'évaluer l'intérêt de chaque
client en termes de fidélité, le client C, bien qu'engendrant un chiffre
d'affaires supérieur aux clients A, B et D, se voit attribuer une note bien
inférieure à ceux-ci. A réalise un score supérieur à B car ce dernier n'a

pas passé de commande depuis longtemps. La bonne évaluation de D, malgré un faible chiffre d'affaires, montre tout le potentiel existant – toujours en termes de fidélité – chez un client qui a passé plusieurs commandes récentes. Mais il ne s'agit que d'un potentiel ! Peut-être se comportera-t-il finalement comme B...

C'est pourquoi il convient de réévaluer régulièrement chaque client. Tous les mois au minimum, et à chaque fois que vous voulez déterminer si une action de fidélisation est nécessaire. Dans tous les cas, l'attribution des points s'opère en se limitant aux douze derniers mois.

Dès lors, vous avez compris qu'il s'agit d'un excellent outil d'évaluation de l'évolution du comportement d'achat de vos clients, qui vous permet de suivre chaque mois l'impact de votre programme de fidélisation.

Le barème présenté est un modèle parmi d'autres. A vous de trouver celui qui correspond le mieux à votre clientèle, votre activité et vos objectifs... éventuellement en utilisant la formule FRAT.

181

1.2 La formule FRAT : Frequency, Recency, Amount, Type

Vous pouvez affiner votre approche en tenant compte également du Type de produits acheté par le client (méthode FRAT, pour Frequency, Recency, Amount, Type).

Par exemple, si vous vendez des photocopieurs, le potentiel de renouvellement de commande et de fidélité n'est pas le même selon que votre client vient de vous acheter une machine, des consommables, une intervention en maintenance ou en réparation...

Dans le même ordre d'idée, un client vous sera plus fidèle s'il vous demande d'assurer la maintenance d'un photocopieur d'occasion acheté auprès de votre entreprise plutôt que chez l'un de vos concurrents.

1.3 La Life Time Value (LTV)

Vous pouvez facilement calculer combien vous a rapporté chacun de vos clients pour l'année écoulée. Les données existent dans votre entreprise, localisées *a priori* du côté de votre comptabilité.

Mais qu'en sera-t-il demain ? Quelle valeur représentent vos clients actuels pour l'avenir ? L'objet de la Life Time Value est de calculer le potentiel représenté par votre portefeuille de clientèle sur le moyen et long terme, en tenant compte du taux d'attrition (perte de clients) enregistré jusqu'alors. Puis, le même outil est utilisé pour fixer un objectif quantitatif à votre campagne de fidélisation. Voici comment.

Établir la LTV d'un segment de votre clientèle consiste à calculer la marge dégagée à 5 ans, voire plus, par chaque client, en tenant compte de son coût de recrutement et du chiffre d'affaires – mais aussi des frais directs – dont il a été la source. Le tout en perspective avec la disparition progressive des membres du groupe de clients en question, et avec l'actualisation dans le temps des flux financiers considérés.

Prenons un exemple chiffré : vous avez effectué une opération de mailing qui vous a permis, *in fine*, de recruter 1 000 nouveaux clients dans le secteur du bâtiment.

- Cette opération vous a coûté 500 000 F : 100 000 plis dont le coût de revient est de 5 F, tous frais compris, avec un taux de transformation de 1 %.
- L'historique de vos ventes montre que, en moyenne, 30 % (taux d'attrition) de vos clients vous quittent la première année, 20 % du « solde » la seconde année, 10 % du « solde » chaque année suivante. Il est en effet fréquent qu'un client passant le cap de la première année soit plus fidèle. Le taux d'érosion de la clientèle baisse en conséquence.

Cette année, les clients de ce segment du bâtiment vous ont permis de réaliser un chiffre d'affaires moyen de 2 500 F par entreprise, mais vous ont coûté 1 000 F en moyenne également (frais directs uniquement).

A ce stade plusieurs remarques sont à prendre en compte :
- La LTV se calcule sur 5 ans (à moduler selon votre activité), et à plus de 5 ans.
- Vous avez remarqué que seuls les frais directs sont retenus : frais directs de recrutement du segment de clientèle, frais directs liés ensuite à chaque client. Les frais fixes (encadrement, locaux, assurances, services administratifs, etc.) n'interviennent pas dans ce calcul.
  Cela constitue la pratique la plus courante, mais il n'existe pas de « meilleure méthode » que les autres, au même titre que la répartition des frais fixes en comptabilité analytique fait l'objet d'âpres débats – et de décisions hautement stratégiques dans les entreprises ! –, qui opposent notamment le full cost au direct costing.

Plus le taux d'attrition de la clientèle sera élevé, plus les frais de recrutement seront pénalisants sur le moyen terme.

Toutes les sommes annoncées nécessitent une actualisation pour chaque année calculée : vos prix augmentent, en moyenne, de 5 % chaque année ; les coûts aussi. Mais là ne s'arrête pas votre travail d'actualisation qu'il faut aborder comme un financier...

En effet, un chiffre d'affaires de 3 039 F perçu dans 5 ans ne représente pas la même valeur aujourd'hui, de même qu'un coût évalué à 1 158 F dans 4 ans.

La différence est liée à l'érosion monétaire prévisionnelle, au coût de l'argent pour votre entreprise, mais aussi au risque que représente le segment de clientèle considéré, en termes d'insolvabilité.

Pour notre exemple, nous fixons ce taux d'actualisation annuelle à 7 %. Vous pouvez l'élaborer dans votre propre contexte en collaboration avec le service financier de votre entreprise.

183

Année	1	2	3	4	5
Taux de fidélité annuel		70 %	80 %	90 %	90 %
Taux de fidélité cumulé	100 %	70 %	56 %	50 %	45 %
Nombre de clients restants	1 000	700	560	504	454
CA / client (+ 5 % par an)	2 500 F	2 625 F	2 756 F	2 894 F	3 039 F
CA total	2 500 000 F	1 837 500 F	1 543 500 F	1 458 608 F	1 378 384 F
CA actualisé financièrement	2 500 000 F	1 708 875 F	1 334 973 F	1 173 241 F	1 031 103 F
Coûts directs par client (+ 5 % par an)	1 000 F	1 050 F	1 103 F	1 158 F	1 216 F
Coûts directs totaux	1 000 000 F	735 000 F	617 400 F	583 443 F	551 354 F
Coûts de recrutement	500 000 F				
Coûts directs totaux actualisés	1 500 000 F	683 550 F	533 989 F	469 296 F	412 441 F
Marge brute actualisée	1 000 000 F	1 025 325 F	800 984 F	703 945 F	618 662 F
Cumul	1 000 000 F	2 025 325 F	2 826 309 F	3 530 254 F	4 148 915 F

LTV d'un client à 5 ans :	4 149 F

Dans cet exemple, chaque client présente une LTV de 4 149 F à 5 ans et de 8 298 F *ad vitam æternam* (à 25 ans).

Vous pouvez mener ces calculs très simplement grâce à un tableur comme Excel, ce qui vous permet d'effectuer des simulations pour apprécier les incidences d'un plan de fidélisation ou du coût de recrutement. En voici quelques-unes :

Vous décidez de proposer, à l'instar de certains opérateurs de téléphonie portable, une réduction tarifaire de 15 % dès la première année, en échange d'un engagement à rester votre client pendant deux années. Le chiffre d'affaires par client passe donc de 2 500 F à 2 125 F, mais vous obtenez ainsi un taux de fidélité de 89 % (par exemple) au lieu de 70 %.

Année	1	2	3	4	5
Taux de fidélité annuel		89 %	80 %	90 %	90 %
Taux de fidélité cumulé	100 %	89 %	71 %	64 %	58 %
Nombre de clients restants	1 000	890	712	641	577
CA / client (+ 5 % par an)	2 150 F	2 258 F	2 370 F	2 489 F	2 613 F
CA total	2 150 000 F	2 009 175 F	1 687 707 F	1 594 883 F	1 507 165 F
CA actualisé financièrement	2 150 000 F	1 868 533 F	1 459 698 F	1 282 855 F	1 127 437 F
Coûts directs par client (+ 5 % par an)	1 000 F	1 050 F	1 103 F	1 158 F	1 216 F
Coûts directs totaux	1 000 000 F	934 500 F	784 980 F	741 806 F	701 007 F
Coûts de recrutement	500 000 F				
Coûts directs totaux actualisés	1 500 000 F	869 085 F	678 929 F	596 677 F	524 390 F
Marge brute actualisée	650 000 F	999 448 F	780 769 F	686 178 F	603 048 F
Cumul	650 000 F	1 649 448 F	2 430 216 F	3 116 395 F	3 719 443 F

LTV d'un client à 5 ans :	3 719 F

La LTV passe à 3 719 F : la réduction offerte est donc trop importante en proportion de l'amélioration du taux de fidélité obtenue... Peut-être vaut-il mieux offrir un cadeau pour le renouvellement de commande la seconde année, plutôt qu'une réduction ?

Cela permet de conserver le chiffre d'affaires généré par chaque client, en limitant à une seule opération le budget (100 000 F) nécessaire à endiguer l'hémorragie de clientèle prévisible la première année.

Année	1	2	3	4	5
Taux de fidélité annuel		89 %	80 %	90 %	90 %
Taux de fidélité cumulé	100 %	89 %	71 %	64 %	58 %
Nombre de clients restants	1 000	890	712	641	577
CA / client (+ 5 % par an)	2 500 F	2 625 F	2 756 F	2 894 F	3 039 F
CA total	2 500 000 F	2 336 250 F	1 962 450 F	1 854 515 F	1 752 517 F
CA actualisé financièrement	2 500 000 F	2 172 713 F	1 697 323 F	1 491 692 F	1 310 974 F
Coûts directs par client (+ 5 % par an)	1 000 F	1 050 F	1 103 F	1 158 F	1 216 F
Coûts directs totaux	1 000 000 F	934 500 F	784 980 F	741 806 F	701 007 F
Coûts de recrutement / cadeaux	500 000 F	89 000 F			
Coûts directs totaux actualisés	1 500 000 F	951 855 F	678 929 F	596 677 F	524 390 F
Marge brute actualisée	1 000 000 F	1 220 858 F	1 018 394 F	895 015 F	786 584 F
Cumul	1 000 000 F	2 220 858 F	3 239 251 F	4 134 267 F	4 920 851 F

LTV d'un client à 5 ans :	4 921 F

En offrant un cadeau de 100 F à l'occasion du renouvellement de commande de vos clients l'année 2, vous améliorez cette fois nettement la LTV de chacun, qui passe de 4 149 F (hypothèse de base –Tableau 1) à 4 921 F.

Imaginez maintenant une vente « au forcing », qui vous permet de recruter 50 % de clients en plus à budget égal, mais avec pour conséquence directe une volatilité plus importante de leur part (60 % au lieu de 70 %). Le tableau 1 devient alors :

Année	1	2	3	4	5
Taux de fidélité annuel		60 %	80 %	90 %	90 %
Taux de fidélité cumulé	100 %	60 %	48 %	43 %	39 %
Nombre de clients restants	1 500	900	720	648	583
CA / client (+ 5 % par an)	2 500 F	2 625 F	2 756 F	2 894 F	3 039 F
CA total	3 750 000 F	2 362 500 F	1 984 500 F	1 875 353 F	1 772 208 F
CA actualisé financièrement	3 750 000 F	2 197 125 F	1 716 394 F	1 508 453 F	1 325 704 F
Coûts directs par client (+ 5 % par an)	1 000 F	1 050 F	1 103 F	1 158 F	1 216 F
Coûts directs totaux	1 000 000 F	945 000 F	793 800 F	750 141 F	708 883 F
Coûts de recrutement	500 000 F				
Coûts directs totaux actualisés	1 500 000 F	878 850 F	686 558 F	603 381 F	530 282 F
Marge brute actualisée	1 750 000 F	1 318 275 F	1 029 836 F	905 072 F	795 422 F
Cumul	1 750 000 F	3 068 275 F	4 098 111 F	5 003 183 F	5 798 605 F

LTV d'un client à 5 ans :	3 866 F

185

Vous constatez une baisse de la LTV, malgré le fort impact de votre opération de recrutement de nouveaux clients...

Vous pouvez également vous servir de ces simulations pour fixer un objectif quantitatif à votre plan de fidélisation :

Sachant que vous disposez d'un budget de fidélisation de 200 000 F, quelle devra être l'amélioration du taux de fidélisation pour retomber sur une LTV au moins égale à celle que vous constatiez avant le lancement de votre plan ?

En effet, si votre plan n'avait aucun effet (taux inchangé de 70 % la première année), la LTV retomberait à 3 963 F au lieu des 4 149 F initiaux.

Année	1	2	3	4	5
Taux de fidélité annuel		70 %	80 %	90 %	90 %
Taux de fidélité cumulé	100 %	70 %	56 %	50 %	45 %
Nombre de clients restants	1 000	700	560	504	454
CA / client (+ 5 % par an)	2 500 F	2 625 F	2 756 F	2 894 F	3 039 F
CA total	2 500 000 F	1 837 500 F	1 543 500 F	1 458 608 F	1 378 384 F
CA actualisé financièrement	2 500 000 F	1 708 875 F	1 334 973 F	1 173 241 F	1 031 103 F
Coûts directs par client (+ 5 % par an)	1 000 F	1 050 F	1 103 F	1 158 F	1 216 F
Coûts directs totaux	1 000 000 F	735 000 F	617 400 F	583 443 F	551 354 F
Coûts de recrutement / fidélisation	500 000 F	200 000 F			
Coûts directs totaux actualisés	1 500 000 F	869 550 F	533 989 F	469 296 F	412 441 F
Marge brute actualisée	1 000 000 F	839 325 F	800 984 F	703 945 F	618 662 F
Cumul	1 000 000 F	1 839 325 F	2 640 309 F	3 344 254 F	3 962 915 F

LTV d'un client à 5 ans :	3 963 F

Pour déterminer le taux de fidélité annuel à atteindre la première année, vous pouvez soit tâtonner en changeant la valeur de ce taux pour retrouver approximativement les 4 149 F de la LTV initiale, soit utiliser l'outil « solveur » présent dans Excel, ou l'un de ses équivalents, pour déterminer finement la meilleure solution.

Année	1	2	3	4	5
Taux de fidélité annuel		74,14 %	80 %	90 %	90 %
Taux de fidélité cumulé	100 %	74,14 %	59 %	53 %	48 %
Nombre de clients restants	1 000	741	593	534	480
CA / client (+ 5 % par an)	2 500 F	2 625 F	2 756 F	2 894 F	3 039 F
CA total	2 500 000 F	1 946 087 F	1 634 713 F	1 544 804 F	1 459 839 F
CA actualisé financièrement	2 500 000 F	1 809 861 F	1 413 863 F	1 242 574 F	1 092 036 F
Coûts directs par client (+ 5 % par an)	1 000 F	1 050 F	1 103 F	1 158 F	1 216 F
Coûts directs totaux	1 000 000 F	778 435 F	653 885 F	617 921 F	583 936 F
Coûts de recrutement / fidélisation	500 000 F	200 000 F			
Coûts directs totaux actualisés	1 500 000 F	909 944 F	565 545 F	497 029 F	436 814 F
Marge brute actualisée	1 000 000 F	899 916 F	848 318 F	745 544 F	655 222 F
Cumul	1 000 000 F	1 899 916 F	2 748 234 F	3 493 778 F	4 149 000 F

LTV d'un client à 5 ans :	4 149 F

Votre objectif est maintenant fixé : avec un budget de 200 000 F, vous devez au moins améliorer votre taux de fidélité de 4,14 % (qui passera ainsi de 70 à 74,14 %) pour retrouver la même LTV. En d'autres termes, votre plan de fidélisation commencera réellement à vous faire gagner de l'argent dès ce taux atteint.

Dans la pratique, cette approche, maintenant répandue, est très pertinente et fonctionne très bien.

Voici les formules utilisées avec un tableur comme Excel.

(Tableau 0, obtenu en demandant à Excel d'afficher les formules par le menu Outils / Options / Affichage / Fenêtres en cochant la case « Formules »).

Nota : la plupart des tableurs proposent aujourd'hui un outil gestionnaire de scénarios, fort utile pour mener plusieurs simulations, les conserver et les gérer.

2 Accroître la productivité de la force de vente en fidélisant

2.1 Information, formation et motivation : la méthode TARGET   187

Le grand reproche que l'on peut faire aux services marketing de beaucoup d'entreprises est leur manque de communication en interne, en particulier à destination des commerciaux. Combien de fois a-t-on entendu ces derniers se plaindre – à juste titre – que ce sont leurs clients qui leur apprennent les dernières actions mises en place par les « marketers »...

Pourtant, tout bon manager sait que l'un des meilleurs moteurs de la motivation consiste à expliquer leur rôle aux collaborateurs impliqués dans un projet commun, à les situer dans un cadre plus large, afin qu'ils possèdent une vision globale de leur propre action, qui prend ainsi tout son sens.

Votre force de vente et vos distributeurs n'en attendent pas moins de vous.

Vous devez donc leur présenter votre plan de fidélisation comme vous le feriez à une direction générale pour faire accepter un projet, avec ici la volonté que vos interlocuteurs puissent se réapproprier les fruits des actions fidélisatrices engagées.

Inutile de réinventer l'existant, l'outil roi en la matière est le briefing spécialisé sur l'action marketing :

Le plan de présentation du briefing – action

Le plan de cette présentation peut suivre, notamment, celui de la méthodologie TARGET - cible, en anglais - acronyme de Trouver, Argumentation, Réponse, Gestion, Évaluation et Timing.

Trouver. A partir d'un objectif clairement énoncé, cibler un segment marketing dans l'absolu est une chose ; le trouver et le toucher tel que souhaité dans un fichier en est une autre. La première partie du briefing consiste donc à déterminer précisément le trinôme : objectif, cible, outil.

- L'objectif visé, tant du point de vue quantitatif que qualitatif, assorti des symptômes de l'atteinte de celui-ci.

- Le profil qualitatif et quantitatif de la cible que vous cherchez à toucher grâce à l'opération envisagée. De même, clarifiez sa source : en général votre base de données marketing, parfois un fichier extérieur (dans ces deux premiers cas, indiquez les critères de sélection possibles), ou bien un type de lieux (si vous utilisez des supports de communication tels que l'affichage dans un point de vente ou un lieu de passage obligé de vos clients).

- Les outils que vous utiliserez : le mailing, l'affichage, le journal périodique, le marketing téléphonique, etc.

Argumentation. Votre offre fidélisatrice possède un certain nombre d'avantages concurrentiels à mettre en valeur. Cette partie est destinée à les énumérer et, facteur très important, à les hiérarchiser. Tous les éléments permettant d'enrichir cette argumentation doivent être listés : bénéfice principal de l'offre, mais aussi le cadeau principal, la prime accélératrice, le jeu, le concours, la garantie de satisfaction, etc., s'ils existent.

Réponse. Trop souvent négligé, le moyen de la réponse mis à disposition du destinataire d'une action de fidélisation est en réalité l'outil le plus important de votre opération, puisqu'il est le support de l'activation de votre client. Coupon-réponse, numéro vert, e-mail... quelle que soit sa forme, il est indispensable et doit faire l'objet d'une réflexion à part entière.

Gestion. Votre action va engendrer des retombées. Combien sont attendues ? Qui les gérera ? En interne ou par externalisation ? Toutes les questions logistiques doivent trouver ici leur réponse.

Évaluation. Ce terme recouvre deux notions : d'une part l'estimation budgétaire de votre opération, d'autre part le test nécessaire à toute opération marketing pour en déterminer la pertinence. En effet, tout se teste en marketing : de la cible au support de la réponse, en passant par l'argumentation, l'avantage accordé au client, etc.

Il serait dommage de s'en priver, d'autant que l'intérêt d'un test ne s'arrête pas aux résultats à court terme. Par exemple, si vous testez plusieurs avantages, vous serez amené à choisir celui qui vous aura rapporté le plus grand nombre de réponses.

Mais la qualité de ces dernières s'évalue aussi sur le moyen et long terme, tant du point de vue de la fidélité, du taux de renouvellement et du montant moyen des commandes, que de celui de la solvabilité et de la marge dégagée par les clients concernés.

Quelques mois après le test, peut-être vous apercevrez-vous que l'avantage le plus intéressant n'était pas celui auquel vous aviez naturellement pensé à l'issue du premier envoi...

Voilà pourquoi il est important de systématiser, dans la construction de votre action, l'approche Évaluation.

Cette partie doit également indiquer quels sont les codes de cette action et de ses différentes déclinaisons dans le cadre du test, afin d'être toujours en mesure de répertorier la source de toutes les réponses reçues.

189

Timing. La planification de votre action passe par le choix de la date à laquelle le client doit avoir été touché. Dans le cadre du journal de fidélisation, par exemple, vous choisirez la date de réception du support.

Puis vous remontez dans le temps en fonction du nombre présumé de jours que prendra chaque tâche de votre opération, pour calculer la date à laquelle doit commencer votre opération. C'est la technique classique du rétro-planning.

La rédaction du briefing-action

Commencez par la date de mise à jour du briefing, puis donnez un titre à votre action. Prenons l'exemple d'une opération classique d'expédition d'un mailing suivi d'une relance par les commerciaux des coupons-réponse parvenus. Cette opération est menée par un fabricant d'accessoires informatiques.

Date d'édition du présent briefing : 30 mars 2000.
Titre de l'opération : fidélisation des grand comptes.
Suivez ensuite l'ordre des lettres de T.A.R.G.E.T. :

TROUVER :

– Objectif : développer les relations directement auprès des gros donneurs d'ordre. Quantification : 5 % maximum de pertes de clients sur 12 mois, et augmentation du chiffre d'affaires sur ce secteur de 5 %. Symptômes de l'atteinte de cet objectif : augmentation du montant moyen des commandes, diminution des charges administratives.

- Cible : clients entreprises de services de plus de 100 salariés, possédant plus de 5 établissements secondaires (intérêt : ordinateurs portables + réseau informatique).
- Source : notre fichier clients.
- Interlocuteur : directeur informatique ou, par défaut, directeur des achats.
- Quantification : limitation aux 10 000 premières entreprises, toutes régions confondues.
- Outils : action à double détente : mailing personnalisé de lancement d'un club de clientèle, suivi d'une relance téléphonique de prise de rendez-vous par les commerciaux auprès des répondants.

ARGUMENTATION :

Arguments liés au client :

- argument n° 1 : il cherche en permanence à trouver les meilleurs fournisseurs
- argument n° 2 : il cherche en permanence à trouver le meilleur rapport qualité/prix
- argument n° 3 : il prend un risque à chaque changement de fournisseur
- argument n° 4 : il est client chez nous depuis X mois ou années.

Arguments liés à notre entreprise :

- argument n° 1 : nous sommes isonormés
- argument n° 2 : nous avons 10 000 clients qui nous font confiance
- argument n° 3 : lui-même nous fait confiance depuis X mois ou années
- argument n° 4 : tout le monde y trouve son compte (stratégie gagnant/gagnant)

Arguments liés aux autres composantes de l'offre fidélisante :

- argument n° 1 : obtention de cadeaux par cumul de points
- argument n° 2 : carte personnelles assortie d'avantages personnels et professionnels
- argument n° 3 : journal périodique
- argument n° 4 : cadeau si adhésion (gratuite) sous huit jours

RÉPONSE :

Objet de la réponse : demande d'adhésion gratuite.

3 modes ont été retenus :

- le bulletin d'adhésion : à expédier par courrier (carte T) ou par fax (numéro fax vert)

- le couponing téléphonique : numéro vert
- la messagerie électronique (en cohérence avec la cible des directeurs informatiques)

GESTION :

Taux de retour estimé : 30 %, soit 3 000 réponses.

Gestion des réponses en interne, par les commerciaux eux-mêmes, au fur et à mesure des retours : saisie des informations du mode de réponse retenu par le répondant, relance téléphonique de prise de rendez-vous pour les réponses écrites, saisie des résultats obtenus.

ÉVALUATION :

Budget pour la phase mailing : 50 000 FF hors taxes (5 F par pli en moyenne).

Test : 2 000 plis annonçant directement les arguments liés à l'offre fidélisatrice, sans utiliser ceux liés au client et à notre entreprise (code test à reporter sur le bulletin d'adhésion :TST1).

Pour finir, le **TIMING** suit tel qu'exposé précédemment...

191

2.2 Fidéliser les vendeurs pour fidéliser les clients : l'exemple de l'animation des réseaux automobiles

Le taux de fidélité moyen aux marques automobiles avoisine les 50 % (Source : «*Action Commerciale* », n° 183). Ceci explique en partie pourquoi de nombreux constructeurs mobilisent des moyens considérables pour peaufiner leurs relation Clients.

L'animation du réseau devient vitale. En l'occurrence, le réseau de distribution, formé par les agents, doit être l'objet d'un travail commercial de fond. Les informations quantitatives et qualitatives, notamment comportementales, doivent être communiquées de manière opérationnelle, presque en temps réel, aux constructeurs.

A contrario, pour identifier les motifs de satisfaction, les motivations d'attrition, les attentes des clients, les concessionnaires et leur force de vente, doivent systématiquement être informés des innovations, futurs lancements, opérations de promotion, campagnes de la marque…

A ce titre, les concessionnaires et agents sont donc des « clients intermédiaires », clients qu'il importe de conquérir, puis fidéliser, afin que ces derniers soient à même de développer les ventes.

Pour associer ces « revendeurs » à toutes leurs actions commerciales, les constructeurs doivent informer, former et motiver.

Comme nous l'avons vu au début de cet ouvrage, c'est la démarche suivie, entre autres, par Opel lors de la naissance de la « Frontera II » et par Mazda à l'occasion du lancement de la 626 Turbo diesel.

Chapitre 8

La base de données marketing : point de passage obligé d'une stratégie de fidélisation réussie

Les Bases de Données Marketing sont devenues vitales, car elles permettent de conserver la mémoire de toutes les transactions, de tous les échanges avec les clients ou prospects. Grâce au schéma suivant de David Schmittlein de la Wharton School, nous pouvons visualiser tous les stimuli qu'une marque adresse à ses différents segments de clientèles afin d'augmenter la valeur des clients à fort potentiel.

Les programmes de fidélisation tiennent une place vitale dans ce processus de Customer Value analysis, et ils permettent de mesurer le retour sur investissement de toutes les actions entreprises à l'égard des segments de clientèle visés.

Gestion des clients comme actifs stratégiques :
implications et actions basées sur l'historique des transactions

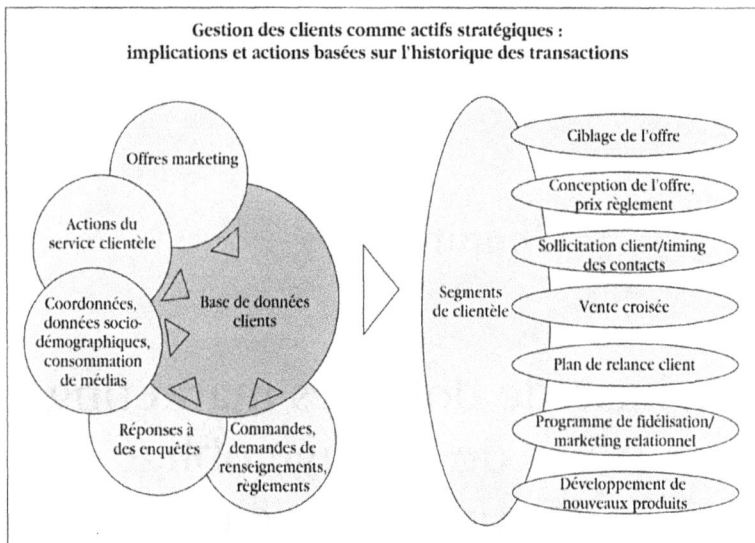

Source : David Schmittlein, Wharton School, « Le client un actif stratégique », Les Échos, 7-8 mars 1997.

194

La valorisation des actifs Clients se fait en fonction d'un cycle éternellement recommencé, à l'image d'un écosystème :

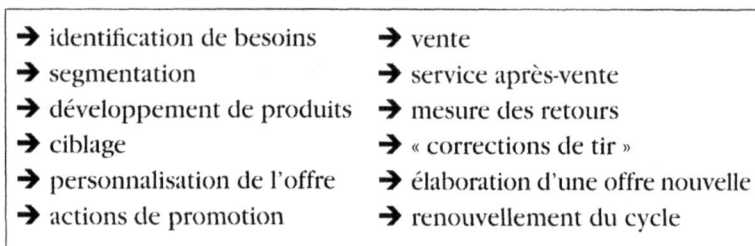

→ identification de besoins	→ vente
→ segmentation	→ service après-vente
→ développement de produits	→ mesure des retours
→ ciblage	→ « corrections de tir »
→ personnalisation de l'offre	→ élaboration d'une offre nouvelle
→ actions de promotion	→ renouvellement du cycle

1 Principes de la création d'une base de données

Pour fidéliser, vous devez posséder les bonnes informations sur vos clients, celles qui vous permettent :

- d'opérer des segmentations stratégiques pour élaborer un plan-mix pertinent, en adéquation avec leurs besoins respectifs
- de monter valablement des opérations marketing tactiques (promotion des ventes, marketing direct, actions de la force de vente, etc.) personnalisées

Pour cela, l'outil incontournable est la Base De Données Marketing (BDDM). Cet outil informatique a pour vocation de mémoriser, analyser et restituer les informations utiles pour l'homme ou la femme de marketing. Mais qu'est-ce qu'une information utile ? Celle qui permet de prendre une décision. Tout le reste n'est que verbiage coûteux.

Ce chapitre vous explique comment construire et faire vivre une BDDM efficace...

1.1 Fixer vos objectifs

Une base de données marketing peut servir à communiquer, prospecter, vendre, fidéliser, augmenter les ventes auprès des clients actuels, etc.

Ces différents objectifs ne s'excluent pas les uns les autres, mais il est nécessaire de les hiérarchiser.

Dans notre contexte, l'objectif principal est de fidéliser, ce qui implique un certain nombre de répercussions sur la constitution même de votre base de données Marketing.

Avant d'aller plus loin, il est utile de comprendre comment fonctionne une BDDM. Elle est en fait constituée de plusieurs sous-bases de données, afin d'éviter les redondances d'informations.

Prenons un exemple. Comme il se doit, vous avez informatisé votre fichier clients. Vous décidez alors d'expédier un courrier pour proposer à votre clientèle une animation séduisante. Certains d'entre eux vous renvoient le coupon-réponse pour bénéficier de votre offre. Il serait dommage de ressaisir, outre leur nom, toutes les coordonnées des répondants, alors que vous les possédez déjà au sein de votre fichier clients. Une fonctionnalité intéressante de la base serait donc qu'il suffise de « cliquer » avec la souris de votre ordinateur sur le nom de l'un des répondants pour visualiser sa fiche complète afin de savoir de qui il s'agit...

Une telle possibilité existe évidemment, elle est réalisable grâce aux compétences relationnelles des systèmes de gestion de base de données d'aujourd'hui, qui tissent des liens entre les différents fichiers d'informations, afin de passer de l'un à l'autre en fonction des besoins.

195

Sachant donc qu'une BDDM est en fait constituée de plusieurs sous-bases de données, les conséquences sur la base d'un objectif lié à la fidélisation de clientèle sont les suivantes :
- création de l'historique des ventes
- création d'une base « actions commerciales de fidélisation » pour analyser la réactivité de chaque interlocuteur face à vos actes promotionnels

Sélectionnez et organisez les données à intégrer dans votre base.

Les choix sont délicats, car il est inutile de s'encombrer de détails, comme le nombre d'appels téléphoniques échangés. N'oubliez pas que chaque donnée a un coût lié à sa collecte, sa saisie, sa mémorisation, sa diffusion et son analyse...

Votre sélection des informations à conserver doit donc s'opérer avec une unique idée en tête : cette information me permettra-t-elle de prendre une décision ? Et son corollaire : le rapport entre le coût de cette information et l'intérêt de la décision qu'elle permet de prendre est-il favorable ?

De plus, certains outils affectionnent davantage que d'autres certains types d'informations. Ainsi, en marketing direct, la prise de décision est souvent liée à la détermination du profil comportemental (attitudes d'achat et de consommation) de chaque client.

1.2 Organiser les informations

Voici une organisation des informations possible, parmi d'autres, à adapter en fonction de votre propre contexte :

Bases à créer et exemples d'informations à y intégrer :

BASE PRODUITS/SERVICES :

- dénomination du produit/service
- code produit

RUBRIQUES DE LA BASE CLIENTS :

- numéro identifiant
- nom
- prénom

- civilité
- adresse complète
- téléphone
- fax
- e-mail
- fonction
- revenus
- état civil
- date du premier contact avec ce client
- date de la première vente
- source : comment avez-vous obtenu ce client ?
- historique des ventes réalisées auprès de ce client

RUBRIQUE DE LA BASE ACTIONS DE FIDÉLISATION :

- code action : toute action doit être codifiée afin d'identifier tous les supports de communication qui lui sont liés (plaquettes, coupon-réponse, etc.)
- cible
- quantité
- objectif de l'action
- support de l'action (presse, mailing, marketing téléphonique, ISA, fax-mailing)...
- date
- coût
- type de promesse (cadeau, réduction, droits offerts...)
- résumé de la promesse (texte libre)
- supports de la réponse (coupon-réponse par courrier, coupon-réponse par fax, numéro de téléphone, passage sur un lieu de vente...)
- nombre de transformations de prospects en clients, *in fine* (saisie à actualiser régulièrement)

LIENS À CRÉER ENTRE LES DIFFÉRENTES BASES :

« **base X o base Y** » **signifie :**

liens de la base Y faisant apparaître des informations lors de l'utilisation de la base X

« **rubrique X o rubrique Y** » **signifie :**

informations de la base Y devant apparaître dans les formulaires de saisie puis de visualisation de la base X

BASE CLIENTS O BASE ACTIONS :

- historique des ventes o actions dont le prospect fut l'objet
- source (= provenance du client) o première action avec laquelle il fut en contact

197

- réactivité o actions auxquelles il a répondu (présenter ces trois premiers points sous la forme d'un tableau synoptique montrant, par cases cochées, les actions auxquelles il a répondu parmi celles dont il fut l'objet).

BASE ACTIONS O BASE PRODUITS :

- produits promus par cette action o code produit

BASE PRODUITS O BASE ACTIONS :

- produit ayant fait l'objet des actions o code action

TABLEAUX DE BORD ET D'ANALYSE À CRÉER :

Les méthodes RFM, FRAT et LTV permettent de tirer un profit immédiat de la mise en place d'une BDDM. Par ailleurs, vous pouvez élaborer des tableaux de bord et d'analyse complémentaires :

BASE CLIENTS :

Individuellement :
- réactivité aux actions dont il fut l'objet (taux de réponse personnel)

- Globalement :
- répartition par source
- répartition par localisation
  répartitions sur les autres informations disponibles

BASE ACTIONS :

Pour chaque action :
- taux de remontées
- taux de transformation (vente)
- coût de la remontée
- coût de la transformation
- fréquentation des moyens de réponse proposés
- délai moyen de réponse

Globalement :
- tableau récapitulatif et comparatif des points précédents, intégrant les moyennes obtenues par l'ensemble des actions
- pondération de l'apport de chaque action

Choisissez votre logiciel de SGBD (Système de Gestion de Bases de Données). Pour des petites BDDM de quelques milliers de clients, des systèmes de gestion de base de données relationnelles comme les proposent les éditeurs bureautiques tels que Microsoft ou Lotus sont tout à fait utilisables.

De plus, la réalisation d'une telle application est à la portée d'un analyste programmeur, et vous pouvez vous-même en réaliser une partie (notamment les masques de saisie et la structure globale de l'application). Par ailleurs, la puissance de ce logiciel bureautique est largement suffisante pour satisfaire toutes les demandes de développement ultérieures...

Les choses se corsent lorsque plus d'une dizaine d'utilisateurs doivent utiliser simultanément une BDDM – des télé-actrices, par exemple, dans le cadre d'une opération de marketing téléphonique –, qui comporte plusieurs centaines de milliers de clients. En ce cas, un logiciel plus puissant, comme Oracle, s'avérera nécessaire. Des sociétés spécialisées proposent par ailleurs des outils spécialisés et vous aideront à établir l'inévitable cahier des charges qui constitue l'assurance d'une application conforme à vos besoins.

199

1.3 Initialiser et roder la base de données « pilote »

Avant de « basculer » de votre système d'aujourd'hui à la base de données définitive, une étape intermédiaire consiste à vérifier la validité d'une base de données pilote. Vous ne devez pas négliger cette étape pendant laquelle tout sera fait en double : pendant que vous roderez votre BDDM, vous continuerez à recourir à vos outils de suivi habituels, comme si elle n'existait pas, afin de ne prendre aucun risque concernant votre activité commerciale. Considérez ce double travail comme un véritable investissement.

Vous vous servirez également de cette période pour vérifier auprès de chacun que les tableaux de bord et d'analyse sont bien en adéquation avec les besoins spécifiques de leurs utilisateurs.

C'est aussi le moment idéal pour mettre en place l'organisation humaine de collecte, de saisie et de diffusion des informations.

1.4 Maintenance de la BDDM

Si vous faites réaliser votre BDDM par une entreprise extérieure, prévoyez un contrat de maintenance avec votre fournisseur, afin de limiter les coûts liés aux modifications mineures de l'application.

En interne comme en externe, demandez à l'analyste-programmeur de documenter son application. Par exemple, imposez-lui d'expliquer le code de chaque macro-commande et routine Visual Basic lorsqu'il travaille avec les outils édités par Microsoft, afin que son successeur éventuel puisse reprendre en main rapidement votre application.

2 Critères de segmentation, de sélection et d'interrogation

Le marché d'un produit ou d'un service est rarement homogène. En effet, que vous vous adressiez aux particuliers, aux entreprises ou aux collectivités, chacun de vos interlocuteurs a des besoins différents et possède ses propres habitudes d'achat et de consommation. Vous ne pouvez donc espérer vous adresser efficacement de manière uniforme à l'ensemble des consommateurs : vous devez au contraire personnaliser le plus possible ce que vous offrez à vos clients pour être en mesure de les fidéliser.

D'ailleurs, à vouloir satisfaire la plus large clientèle possible par un plan-mix générique, vous prendriez le risque de vous retrouver face à des concurrents plus spécialisés, donc répondant mieux aux desiderata de chacun de leurs publics, incitant ainsi vos clients à « zapper » de fournisseur...

Incapable de vous consacrer à la totalité du marché dans de bonnes conditions, vous devez déterminer quels consommateurs ont suffisamment de points communs pour créer des sous-ensembles – des sous-marchés –, au sein desquels les sujets ont des besoins et/ou des comportements les plus homogènes possibles.

Prenons un exemple : les journaux présentant les programmes de télévision sont susceptibles d'intéresser quasiment tous les publics. On s'aperçoit que la structure du lectorat général de ces titres est identique à celle de la population française dans son ensemble.

Cependant, certains produits possèdent une clientèle plus spécifique : ainsi, Télérama établit ses meilleurs scores de pénétration du marché parmi les 35/49 ans, puis, en deuxième position, parmi les 15/24 ans. Plutôt que d'envoyer tous azimuts des mailings de proposition d'abonnement, ce journal gagnera à allouer ses ressources budgétaires aux personnes se situant dans l'une ou l'autre de ces deux fourchettes. En termes de méthodologie, qu'a fait l'homme de marketing pour parvenir à ces conclusions ? Il a mené une étude sur le marché de son

200

produit, puis l'a découpé en tranches – en segments homogènes – en fonction de l'âge des lecteurs.

L'âge est un critère de segmentation qui lui servira, ensuite, de critère de sélection lorsqu'il utilisera sa base de données marketing, ou bien pour la location ou l'achat de ses futurs fichiers.

Il existe bien d'autres critères de segmentation. Lorsque l'on s'adresse aux particuliers, par exemple, le sexe et la CSP (la Catégorie SocioProfessionnelle dans le langage commun, que l'INSEE a depuis bien longtemps affiné par la PCS) viennent immédiatement à l'esprit.

Mais les critères les plus évidents ne sont pas nécessairement les plus opportuns. N'oubliez jamais que l'intuition et l'arbitraire n'ont de rôle à jouer en marketing qu'en tout dernier ressort, lorsque vous avez à choisir entre plusieurs options dont les implications sont comparables. Pour construire nos actions marketing, nous avons tous une tendance naturelle à nous orienter en direction des critères dits objectifs, comme le niveau de revenus, le type d'habitat, etc.. Ils donnent souvent de bons résultats, mais il n'est pas rare que ces derniers puissent être optimisés par le recours à des segmentations selon des caractéristiques plus fouillées.

201

2.1 Les différents critères de segmentation des particuliers

Très nombreux, ils sont réunis en grandes familles. Seuls les moins connus sont ici commentés.

Les critères géographiques :

- La région
- Le type d'habitat : rural/urbain, centre ville/banlieue...
- Les tranches d'agglomération : moins de 2 000 habitants, de 2 000 à 5 000 habitants...
- Le climat : septentrional/méridional, océanique/continental

Les critères socio-démographiques :

Ils sont souvent utilisés car ils sont étroitement liés à nombre de besoins et de comportements. De plus, ils sont faciles à obtenir et à quantifier.

- L'âge
- Le sexe

- La taille du foyer
- Le niveau d'études
- La CSP
- Le cycle de vie familiale : célibataire, marié, avec ou sans enfants...
- La nationalité
- La religion
- La race

Ces trois derniers critères illustrent parfaitement la distinction qu'il convient de faire entre les critères de segmentation et les fichiers marketing direct correspondants.

Par exemple, il peut être tout à fait pertinent de segmenter en fonction du critère couleur de la peau : les produits cosmétiques destinés aux femmes de couleur ne sont pas les mêmes que ceux fabriqués pour les européennes, tout comme ceux des brunes sont moins utilisés par les blondes. Or, il est **interdit** (la CNIL, la Commission Nationale Informatique et Libertés, y veille...) de créer des fichiers nominatifs à partir d'informations du type nationalité, religion, race, pour ne mentionner que ces critères là.

Comment faire alors pour toucher ces cibles de manière spécifique ? C'est là qu'entrent en jeu les informations comportementales : le fichier des Catholiques est interdit de constitution, mais si vous éditez un journal concurrent de La Croix, il y a peu de chances que ses lecteurs soient musulmans ou athées...

2.2 Les critères comportementaux

Ils concernent la relation des consommateurs avec le produit ou le service concerné, tant du point de vue de la connaissance et de la pratique qu'ils en ont que de leur attitude vis-à-vis de lui.

- La situation d'achat : occasions routinières, occasions inhabituelles...
- Les avantages recherchés : économie, sécurité, confort, esthétisme, ostentation...
- Le statut d'utilisateur : utilisateur régulier, premier utilisateur, ancien utilisateur, non-utilisateur.
- Le taux d'utilisation : petit, moyen ou gros utilisateur.

- L'attitude à l'égard du produit : ne le connaît pas, en connaît l'existence, est informé sur le produit, est intéressé par lui, est désireux de l'acquérir, a l'intention de l'acheter.
- La fidélité à la marque.
- L'attitude d'achat : le moyen de passation de commande utilisé.
- Les critères psychographiques : ils permettent d'interpréter ce que les critères géographiques et socio-démographiques ne permettent pas d'expliquer. Par exemple, des critères *a priori* objectifs comme le sexe, l'âge, la CSP ou le cycle de vie familiale ne justifient pas que certains consommateurs (de tous âges et de toutes conditions) passent leurs vacances dans un club (familial ou pour célibataires), où tout est organisé. *A contrario*, ceux qui fuient comme la peste ce type de loisirs n'ont pas un profil socio-démographique particulier.
- La classe sociale : classification INSEE A-B-C-D-E.
- Le style de vie : classification par le CCA, le Centre de Communication Avancée.
- La personnalité : indifférent, méfiant, confiant vis-à-vis d'autrui...

203

2.3 Les différents critères de segmentation des entreprises

En activité « business to business » (vente d'entreprises à entreprises), outre les critères géographiques vus précédemment, les sociétés ouvrent un champ de critères économiques supplémentaire :
- Activité principale (code NAF)
- Taille salariale
- Chiffre d'affaires
- Bénéfices
- Date de création
- Structure juridique
- Montant du capital (s'il existe)
- Nombre d'établissements secondaires...

Par ailleurs, il est un fait qu'avec la baisse des coûts de l'information et de sa mémorisation, de plus en plus de services Marketing sont en mesure de s'intéresser – à juste titre – aux composantes intra-personnelles du décideur avec lequel l'entreprise est en contact. Ainsi, un décideur dont la formation initiale est technique – en provenance d'une école d'ingénieurs, par exemple – n'aura vraisemblablement pas les mêmes réactions face à une argumentation de votre part qu'un ancien élève d'une école de commerce.

Toute stratégie puis action tactique de fidélisation tirera donc parti d'une approche plus précise de ce qu'est l'interlocuteur, plutôt que de se contenter de s'intéresser aux données uniquement liées à l'entreprise cliente. Moralité : tous les critères de segmentation vus précédemment sont également utilisables en « business to business ».

Finalement, tous ces critères peuvent être autant de rubriques dans votre Base de Données Marketing, qui vous permettent ensuite d'opérer des sélections pour diffuser des offres spécifiques ou construire des plans de fidélisation adaptés à chaque segment...

204

3 Gestion et utilisation des variables quantitatives et qualitatives

Les variables utilisées par la fidélisation sont de deux ordres :

- **les variables quantitatives**, qui s'intéressent au « **combien** » : combien tel client achète-t-il tel produit ? à quel prix ? combien de fois par an ? quel est son taux d'utilisation ? etc.
  Elles permettent aussi de mémoriser ses caractéristiques « techniques » : âge, revenus, etc.

- **les variables qualitatives**, qui tournent autour du « **pourquoi** » : quels aspects apprécie-t-il dans ce produit ? quels sont au contraire ceux qu'il abhorre ?
  Elles permettent également de désigner ses caractéristiques non quantifiables : hobbies, titres des publications professionnelles lues, etc.

Mais qu'elles soient quantitatives ou qualitatives, la vie est dure pour vos données, qui sont frappées d'un taux d'obsolescence moyen de 20 % par an. En d'autres termes, une information sur cinq devient alors inutilisable... Comment mettre à jour vos données ?

Et une fois ce travail effectué, à quelles utilisations peut-on dédier ces deux types de données ?

3.1 Comment mettre à jour vos données ?

La première démarche est bien sûr de poser directement vos questions aux personnes inscrites à votre fichier. Vous leur transmettez un questionnaire nominatif par courrier, par exemple. Certaines d'entre elles vous répondront spontanément. Elles seront d'autant plus nombreuses à le faire si un petit cadeau les attend en remerciement. Puis vous relancez par téléphone toutes celles qui ne vous ont pas répondu.

Cette approche est simple si, par la nature de votre activité, vous avez peu de clients. Elle se complique notablement dès lors que votre portefeuille totalise plusieurs milliers d'interlocuteurs à interviewer, avec les coûts et la structure que cela implique.

Plusieurs solutions économiquement viables existent néanmoins :

205

a) Diffusion systématique non-nominative d'un questionnaire

- vous diffusez un questionnaire non nominatif en même temps que les courriers qui sont habituellement expédiés à vos clients (factures, relevés de consommation, relevés de points de fidélité, journaux périodiques, etc.) ;
- vous opérez une distribution systématique dans les points de vente ou sur les lieux de passage de vos clients.

Vous aurez demandé aux clients répondant d'indiquer leurs coordonnées, éventuellement sous couvert d'un tirage au sort effectué parmi les questionnaires pour gagner un prix.

Mais identifier les « répondants » dans votre base de données, n'est pas chose aisée, car il suffit de la moindre variation de saisie entre l'adresse du répondant à votre questionnaire et celle déjà mémorisée dans votre base pour que l'ordinateur considère qu'il s'agit de quelqu'un qui lui est inconnu.

Prenons un exemple : l'adresse de l'un de vos clients habituels, la société Eteicos, a été saisie - donc mémorisée - ainsi dans votre fichier clients :

SOCIÉTÉ ETEICOS

4 RUE VICTOR HUGO

45000 ORLÉANS

Par ailleurs, ce client vient de répondre à votre questionnaire. Pour injecter ses réponses personnelles dans la base, vous commencez par ressortir sa fiche informatisée. Il faut donc l'identifier en tapant ses coordonnées. Imaginez qu'elles aient été ainsi saisies :

SOCIÉTÉ ETEICOS
4 RUE VICTOR-HUGO
45000 ORLÉANS

Pour l'ordinateur, ces deux adresses sont fondamentalement différentes, si vous lui demandez de vérifier point par point leur identité : le trait d'union de la seconde, absent de la première, joue ici le rôle du grain de sable dans le rouage d'une comparaison systématique. Tout comme l'auraient fait un « V. » à la place de Victor, une virgule après le « 4 », un « boulevard » remplaçant « rue », « Eteicos » ou « Sté Eteicos » à la place de « Société Eteicos », sans parler des boîtes postales, des noms de bâtiments, lieux-dits, etc.

206

Comment faire alors ? Tout simplement conserver, avant d'effectuer la comparaison, les éléments les moins susceptibles de varier d'une saisie à l'autre. Dans notre exemple, vous retiendrez les trois premières lettres du nom de la société, le numéro de la rue, les trois premières lettres du dernier mot du nom de la rue, les chiffres du département et les trois premières lettres du nom de la ville :

SOCIÉTÉ ETEICOS
4 RUE VICTOR-HUGO
45000 ORLÉANS

La clef correspondante – le « match-code » – est : ETE4HUG45ORL. Elle est calculée instantanément par l'ordinateur, qui n'a plus qu'à la comparer avec celles des autres prospects pour vérifier si un doublon existe. Simple à programmer dans tout bon Système de Gestion de Base de Données (SGBD) qui se respecte, le « match-codage » varie d'un type d'adresse à l'autre, pour tenir compte des particularismes (cedex, zones d'activité, villes nouvelles, etc.).

Établir un match-code sur toute l'adresse ne se justifie vraiment que lorsque votre activité génère un très grand nombre de clients (plusieurs centaines de milliers). Dans les autres cas – la majorité, en fait –, ce match-codage se cantonnera à amalgamer le nom de l'interlocuteur (ou de sa société) avec le code postal ou les six premiers chiffres de son numéro de téléphone...

b) Injecter des informations issues d'autres bases de données

Pour injecter du sang neuf dans vos fichiers qui s'appauvrissent, quels donneurs s'offrent à vous ?

1. Vous pouvez acheter un fichier auprès d'un broker – un courtier en fichiers – et retenir les informations complémentaires qu'il détient sur vos clients. Votre activité s'adresse aux SSII ? Il est fort possible qu'un spécialiste comme Bottin, avec son Bottin Informatique, détienne des informations qui vous intéressent sur vos clients, à un coût d'obtention inférieur à celui de votre propre questionnaire – auquel tous les destinataires ne répondront d'ailleurs pas – qu'il s'agit ensuite de saisir.

La plupart des brokers sont en mesure de vous proposer une prestation consistant à sélectionner uniquement les adresses qu'ils possèdent en commun avec votre propre fichier clients, grâce à la technique du match-code vue ci-dessus.

Certaines sociétés (Calitas, Consodata) possèdent même ce que l'on appelle des mégabases, d'énormes bases de données détenant de nombreux renseignements pointus sur plusieurs millions de consommateurs, suite aux déclarations spontanées de ces derniers. Si votre activité s'adresse au grand public, voilà une source d'informations à creuser.

2. Vous pouvez compiler des annuaires. Si vous optez pour cette solution, comment saisir les données ? Vous disposez de trois possibilités :

- vous pouvez toujours demander à un stagiaire pendant un mois qu'il saisisse toutes les informations !
  Si vous souhaitez recourir à la saisie manuelle en interne, vous êtes obligé de détacher un collaborateur dont l'activité principale n'est pas celle-là, ce qui est source de désorganisation et de démotivation. Sans compter le manque de rentabilité d'une telle solution...

- vous sous-traitez auprès d'une entreprise spécialisée, dont le tarif est dégressif en fonction du volume de données à saisir. Cette externalisation est en fait peu onéreuse car les prestataires ont affecté toutes leurs ressources (personnel qualifié, matériel

207

spécialisé, organisation) en fonction de ce besoin précis. Les délais sont également optimisés.

- vous recourez à l'OCR (Optical Character Recognition), la reconnaissance optique de caractères. Les progrès très nets réalisés par cette technique ces cinq dernières années en font un outil très fiable, rapide à mettre en œuvre, et très économique. Lorsque vous achetez un simple scanner moins de 1 000 FF HT, le fabricant vous offre souvent en prime un logiciel d'OCR, capable de lire 1 000 caractères par minute. L'idéal reste néanmoins de recourir aux produits phares du domaine, afin d'accélérer et de fiabiliser les résultats du traitement de vos documents papier. Un poste de travail de bon rapport investissement/puissance pourrait être le suivant :

  - un ordinateur avec 32 Mo minimum de mémoire RAM sous Windows 98. Le processeur et sa vitesse d'horloge sont relativement secondaires par rapport à la capacité en mémoire vive du matériel, car les logiciels d'OCR travaillent rapidement même avec un processeur antédiluvien, mais sont en revanche très gourmands en mémoire pour pouvoir traiter dans de bonnes conditions la photographie numérique de vos documents prise par le scanner ;

  - un scanner A4 à plat, 2 500 FF HT en moyenne - 381,12 euros -, capable de recevoir un introducteur chargeur d'originaux pour éviter de nombreuses manœuvres (comptez 1 600 à 2 000 FF HT pour cette option) - 243,91 à 304,89 euros. La couleur n'est d'aucun intérêt dans ce contexte : les numérisations se font en noir et blanc. Les grandes marques sont notamment Canon, Agfa, Hewlett-Packard, Epson, Logitech, Microtek, Primax...

  - un logiciel d'OCR : de bons produits sont livrés en standard avec les scanners de milieu de gamme, mais ce sont souvent des versions bridées - « light » - de logiciels plus performants tels que Omnipage Pro, Xerox TextBridge Professional, Caere, etc. Pour juger de l'opportunité de réaliser un investissement plus conséquent dans ce domaine (de 1 500 à 4 500 FF HT) - 288,67 à 686,02 euros -, commencez par utiliser le logiciel inclus avec votre achat, vous avez toutes les chances que ses performances vous suffisent pour une utilisation ponctuelle !

208

3.2 A quelles utilisations peut-on dédier ces deux types de données ?

Pour ce qui concerne les décisions stratégiques, nous avons vu les différentes informations vous permettant de segmenter votre marché.

Quant aux utilisations tactiques au sein de vos actions marketing ou commerciales, la meilleure illustration que nous puissions prendre est la personnalisation de votre communication grâce aux renseignements que vous possédez sur chacun de vos clients.

A ce titre, le marketing direct en est le meilleur exemple. La personnalisation en marketing direct consiste à utiliser les données au sein des textes de vos mailings et de vos argumentaires téléphoniques, pour les rendre plus attractifs, donc plus efficaces.

Pourquoi une argumentation fonctionne-t-elle mieux avec l'artifice de la personnalisation ?

209

D'une part, parce qu'elle vous permet de faire comprendre à votre client – que vous savez qui il est et, ce faisant, que vous connaissez ses besoins, ses habitudes, ses comportements, ce qu'il consomme, etc.

Cette « preuve » est valorisante et rassurante pour lui, et vous différencie de vos concurrents qui ne le connaissent pas aussi bien.

D'autre part, car cela rend unique et étroite la relation qui vous lie au lecteur, lui qui aime tant qu'on parle de sa personne... comme chacun d'entre nous ! Même avec très peu d'informations, vous pouvez créer ce contact primordial qui permet d'optimiser vos résultats.

Le nombre d'utilisations possibles des informations liées à votre base de données est infini. Pour l'illustrer, prenons trois exemples, trois pistes de personnalisation de votre communication dans un cadre précis : la réactivation de clientèle.

a) Piste de personnalisation n° 1 : utilisez l'adresse

L'adresse se réduit le plus souvent, pour un particulier par exemple, à ces quelques pauvres données : nom de la personne, voie, code postal, ville. « Pauvres » ? Pas tant que cela. Que pourriez-vous bien en faire ?

Quels que soient votre offre et votre activité, vous possédez au moins cinq points de personnalisation avec l'adresse suivante :

Bertrand Grangier, 138 avenue de l'Oise, 95300 Pontoise.

Voici une solution parmi d'autres, ici dans le cadre d'une opération de réactivation de clientèle. Les mots **en gras** correspondent aux **zones variables de personnalisation.**

*Cher Monsieur **Grangier**,*

*Vous qui avez la chance d'habiter **Pontoise**, vous aimez prendre le temps de vous détendre. Or, nous avons créé un véritable centre de loisirs, proche de chez vous.*

*Tous nos clients habitant dans le quartier de **l'avenue de l'Oise** ont renouvelé leur adhésion, mais aucune réponse ne nous est parvenue en provenance du **138**.*

__Bertrand__, peut-être vous dites-vous que vous n'avez plus de temps à consacrer aux loisirs ?

210

*Pourtant, en dehors du département **95**, nombreux sont ceux qui, à travers la France, profitent de nos différents centres de loisirs...*

b) Piste de personnalisation n° 2 : expédiez à une date spécifique

Cette technique réside en l'expédition à tous les clients du même courrier, avec la même argumentation. Seule la date d'expédition fait la différence : un anniversaire, une fête (nationale ou personnelle), mais aussi un événement dans votre liaison avec votre client (récence ou contenu de la dernière commande, retour de celle-ci, etc.).

Par exemple, vous demandez à votre gestionnaire de base de données d'extraire, chaque jour, tous les clients qui n'ont pas passé commande depuis six mois exactement. Vous leur expédiez alors un courrier de réactivation en jouant sur leurs « scrupules » et en les amenant à vous écrire grâce au bon de commande qui possède également, pour l'occasion, une partie « correspondance ». Voici le texte qu'il pourrait comporter :

« Chère Cliente,

Vous faites partie de nos meilleures clientes et à notre grande surprise, vous ne nous avez pas écrit depuis six mois !

En faisant préparer votre paquet, nous y avions joint un petit cadeau en remerciement de votre fidélité...

C'est pourquoi nous nous interrogeons sur les raisons qui vous ont poussée à ne plus nous contacter ! Peut-être avez-vous été déçue, pour un motif que nous ignorons, par l'un de nos produits ?

Si tel était le cas, voulez-vous nous renvoyer le coupon-correspondance ci-joint. En effet, seule votre précieuse collaboration nous permettra de...»

c) Piste de personnalisation n° 3 : jouez sur un renseignement exclusif

Votre mailing envoyé à un décideur d'entreprise a les plus grandes chances d'être perdu dans la masse si vous ne possédez aucun renseignement sur sa personne : il reçoit déjà tellement de courriers commerciaux... Il ne suffit pas d'avoir déjà été son fournisseur pour attirer efficacement son attention.

211

Pourtant, il suffit parfois de bien peu : une unique information supplémentaire, que vos concurrents ne possèdent pas, vous permet, dès la première phrase, voire dès l'accroche de votre lettre et de votre enveloppe porteuse, de vous différencier.

Imaginez que vous proposiez des stages de formation professionnelle continue, et que vous ayez demandé à vos anciens stagiaires le niveau, l'année et le lieu de leurs d'études.

Du coup, vous connaissez la filière que chacun a suivie, ainsi que l'année à laquelle le décideur a été diplômé, et vous pouvez en tirer des conclusions « probabilistes » sur son âge, à plus ou moins deux ans près. Or, à chaque tranche d'âge correspondent des aspirations et des mises au point personnelles et professionnelles ; à vous de proposer un extrait de votre catalogue de formation en fonction de ces informations, par exemple à ceux qui ont obtenu leur diplôme depuis cinq à sept ans. Le début de la lettre pourrait être :

« Cher Stagiaire,

Vous êtes diplômé de l'École Supérieure de Commerce de Narbeau depuis <année de promotion>.

Vous estimez peut-être qu'il est temps pour vous de faire le point : vous désirez approfondir certaines disciplines et connaissances afin de mieux exercer vos responsabilités...»

N'hésitez pas à recourir simultanément à plusieurs des techniques évoquées ci-dessus. Ainsi, la pseudo-personnalisation par la date (piste de personnalisation n° 2) peut se doubler d'une personnalisation bien réelle, cette fois, à base de zones variables, pour une meilleure efficacité. Ainsi, La Redoute calcula le jour de naissance de ses clientes (Mme X, vous êtes née un lundi...), le jour de l'anniversaire à venir (...et votre anniversaire tombera un samedi !) avant de communiquer sur le cadeau offert à cette occasion (une boîte de bonbons de marque).

Nous nous sommes ici cantonnés à une seule approche : la réactivation de clientèle par marketing direct, avec peu d'informations disponibles. Imaginez la richesse de possibilités que vous offre une base de données face à tous les objectifs, supports et renseignements dont vous disposez dans votre propre contexte...

212

Conclusion

L'avenir de la fidélisation

1 Avantages et inconvénients de la fidélisation

1.1 Principaux avantages de la fidélisation

L'étude de nombreux cas d'entreprises nous a permis de réaliser que les effets positifs de la fidélisation sur la santé de l'entreprise ne se cantonnaient pas à la simple **valorisation du Capital Clients**.

C'est pourquoi, sans pour autant rechercher l'exhaustivité, nous vous proposons d'inscrire au tableau d'honneur de la fidélisation les bons points suivants :

Vers une mesure précise du Retour sur Investissement

La gestion stratégique de l'information Clients *via* des Bases de Données intelligentes permet d'évaluer l'impact des actions ou campagnes de fidélisation sur les ventes avec une précision croissante.

Néanmoins, ce type de R.O.I. (return on investment), n'est possible que sur le moyen terme, puisque la fidélisation nécessite la pérennité du dialogue entre la marque et le consommateur.

La valorisation de l'entreprise au service du client et de l'actionnaire

La Customer Loyalty, de même que la Satisfaction Clients, sont des éléments stratégiques qui figurent de plus en plus dans les rapports annuels des sociétés américaines. Le taux de fidélité et la Customer Value sont de plus en plus considérés comme des éléments d'appréciation de la valeur boursière des entreprises.

Par conséquent, si la fidélisation est rentable, elle est appelée à devenir un outil très puissant au service des entreprises qui privilégient la « shareholder value », comme quoi les intérêts du Client et de l'actionnaire ne sont guère antinomiques.

Culture et projet d'entreprise

Toute stratégie de fidélisation nécessite l'implication des équipes de back, front et middle offices afin de mettre en œuvre tous les moyens nécessaires à la satisfaction des clients, et ce, dans la grande consommation comme pour les activités Business to Business.

214 De ce fait, la fidélisation permet un gain de cohérence en favorisant **l'effet de « levier identitaire »** inhérent à une plus grande mobilisation autour de la Relation Clients.

Charge aux Dirigeants d'y impliquer systématiquement et sur le long terme, leurs équipes *via* une communication interne adaptée.

La mise en œuvre d'une politique de fidélisation véritable – et non pas superficielle ou purement ostentatoire –, peut donner naissance à **un projet d'entreprise fort** en associant les salariés à la progression de l'entreprise.

Tel est l'esprit de la fidélisation pratiquée chez Nortel Networks (Cf. chapitre 5), mais aussi comme nous le verrons plus loin, chez PepsiCo, où les équipes sont aussi importantes que les Clients (distributeurs), les consommateurs finaux et les actionnaires.

Visibilité et fidélité

Plus le taux de fidélité est important, plus les outils de Customer Value Measurement sont précis, efficaces, plus la Satisfaction Clients est importante, plus les dirigeants disposent de temps pour infléchir leur management.

La fidélisation repose en effet sur un **système prédictif**, évolutif en temps réel qui confère une réelle visibilité sur le marché.

D'ailleurs l'instauration d'un dialogue riche et formalisé entre la marque et les clients est un moyen évident de nourrir la **Veille Marketing**, de disposer d'une **vision panoramique** et complète du marché *via* l'analyse des données Clients (Source : «*Audit et gestion stratégique de l'information*» – Pierre Morgat, Éditions d'Organisation –1995).

En conséquence, la fidélisation est **un facteur incontournable de réduction des risques** pour l'entreprise.

La « contagion » positive

La fidélisation reposant souvent sur des techniques héritées du Marketing Direct a pu, à tort, faire peur à des dirigeants de secteurs d'activité assez conservateurs en termes de communication.

C'est pourquoi, notamment dans l'univers des parfums et du Luxe, afin d'éviter une trop grande « rupture culturelle », a-t-on testé assez timidement les outils de fidélisation.

Un produit « test », puis toute la gamme de produits, et enfin la marque, l'entreprise devient fidélisante progressivement, en observant les effets bénéfiques de la fidélisation !

215

Fidélisation et partenariats

Les entreprises ont souvent du mal a offrir des « primes » convaincantes pour récompenser la fidélité de leurs meilleurs clients. Ainsi, tout en s'attachant à conserver une grande cohérence avec le métier de l'entreprise, s'agit-il de mettre en œuvre des partenariats intelligents pour satisfaire les clients fidèles.

Cette évolution particulièrement marquée dans les industries ou services destinés au grand public, donne lieu à de nombreuses opérations de fidélisation par **cobranding**.

Outre la complémentarité que peuvent avoir certaines marques sur des cibles communes, les coûts, de même que les risques, sont partagés.

1.2 Les limites de la fidélisation

La nécessité d'un investissement à long terme

La fidélisation est à la mode, de sorte que certains ont cru à un nouvel Eldorado en investissant massivement sur des outils, sans construction stratégique préalable, sans prévoir les moyens *ad hoc* et surtout sans chercher à produire un effort sur la durée.

Mais ne fidélise pas qui veut, car, nombreuses sont les entreprises qui ont été dépassées par le succès d'un Club de Clientèle devenant ainsi un centre de coûts et non de profits.

De même, la fidélité est liée à une **analyse multifacteurs** qui rend délicate l'attribution des bénéfices à la seule politique de fidélisation.

De ce fait, même si le retour sur investissement est mesurable, il peut se révéler imprécis. Ainsi, les différentes interviews réalisées mettent en lumière **l'importance du facteur temps dans le calcul de rentabilité de la fidélisation**.

PepsiCo France tout comme Nortel Networks mise sur des stratégies à long terme pour pérenniser leur politique de fidélisation et mieux discerner le véritable retour sur investissement.

216

Donc, lorsqu'une politique est clairement établie, que les programmes de fidélisation sont rodés, Xavier Lucron nous a clairement démontré que l'on pouvait évaluer avec une grande précision la Life Time Value des clients sur la base de données statistiques précises et vérifiées *in vivo* !

Les limites structurelles de la fidélisation

Certains produits ou services se prêtent peu à des investissements majeurs tournés vers la fidélisation.

Les raisons en sont structurelles et clairement identifiées. Ainsi, un bien dont le besoin n'est pas ou peu renouvelable, ne conduit pas au réachat et n'est donc pas sujet à fidélisation.

Comme nous l'avons souligné, le **cycle de vie des produits** doit impérativement être pris en compte pour s'assurer que les clients sont fidélisables, ou plus exactement que le produit est « fidélisant ».

Un fabricant de pansements peut plus facilement fidéliser les professionnels de la Santé en tant que prescripteurs que les patients dont les « bobos » sont accidentels et - souhaitons-le - non récurrents.

Pour se prêter à la fidélisation, un produit ou service doit correspondre à un **besoin renouvelable**.

En outre, les produits à **faibles marges** n'offrent que peu de latitude pour développer de réelles stratégies de fidélisation personnalisées. Dans ce cas de figure, plus que les consommateurs finaux, ce sont les distributeurs qui sont fidélisés par les fabricants.

Distinguer l'acheteur et le consommateur : le cas du produit offert

Les produits qui ne sont pas utilisés ou consommés par l'acheteur, représentent un réel casse-tête pour les spécialistes du Marketing.

- Quel est le consommateur final ?
- Comment le « localiser » pour communiquer ?
- Comment apprécier ses attentes pour mieux le fidéliser ?
- Qui doit-on remercier pour sa fidélité ?

Même si ces questions peuvent trouver des réponses partielles, encore faut-il « pister » l'utilisateur final et lui donner les moyens de se signaler pour s'assurer un minimum de traçabilité.

C'est ce que font, entre autres, des groupes tels que Clarins avec l'insertion d'« in packs » dans les packagings de leurs parfums et produits de beauté.

217

Les limites « culturelles » de la fidélisation

Les barrières « psychologiques » qui entraînent certains décideurs à marquer une réelle défiance à l'égard des techniques de communication issues du marketing direct disparaissent peu à peu.

Le Luxe était encore récemment à la traîne quant à l'utilisation du marketing opérationnel, mais ce retard semble s'amenuiser avec des réussites aussi flagrantes qu'Angel de Thierry Mugler.

Ceci étant la culture « client » n'est pas innée et nécessite l'adhésion et l'implication de toutes les équipes.

2 Perspectives d'évolution de la fidélisation

2.1 L'importance de la stratégie

Etre leader n'est possible que si l'on fidélise mieux que ses challengers, sans quoi les clients migrent progressivement à la concurrence.

Or, la fidélisation est une **construction à long terme** dont la réussite est subordonnée à l'élaboration et à la mise en œuvre d'une stratégie forte, claire, formalisée.

Il n'existe pas qu'un seul type de stratégie de fidélisation, comme nous avons pu l'illustrer avec maintes études de cas d'entreprises dans la première partie. Fidéliser par les services, par l'événementiel ou encore par le co-branding sont quelques exemples de stratégies qui ont fait leurs preuves.

En cela, il ne faut pas céder à la mode des outils de fidélisation dont la seule existence semble justifier l'absence de réelle stratégie. Vous ne construirez pas la fidélité avec en tout et pour tout un consumer magazine.

2.2 Vers le marketing « participatif »

Serait-il prétentieux ou péremptoire que d'affirmer que le Marketing de demain sera « participatif » ou ne sera pas ?

Nullement si l'on part du postulat que la fidélisation est totalement tributaire de la Connaissance Clients et que, par voie de conséquence, associer ses meilleurs clients au développement de nouveaux produits ou services est un formidable vecteur d'anticipation des besoins émergents.

218

Une fois encore, on peut citer l'exemple du groupe Clarins qui a sélectionné une vingtaine de ses clientes issues du « cercle Angel » pour concevoir et tester sa nouvelle gamme de produits de soins.

2.3 L'informatique décisionnelle est-elle intelligente ?

Cette question cède, il est vrai, à la provocation, néanmoins, à chaque avancée de l'informatique, les propos sont dithyrambiques et le terme de « révolution » est usité sans vergogne.

Aussi, à force de crier au loup, est-il difficilement concevable de croire en l'avènement maintes fois annoncé de l'informatique intelligente.

Et pourtant, sans faire preuve d'une bonne volonté démesurée, lorsque certains logiciels d'aide à la décision sont simples d'utilisation, intelligibles et efficaces, on serait tenté de croire que l'informatique intelligente est née.

Telle est la conviction que l'on peut se forger au vu de produits développés par de jeunes entreprises High-Tech telles que ISO (Intelligent Sales Objects).

En effet, plus que jamais, l'analyse approfondie des informations concernant le consommateur/client est vitale, en temps réel, avec la possibilité de comparaisons historiques et multicritères.

Or, le logiciel ISObjects a l'originalité de combiner les fonctions de gestion de la Force de Vente et d'aide à la décision (extraction, entrepôt de données, analyses, requêtes, rapports, tableaux de bord…).

L'intelligence artificielle permet donc de détecter les clients à fort potentiel et d'affiner ainsi le ciblage des campagnes de fidélisation en procédant à une allocation des ressources marketing optimale.

2.4 L'interdépendance des outils de fidélisation

Face à la pléthore des programmes, choisir un unique outil pour fidéliser relève de l'utopie, au sens où la multiplicité des occasions de dialogue avec les clients n'est possible qu'avec le renouvellement des prétextes, mais aussi des supports ou outils de communication.

Ainsi, un Club fait-il appel à tous les outils de fidélisation ou presque : **219**

- cartes
- consumers magazines
- primes et incentives
- call centers
- création d'événements
- welcome packs
  …

De même, les cartes de fidélité sont souvent associées aux mailings, consumers magazines, primes, etc.

Cette interdépendance des outils de fidélisation constitue une évolution logique dans le cadre de la gestion des relations Clients et va s'accentuer avec la multiplication des programmes de fidélisation dans tous les secteurs d'activité, quelle que soit la taille de l'entreprise.

2.5 Le bouleversement de la distribution et la fidélisation

La nécessité de fidéliser participe aux évolutions notoires que connaissent les rapports Fabricants / Distributeurs, puisque les enseignes ont par définition le privilège de gérer en direct les contacts entre un produit, une marque et ses consommateurs.

De ce fait, les marques leaders entretiennent des partenariats avec les enseignes afin de bénéficier d'une partie des données Clients.

Mais plutôt que de laisser l'exclusivité de cette manne d'informations stratégiques aux distributeurs, les fabricants déploient tous les moyens possibles pour instaurer un dialogue direct avec leurs clients :

- in-packs
- jeux-concours
- animations sur le lieu de vente
- sponsoring d'événements sportifs ou culturels
- numéros verts
- hot line ou Service Consommateurs
- co-branding…

220

Tous les prétextes sont bons pour développer la Connaissance Clients et, de ce fait, disposer d'informations aidant à élaborer une stratégie de fidélisation adaptée.

Les nouvelles technologies, telles qu'Internet offrent de conséquentes opportunités pour les fabricants comme les distributeurs. Les premiers sont tentés de créer des services de distribution directe en ligne.

A ce titre, comme nous l'avons vu avec le lancement de la Ford Focus, le Web Marketing va s'avérer très utile pour segmenter la clientèle, l'informer, la sensibiliser et, *in fine*, la fidéliser.

Les distributeurs créent pour leur part des boutiques on line, et ce notamment pour offrir un nouveau biais de commercialisation à leurs clients fidèles, et ouvrir leurs rayons à de nouveaux types de produits.

L'ouverture prochaine (officielle) du commerce des automobiles neuves à la grande distribution augure la multiplication des offensives autour de la fidélisation des clients, que ce soit dans les grandes surfaces ou sur le Net.

A ce stade, nous avons choisi d'illustrer une bonne part des bouleversements induits par le besoin de fidéliser dans les rapports Fabricants / Distributeurs par le biais de **l'interview de Charles Bouaziz, Directeur Général de PepsiCo France**.

Compte tenu de la richesse des analyses qui nous furent offertes par Charles Bouaziz, nous vous livrons ses réflexions sans transition inutile :

Pepsi fidélise distributeurs et consommateurs
Interview de Charles Bouaziz, Directeur Général de PepsiCo France

Question 1

Comment présenter brièvement PepsiCo, son marché et son environnement concurrentiel ?

Charles Bouaziz

« Créée en 1991, avec 7 personnes et un chiffre d'affaires de 100 millions de francs, PepsiCo en France a connu une croissance rare avec aujourd'hui 410 personnes et 2 milliards de CA, 5 sites de production boissons gazeuses en sous-traitance et un site dédié à Tropicana, ainsi que plusieurs sites snacks salés européens, soit au total environ 800 emplois directs.

Le marché des boissons gazeuses est très spécifique, en forte croissance. La France y offre des perspectives de développement importantes, puisque l'on observe une sous-consommation par rapport au marché européen.

La marque dominante est Coca-Cola avec, phénomène atypique sur ce type de marché, un fort taux de fidélité et de consommateurs exclusifs.

Ceci est dû à un fort attachement à la marque et également à la disponibilité de la marque Coca-Cola.

Cette disponibilité hors du commun est inhérente au système logistique en partie intégré de Coca dit de « route to market », et ne l'oublions pas, à une force de vente de près de 800 personnes.

Autre fait caractéristique pour les boissons gazeuses, la Restauration Hors Domicile est un marché d'exclusivité, car les enseignes, faisant face au duopole PepsiCo versus Coca-Cola, référencent en général une seule des deux marques dominantes.

Enfin, pour ce qui est de son organisation, PepsiCo, avec plus de 22 milliards de dollars de CA en 1998, comprend trois grandes divisions au niveau mondial que sont respectivement :

- *les boissons gazeuses, soit 45 % du CA*
- *les produits de type snack chips, soit 45 % du CA*
- *le jus Tropicana racheté en 1998, soit 10 % du CA »*

221

Question 2

La fidélisation fait-elle partie des priorités stratégiques de Pepsi ? Avez-vous mis en œuvre une véritable **stratégie** de fidélisation ? Quels en sont les **grands axes** ?

Charles Bouaziz

« La problématique de la fidélisation sur le marché des boissons gazeuses est peu comparable à celle que l'on peut par exemple rencontrer sur le marché de la téléphonie mobile.

En effet, notre marché est également en forte croissance, mais les principaux objectifs de notre stratégie sont les suivants :

- *accroître le taux de pénétration de PepsiCo,*
- *augmenter la quantité achetée par nombre d'acheteurs.*

La sous-consommation par foyer des boissons gazeuses du marché français par rapport aux marchés européen et plus encore nord américain, augure un fort potentiel de développement en France.

A titre d'exemple, la Grande-Bretagne présente le même taux de pénétration que PepsiCo France, néanmoins le volume d'achat, la quantité achetée, le « taux de nourriture » au sens des indicateurs Secodip, y sont plus élevés.

Quant à augmenter le nombre de foyers consommateurs, il s'agit de conquête. C'est ce que nous avons fait par exemple en innovant avec PepsiMax, produit qui a beaucoup contribué à la croissance du marché, puisque 40 % de ses consommateurs n'étaient pas des buveurs de softs gazeux.

Mais ce type d'innovation est coûteux et ne peut être amorti que si nous fidélisons nos clients et consommateurs.

Par conséquent, pour PepsiCo, la fidélisation est vitale face à un Coca dont le taux de consommateurs « exclusifs » est élevé.

Ceci étant, les consommateurs « exclusifs » Coca-Cola boivent en moyenne moins en volume que les buveurs de PepsiMax (cola sans sucre) qui sont les plus gros consommateurs de cola.

En bref, notre stratégie de fidélisation s'organise autour de nos clients que sont les circuits de distribution des enseignes alimentaires et de Restauration Hors Domicile telles que Casino ou encore Pizza Hut.

En parallèle, quel que soit l'endroit, nous mettons en œuvre tous les moyens nécessaires afin d'être en contact avec nos consommateurs.

Pour ce faire, nous travaillons beaucoup sur notre Base De Données et nos fichiers consommateurs, lesquels sont nourris par toutes nos opérations de promotion, les coupons-réponses, les demandes de documentation et notre Service-Clients.

De plus, nous procédons à l'achat de fichiers comportementaux de buveurs de cola issus, notamment, d'enquêtes omnibus. »

Question 3

Le **client** est de plus en plus considéré comme étant **un « actif stratégique »**. Partagez-vous cette analyse et pensez-vous que le Capital-Client puisse être évalué, valorisé ?

Vos analystes financiers ont-ils procédé à une telle évaluation ?

Charles Bouaziz

« La valorisation première de PepsiCo se fait en Bourse. Bien sûr, le Client est pour nous un actif stratégique vital, mais nous ne procédons pas à une telle évaluation.

Les valeurs premières de PepsiCo reposent sur un système auto-pondéré où chacun revêt une importance égale :

- *le consommateur final ou « consumer »*
- *le distributeur client ou « customer »*
- *les équipes de PepsiCo*
- *les actionnaires ou « shareholders »*

Tels sont nos « actifs stratégiques » et les acteurs sur lesquels PepsiCo a fondé son développement.

Ainsi, tous les employés de PepsiCo bénéficient de stock options représentant 10 % de leur salaire. Ce système motive les employés fidélisés à créer de la « shareholder value » en mettant tout en œuvre pour satisfaire les enseignes clientes, et par voie de conséquence, le consommateur final. »

Question 4

Pour fidéliser ses clients, il importe de les connaître, d'identifier leurs besoins, d'anticiper les évolutions de leurs attentes.

Les produits de PepsiCo sont commercialisés par différents circuits de distribution. De ce fait, vous n'avez pas une connaissance directe de vos clients.

Comment compensez-vous cette **distance « physique » entre la marque et vos consommateurs ?**

Charles Bouaziz

« Nous ne sommes pas « éloignés » de nos consommateurs, bien au contraire.

Aussi bien pour ce qui concerne la grande distribution que pour la Restauration Hors Domicile, nous disposons d'une part d'outils « froids », d'études spécifiques, avec un système de tracking, de perception de la marque et des habitudes des consommateurs.

Notre force de vente nous permet, en continu, de disposer d'informations précises collectées par les distributeurs.

Les animateurs de PepsiCo sont, pour leur part, en contact direct avec les consommateurs.

Enfin, avec la Restauration Hors Domicile, nous bénéficions de données précieuses concernant la consommation immédiate.

Ce dialogue direct avec nos consommateurs ne souffre que d'une seule limite : l'accès au marché. Le déréférencement éventuel de nos produits est le reflet du poids considérable de la distribution.

Nos différents partenariats, notamment avec Nike, le Pepsiday Camp, le Beach Rugby Tour avec la Fédération Française de Rugby, le Lacanau Pro ou encore le Raid Action Man 99, nos tournées de

223

ville en ville dans toute la France, sont autant d'opportunités pour PepsiCo de rencontrer nos consommateurs.

En outre, le développement du Web avec notre site generationext.tm.fr, même si sa fréquentation est encore modeste, offre un potentiel non négligeable de développement.

Il s'agit pour l'instant d'un média très ciblé, dont l'usage s'élargit progressivement aux nouvelles générations. »

224

Question 5

Ne pensez-vous pas que les différents circuits de distribution de détail disposent d'une meilleure connaissance de leurs clients et par voie de conséquence de vos consommateurs ?

Est-il donc nécessaire pour **Pep-siCo** de **renforcer ses liens**, ses collaborations **avec la grande distribution afin de mieux identifier les attentes des consommateurs** ?

Charles Bouaziz

« La distribution dispose en général de très nombreuses données concernant les consommateurs ; ces données étant parfois sous-exploitées.

Cette manne d'informations représente pour PepsiCo une véritable opportunité d'optimiser sa connaissance Clients. Les distributeurs n'ont souvent pas les outils et ressources pour gérer et exploiter de tels volumes de don-

nées pour chaque catégorie de produits.

Or, PepsiCo a élaboré et mis en œuvre des outils et méthodes d'analyse très efficaces.

Nous disposons d'un accès à l'information particulier en réalisant des tests avec des enseignes partenaires, lesquelles nous confient l'analyse des données issues du scanning.

Notre support en « category management » est essentiel pour les distributeurs. En effet, ceux-ci choisissent souvent un leader comme « category captain ». Pepsi doit apporter plus de services afin de procéder à l'analyse marketing des données collectées et pouvoir ainsi progresser dans la connaissance de ce segment avec ses clients.

Cette démarche est inspirée des méthodes élaborées aux États-Unis et démarre en France. »

Question 6

LVMH dans le Luxe a adopté une position atypique en étant à la fois **producteur et distributeur**. Ainsi, LVMH devrait se rapprocher de ses clients, mais aussi des clients de ses concurrents *via* la distribution.

Le **couplage Production / Distribution est-il concevable pour les marchés couverts par Pepsi Co** ?

Charles Bouaziz

« La démarche du groupe LVMH dans l'univers du Luxe n'est pas

souhaitable pour des produits de grande consommation tels que Pepsi et ce pour trois raisons principales :

– Tout d'abord ceci entraîne un risque de fermeture partielle de la grande distribution à nos marques et peut constituer un frein à notre croissance, car nous les concurrencerions.

– Ensuite, la distribution est caractérisée par de faibles retours sur investissements et implique de forts investissements en capital.

– Enfin, alors que nous savons vendre des produits, les distributeurs, eux, savent vendre un service.

D'ailleurs en 1997, le groupe PepsiCo était à la fois producteur et distributeur puisque propriétaire de trois chaînes de Restauration Hors Domicile que sont Pizza Hut, Kentucky Fried Chicken et Taco Bell.

PepsiCo était alors N° 1 mondial en nombre de restaurants avec près de 12 milliards de dollars de CA dans son activité Restaurants.

Depuis 1997, PepsiCo s'est séparé de ses trois enseignes, lesquelles constituent une entreprise indépendante, TRICON, qui fonctionne très bien et nous a permis de nous recentrer sur les produits de grande consommation. »

Question 7

Procéder à une meilleure allocation des investissements en com-

munication permet de valoriser le Capital-Client, en se concentrant sur les clients les plus rentables.

Vos clients se comptent par millions, comment segmentez-vous votre clientèle afin notamment d'identifier les hauts potentiels ?

Charles Bouaziz

« Nous mesurons notre rentabilité par client ou « customer », c'est-à-dire par enseigne de distribution.

La segmentation est faite autour de nos clients, puisque nous disposons d'un compte d'exploitation par enseigne.

225

Plus ces enseignes sont à même d'accroître nos ventes auprès du consommateur final, plus nous pouvons nous investir dans des partenariats visant à accroître nos ventes et donc leur ventes dans les catégories softs gazeux ou snacks, et cela, même si notre part de marché par enseigne peut être différente de notre part de marché nationale. »

Question 8

Bon nombre d'entreprises confondent les outils, les programmes, avec la stratégie de fidélisation. Ainsi, l'outil prime-t-il trop souvent sur la stratégie et l'efficacité de certaines campagnes de fidélisation n'est pas toujours avérée, si ce n'est mesurable.

Le **retour sur investissement** de vos campagnes de fidélisation est-il mesurable ?

Charles Bouaziz

« *Le retour sur investissement chez PepsiCo est tangible, concret, car toutes nos actions sont très formalisées, de sorte qu'à chaque recommandation sont fixés des objectifs, lesquels sont soumis à une post-évaluation, et donc à une mesure d'efficacité.*

PepsiCo fonctionne sur la base de plans à 3 ans, ainsi qu'un plan annuel. Ceci nous offre la latitude de procéder régulièrement à des réajustements stratégiques ou tactiques. »

226

Question 9

Les industries de grande consommation à l'instar de marques mondiales telles que Sony (Playstation) ou McDonald's, ont créé des « **consumers magazines** » très

élaborés, devenus, pour certains, de véritables phénomènes de société.

Quelle est la **politique de PepsiCo** en matière de magazines pour consommateurs ?

Charles Bouaziz

« *Avec Generationext, nous avons expérimenté l'édition de magazines vendus en kiosque dans lesquels la marque PepsiCo apparaît en filigranes. Il y a eu quatre itérations de ce magazine pour jeunes dont la thématique principale était la musique.*

Ceci étant dit, la vente en kiosque ne nous rapproche pas vraiment de nos consommateurs. Par conséquent, cette expérience n'a pas produit de sens ! »

2.6 Du SAV au service consommateurs

Loin d'être négligeable, cette évolution est particulièrement marquante chez les fabricants de biens d'équipements ménagers, lesquels ont saisi l'opportunité de transformer leurs SAV en véritables services consommateurs, call center à l'appui.

La démarche adoptée par les grands groupes d'électroménager tels que Whirlpool, Electrolux ou Moulinex est on ne peut plus fructueuse, puisqu'elle consiste à transformer les appels téléphoniques arrivant au call center dédié au service clientèle, en actes d'achat, dans par exemple, 57 % des cas, chez Whirlpool (*Les Échos Management* - 17 mars 1998).

Par conséquent, les enjeux sont considérables, puisque, au lieu de laisser à la distribution le contrôle des fichiers clients issus du SAV, les Services

Consommateurs sont des prescripteurs actifs des produits de la marque.

Alors que les SAV contrôlés par la distribution peuvent se contenter du SAV *stricto sensu* sans avoir force de prescription.

Dans le cas contraire, les enseignes peuvent prescrire les marques de leur choix, et donc souvent celles leur offrant le plus de marges.

En outre, si une marque est déréférencée en linéaires, il y a fort à parier que le SAV du distributeur va inciter le consommateur à acheter d'autres marques.

L'interview de Charles Bouaziz, Directeur Général de PepsiCo France a mis en lumière la nécessaire collaboration des enseignes avec les leaders par catégorie de produit dans la distribution alimentaire (Category Captain).

227

La complexité des données qualitatives et quantitatives traitées nécessite souvent une mise en commun des outils de traitement de l'information, de l'expérience conjointe des fabricants et distributeurs.

2.7 Les charmes de la fidélisation on line ou les « 5 w »

La fidélisation en ligne répond aux mêmes règles essentielles que la fidélisation off line, néanmoins elle offre quelques avantages indéniables propres à l'e-marketing.

Ces avantages peuvent se résumer par la formule suivante :

Fidéliser en ligne = wwwww ou les « 5 w »

Who : le Net permet d'identifier et de suivre les meilleurs Clients

Les clients à haut potentiel, de par leur comportement d'achat en ligne, sont identifiés et peuvent être associés à un programme de fidélisation on ou off line.

When : les horaires et périodes de visite Clients

Le cyber-biorythme des internautes découle naturellement de tous les outils de tracking et de gestion des contacts des sites Web.

Vous savez ainsi quand communiquer efficacement auprès de vos meilleurs clients.

What : identifier les produits à fort potentiel

Les produits ou services qui intéressent le plus vos clients sont identifiables par les données quantitatives (trafic, comportement d'achat…) et qualitatives (questions en ligne, emails, données déclaratives…).

Where : où toucher vos clients sur la toile

Que ce soit sur votre site ou dans ceux de vos partenaires, les outils on line d'analyse Clients vous permettent de retracer le parcours minuté des internautes. En cela, le Net est un formidable outil de Connaissance Clients.

Why : quelles sont leurs motivations d'achat

Les facteurs qualitatifs sont fondamentaux pour mieux cerner les besoins de vos clients. Or, les questionnaires d'études ou encore les baromètres de satisfaction en ligne sont très performants et moins coûteux que leurs équivalents off line.

A ce titre, le Web vous offre une grande palette de prétextes et d'outils pour comprendre les motivations d'achat de vos clients.

228

La RATP optimise son information voyageurs avec ParisTrafic et le SMS

Interview de Florence Roche, RATP, Chef de produit PARISTRAFIC au Département Commercial, unité Information Multimédia

Question 1

Combien de voyageurs sont-ils concernés chaque jour ?

La RATP assure 9 millions de voyages par jour.

Quelles sont les zones concernées ?
Combien de kilomètres de voies sont-ils opérationnels ?
de stations desservies ?

L'offre de service de la RATP couvre l'Ile-de-France sur plus de 3500 kilomètres de voies (Bus, Métro, RER, Tramway) et dessert 7500 points d'arrêts environ (arrêts, stations, gares).

Quelle est l'organisation de la RATP ?

Créée en 1948, la RATP a le statut d'un établissement public à caractère industriel et commercial (Épic). En juillet 2000, elle a conclu un contrat avec le Syndicat des transports d'Île-de-France, qui est l'autorité organisatrice des transports publics en Île-de-France. Ce contrat la rend responsable de ses résultats.
La RATP est organisée en cinq pôles, eux-mêmes subdivisés en départements, délégations et Directions.

Quels sont ses effectifs ?

LA RATP compte en 2003 plus de 44 000 personnes.

Question 2

Pourquoi la RATP a t'elle réalisé l'opération ParisTrafic ?

La RATP a réalisé le service PARIS-TRAFIC fin 2000, en se donnant pour objectif de fournir au voyageur un service personnalisé lui permettant d'optimiser son trajet. Pour cela, le service lui envoie, en amont de son déplacement, les perturbations intervenant sur ses lignes de transport, quelle que soit sa situation géographique, les alertes SMS arrivant directement sur son téléphone portable.

Question 3

Quel en est le mécanisme ?

Le voyageur a la possibilité de s'inscrire et de payer sur minitel (3617 PARISTRAFIC) ou sur le site internet de la RATP (www.ratp.fr) pour une durée de 1, 3 ou 6 mois. Il choisit, en premier lieu, jusqu'à 5 lignes de métro, RER (RATP et SNCF) et Tramway sur lesquelles il souhaite être informé particulièrement. Il sélectionne ensuite deux tranches horaires de deux heures

229

maximum, pendant lesquelles il désire être averti des perturbations survenant sur ses lignes (seules les informations concernant les perturbations supérieures à 15mn sont envoyées sur le portable).

Question 4

Quel est le public concerné par ParisTrafic ?

Ce sont tous les franciliens empruntant le réseau ferré d'Ile-de-France (métro et RER et tramway).
230 *Une étude marketing menée sur le service en 2002 a montré que les abonnés étant principalement des jeunes et des femmes.*

Question 5

Quels sont les acteurs impliqués au sein de la RATP ? (Personnel, experts, fonctions, équipes dédiées, nombre de personnes concernées…)

Pour le fonctionnement opérationnel du service, une personne en roulement de 6H à 21H, parmi une équipe de 12 personnes saisit puis diffuse les alertes vers PARIS-TRAFIC (en même temps que celles véhiculées vers les autres médias distants).

Le chef de produit assisté d'un responsable qualité gère le suivi de la production et de la qualité. Il assure également avec une correspondante au marketing la spécification des évolutions du produit. La réalisation de ces évolutions est ensuite suivie par un maître

d'œuvre du département informatique de la RATP.

Question 6

Quel est le rôle d'Ocito ?

Ocito est notre prestataire d'envoi de SMS, il est en charge d'acheminer toutes les alertes saisies dans notre back office de perturbations vers nos abonnés au service.

Question 7

Quelle est la période concernée ?
Le service fonctionne 7 jours sur 7 de 6H à 21H.

Question 8

Quelle est la couverture géographique ?
La couverture géographique est celle couverte par le Métro, le RER et le Tramway en Ile-de-France.

Question 9

Quel est d'après vous le bilan que l'on peut tirer de l'opération ParisTrafic ?

Globalement le service est très apprécié des utilisateurs, néanmoins le succès commercial atteint est modeste. La principale raison est que nous n'avons pas encore mis en place de mode de commercialisation de masse du service.

Question 10

Avez-vous évalué la satisfaction des voyageurs ayant utilisé ce service ? Qu'ont-ils souligné particulièrement ?

Oui. Une étude de satisfaction a montré que le mode push (l'information vient à vous sans la demander) après inscription préalable était particulièrement apprécié ainsi que la qualité de l'information délivrée dans les messages SMS. Les utilisateurs sont convaincus de l'intérêt du service pour optimiser leurs déplacements.

Certains sont des fidèles et se réabonnent quelle que soit la période, d'autres viennent réactiver leur service lorsqu'ils ont connaissance de grèves.

Question 11

Quelles sont les perspectives d'avenir de ParisTrafic ?

Nous sommes en train de réfléchir avec le marketing à un repositionnement du service pour mieux répondre aux deux profils d'utilisateurs que nous possédons : les fidèles et les ponctuels. A partir de là nous serons en mesure d'asseoir une communication et une commercialisation de plus large ampleur.

Question 12

Pensez-vous que l'information Voyageurs ait un impact réel sur la satisfaction de vos clients ? Et si oui, n'est-ce pas, en soi, indirectement, un facteur de fidélisation important ?

Oui, j'en suis convaincue même si cet impact est difficilement quantifiable. L'étude de satisfaction ainsi que les retours par email

que nous recevons sur PARISTRA-FIC montrent que ce service est perçu comme un réel signe de considération vis-à-vis des clients. La perception de considération de la RATP vers ses clients va nécessairement dans le sens de la fidélisation clientèle.

Question 13

Envisagez-vous d'autres campagnes vis-à-vis de vos clients via les SMS ?

Nous sommes en train de mener avec Ocito une expérimentation de service SMS+. Ce service consiste à interroger, en envoyant un code dans le SMS correspondant à sa ligne, les prochains passages en temps réel (SIEL) des Bus ou RER.

Question 14

En interface Clients, quels sont d'après vous, les avantages et inconvénients du SMS ?

Le SMS est un mode qui favorise la simplicité et la concision de l'information délivrée.

Le mode push (alertes) possède comme principal avantage d'arriver, dans les conditions définies par l'utilisateur, sur le portable sans sollicitation (sans effort de la part du propriétaire du téléphone pour aller chercher l'information).

Globalement les temps d'acheminements des SMS sont bons et l'image de fiabilité des services les utilisant est satisfaisante pour le client.

231

En revanche, le SMS comme mode d'interrogation (SMS+) reste un mode privilégié pour les jeunes et les personnes plus âgées ne sont pas très à l'aise dans ce mode d'écriture.

En marge du mode SMS, le fait pour le client d'accéder ou de recevoir une information directement sur son téléphone portable garantit la continuité géographique (en situation de mobilité comme à la maison) et nous fournit un moyen de rester en contact permanent avec notre clientèle.

232

GE Healthcare et la Fidélisation interne : le cas du GEMS Grand Prix

Interview de Dominique Palacci
Fondateur et PDG de l'agence Stimonline, créateur du GEMS Grand Prix

Préambule
Présentation GE Healthcare

L'entreprise GE Healthcare développe des technologies médicales évolutives qui préfigurent une nouvelle ère dans le soin des patients. L'expérience de GE Healthcare dans l'imagerie et l'information médicales, les diagnostics, les moniteurs de suivi des malades, la recherche de maladies, la découverte de nouveaux médicaments et la biopharmacie, permettent de détecter les maladies de plus en plus tôt et d'offrir aux patients un traitement personnalisé et sur mesure.

GE Healthcare offre un vaste éventail de services afin d'améliorer l'efficacité des soins et de permettre au personnel médical de mieux diagnostiquer, soigner et accompagner les patients notamment ceux atteints de cancers, de maladies cardio-vasculaires ou encore de la maladie d'Alzheimer.

GE Healthcare est une filiale de General Electric dont le chiffre d'affaires atteint 14 milliards de dollars. Son siège social est basé au Royaume Uni. GE Healthcare compte plus de 42 500 collabora-

teurs impliqués à aider le personnel soignant et leurs patients dans plus de 100 pays.

En Europe GE Healthcare est organisé en 5 Régions (110 Managers), 18 LCT (Local Customer Teams), avec une Force de vente de 300 vendeurs. Son centre de contacts Clients GEMS EDIRECT se situe en Hongrie et compte 15 Téléprospecteurs (appelés ISS).

Question 1

Qu'est-ce que l'opération 2003 GEMS GRAND PRIX ?

Dominique Palacci

« Il s'agit d'une campagne de Fidélisation des Forces de Vente internes de 18 marchés européens au service de la qualification des leads, contacts commerciaux porteurs, générés par la cellule de télé-prospection GEMS EDIRECT. »

Question 2

Pourquoi une telle opération ?

Dominique Palacci

« GEMS EDIRECT est l'entité européenne de GE Healthcare créée en

233

2001 pour traiter l'ensemble des leads générés par le on line (web, téléphone).

Ce service a été mis en place dans le cadre de l'optimisation du temps de travail des commerciaux GE Healthcare pour vendre mieux.

Plus les commerciaux se dédient à la vente, plus ils sont efficaces. En traitant et qualifiant les leads en amont, on optimise le temps de travail des commerciaux. Ils sont recentrés sur leur fonction principale : la vente.

Mais la modification des habitudes et des comportements, surtout sur une population de commerciaux et encore plus sur 18 marchés européens, est toujours comparable aux douze travaux d'Hercule.

Depuis deux ans, GEMS EDIRECT peinait à trouver sa légitimité. Aucune information ne remontait du terrain sur les leads qualifiés qui étaient proposés par GEMS EDIRECT. Ces leads étaient-ils réellement traités ? Combien étaient transformés ? Quelle était la qualité de la qualification ? Quel chiffre d'affaires était initié grâce à GEMS EDIRECT ?

Ces questions restaient sans réponse et la division basée en Hongrie tardait à décoller.

Dans ce contexte, l'agence StimOnLine a proposé à GEMS EDIRECT de bâtir une opération d'animation des Forces de Vente pour dynamiser le traitement des leads par le terrain, mettre en place un canal de remontée des résultats, valoriser la cellule GEMS

234

EDIRECT et surtout fidéliser les Forces de Vente européennes de GE Healthcare à ce service. »

Question 3

En quoi consistait cette opération de fidélisation de la Force de Vente aux services de GEMS EDIRECT ?

Dominique Palacci

« En un challenge européen sur la transformation des leads générés par GEMS EDIRECT.

A chaque vendeur GE Healthcare est attaché un Téléprospecteur de GEMS EDIRECT. Si le vendeur gagne, son Téléprospecteur gagne aussi. Ainsi, le Téléprospecteur a tout intérêt à qualifier au mieux les leads car le vendeur aura plus de facilité à les transformer.

La Formule 1 est le sport mondial le plus populaire. Nous étions assurés de trouver une adhésion à cette thématique dans les 18 pays participants. Les valeurs qu'il véhicule sont en adéquation avec l'univers de GE Healthcare (haute technologie, performances optimales) et les qualités nécessaires aux vendeurs (travail en équipe, professionnalisme, rigueur, esprit de conquête). La compétition abordée sous un aspect ludique permet de décaler le discours pour faire passer plus facilement les messages. L'actualité réelle de la Formule 1 avec les rendez-vous réguliers des Grand Prix est un atout supplémentaire pour une présence à l'esprit renforcée du challenge.

Les 18 pays ou Local Customer Teams forment chacun une écurie de Formule 1.

2 mécaniques composaient l'opération :
Un challenge annuel avec le classement des meilleurs vendeurs européens (et leurs ISS) de l'année et un voyage avec le Président du Club de GE à gagner.
Un challenge trimestriel avec le classement des meilleurs vendeurs européens (et leurs ISS) du trimestre avec des STIMCARD à gagner (cyber chèques cadeaux)

La mécanique trimestrielle permet de faire vivre le challenge toute l'année et de donner à l'ensemble des participants des raisons de participer, même si leurs chances de gagner le challenge annuel sont faibles.
Le tout avec un calcul des résultats par palier simple et lisible : un lead = un tour de grand prix « réalisé », une réponse au lead = un tour, la transformation du lead = 10 tours.
Le classement est réalisé sur le cumul des tours de chaque pilote qui apportent leurs tours à leur Téléprospecteur (ISS).

* Une thématique fédératrice : GEMS GRAND PRIX
Un site extranet dédié : www.gemsgrandprix.com

La création d'un site extranet dédié au challenge, avec son nom de domaine, son e-mail et sa charte graphique propre, permettent de théâtraliser le challenge pour le rendre évènementiel.

La partie on line permet de rassembler en même temps l'ensemble des participants sur une interface commune malgré les barrières des distances et des langues.
L'accès sécurisé avec login et password permet de personnaliser l'affichage pour une communication plus percutante. Chacun a son espace personnel auquel il s'identifie plus facilement. Il permet également de donner accès au challenge à des personnes satellites des participants (assistantes commerciales, équipes marketing) pour valoriser les Forces de Vente et créer une véritable dynamique d'Entreprise autour des efforts de l'équipe commerciale.

235

La diffusion des résultats en temps réel permet de faire vivre le challenge de façon très réactive pour donner une impulsion quasi permanente aux Forces de Vente.
La partie « Magazine » et « Podiums » du challenge permettent de mettre des visages sur des noms. En humanisant la relation entre le vendeur et son Téléprospecteur, nous renforçons l'adhésion au challenge et l'esprit d'équipe. En se voyant en ligne, les participants s'approprient l'outil et nous renforçons leur fidélité au challenge.
La réactivité du Net nous permet de rebondir en cours de challenge selon l'actualité des marchés. Nous avons la liberté de mettre en ligne des mécaniques boosters qui répondent à des objectifs ponctuels pas forcément identifia-

bles en début de challenge. Ainsi, l'opération évolue dans le temps avec les résultats et la réalité économique du terrain. Plus nous sommes proches du terrain, mieux nous accompagnons chacun vers ses objectifs et plus nous fidélisons l'ensemble des participants au challenge. »

* Un lancement « on line »

En plus des e-mailings de lancement destinés aux participants pour créer le trafic vers le site en leur communiquant leur code d'accès, nous avons organisé des « Conference Call » avec les Managers européens pour suivre leur action terrain et juger de l'accueil du challenge par le terrain. En partageant les réactions dans les différents pays en temps réel, nous avons apporté immédiatement à chacun une vision élargie du challenge et des solutions aux éventuelles barrières qui se dressent immanquablement lors de ce type de lancement. Ainsi, tous les pays étaient plus vite opérationnels.

* Des relances e-mails personnalisées.

Notre outil de relances par e-mails est assorti d'un outil de statistiques des ouvertures de messages et de tracking des liens qui permet d'analyser le taux d'adhésion au challenge en temps réel. Avec des taux de clic de 75 %, nous savons que la majorité des participants est maintenue en alerte et s'intéresse au challenge. Pour les 25 % restants, nous allons construire une communication plus musclée pour tenter de les ramener vers le challenge

ou au moins, analyser leur comportement et mettre en place une réponse adaptée.

Ces statistiques sont diffusées aux Zone Sales Managers qui peuvent ainsi préparer leurs réunions avec leur Force de Vente en connaissance de cause et adapter leur discours pas seulement sur les résultats mais aussi sur le comportement de chacun dans le challenge.

* Une communication ludique

Chaque trimestre est un Grand Prix. Cela nous donne l'occasion de « couronner » régulièrement les meilleurs pilotes et de faire voyager les participants vers des destinations de rêve (Monaco, Rio, Japon…). L'affichage des drapeaux nationaux des pilotes dans les classements apporte une émulation supplémentaire en jouant sur la fibre patriotique. La définition des LCT en Ecurie crée un esprit d'équipe qui permet de drainer tous les pilotes, portés par les résultats des étendards de leur Ecurie. La stigmatisation des résultats par le nombre de tours permet de valoriser les différentes étapes du processus de transformation des leads d'une façon ludique et très évocatrice. L'actualité réelle des Grands Prix de Formule 1 sert d'habillage aux relances e-mails pour utiliser la puissance de l'effet porte-voix de cette thématique.

* Une procédure de remontée d'informations par Intranet

Pour alimenter le challenge en résultats les plus à jour possibles, GEMS EDIRECT a mis en place *une procédure de collecte des données par le biais de l'Intranet GE Healthcare. La codification des leads et leur suivi par des requêtes spécifiques ont permis d'attribuer les points avec un décalage de 3 semaines. La mise en ligne immédiate de ces résultats permet de diffuser aux participants des classements très proches de leur situation immédiate pour leur permettre de réagir en connaissance de cause.*

* Des dotations valorisantes furent offertes.

Le voyage du President's Club est exclusivement réservé au Top Management de GE dans le monde. Etre accueilli dans ce cercle très fermé est la preuve de l'importance que GE donne à ses meilleurs vendeurs européens.

L'utilisation de la STIMCARD, cyber chèque cadeaux mondial qui permet de dépenser son crédit en ligne n'importe où dans le monde, prouve la volonté de donner aux gagnants une liberté de choix unique. »

Question 4

Qui est vraiment fidélisé via cette opération ?

Dominique Palacci

« Les vendeurs des Local Customer Teams
Soit 300 vendeurs répartis dans 18 LCT au sein de 5 Régions.

Chaque marché a ses particularités et les profils des vendeurs sont différents d'un pays à l'autre. La technicité des produits GE Health-

care et la formation dispensée permettent de lisser ces disparités pour obtenir une population relativement homogène face au challenge. De la capacité à gagner de chacun dépend l'adhésion au challenge.

Les « petits » marchés ont été les premiers à réagir pour se valoriser au niveau européen. Les premières publications de classement en ligne ont produit des réactions immédiates des Managers des marchés plus importants qui ne comprenaient pas pourquoi leur drapeau n'était pas représenté dans la tête du classement.

Ainsi, après seulement un mois de challenge, le taux de prise en compte des leads a été multiplié par quatre en passant de 20 % à 80 %. Nous avions fait un premier pas vers la fidélisation au service GEMS EDIRECT en valorisant ce qu'il apportait.

La mécanique trimestrielle a permis à chacun de s'exprimer selon son potentiel puisque les compteurs étaient régulièrement remis à zéro sur cette mécanique, relançant l'intérêt de la compétition. Le déroulement du challenge accompagnait tout naturellement la fidélisation au service GEMS EDIRECT avec la montée en puissance des tours au fur et à mesure de la transformation de leads.

Les Zone Sale Managers, soit 110 managers répartis dans 5 zones, ont également été fidélisés.
La configuration matricielle de GE Healthcare confère aux Zone Sale Managers un rôle soit transversal sur leur ligne de produits

237

au niveau européen, soit vertical sur leurs équipes dans le pays. Cette particularité ne facilite pas la lisibilité des responsabilités par le terrain, induisant une zone de flou théorique, génératrice d'inertie.

Le GEMS GRAND PRIX a permis de clarifier l'objectif et les responsabilités de chacun. En focalisant les énergies sur la nécessité de faire avancer sa Formule 1, nous avons donné aux Zone Sale Managers un étalon tangible pour manager leur activité et faire en sorte que les vendeurs passent plus de temps à vendre.

238

Les Téléprospecteurs de GEMS EDIRECT, soit 15 personnes en Hongrie, ont également bénéficié de l'opération.

Ces « travailleurs de l'ombre » sont enfin entrés dans la lumière. Leur travail est reconnu et pris en compte par le terrain. Ils ont un retour sur les résultats de leur travail. Et ils peuvent chiffrer les résultats par une contribution au Chiffre d'Affaires de GE Healthcare. Leur mission prend tout son sens et nous les fidélisons également à la cellule.

Après neuf mois de challenge, la cellule hongroise est passée de quinze à trente personnes pour accélérer le traitement des leads. Le challenge GEMS GRAND PRIX a servi de déclencheur à la montée en puissance de ce service. »

Question 5

En terme de timing, comment s'est déroulé l'opération ?

Dominique Palacci

« Sur la base d'une Conference call hebdomadaire pour le premier mois de lancement.

Puis d'un challenge trimestriel = classement mensuel + podiums trimestriels (on line).

Enfin d'un Challenge annuel = classement cumulé mensuel + podium annuel (on line).

Avec des relances mensuelles selon les remontées mensuelles des résultats (e-mail selon intranet) ».

Question 6

Quels étaient les lieux ou espaces dédiés à l'opération ?

Dominique Palacci

« Internet. Le principal canal de communication de ce challenge a été Internet par le site dédié, les relances e-mails et l'intranet de remontée des résultats.

Le www.gemsgrandprix.com est devenu le carrefour de rencontre des différentes populations du challenge. Chacun suivait les résultats des vendeurs et de leur Téléprospecteur, rapprochant ces deux catégories qui ne se côtoyaient pas auparavant. Les vendeurs sont mêmes devenus demandeurs du service. Les e-mails qu'ils adressaient au site en était la preuve.

Sur le terrain, la prise en compte par les vendeurs des leads qualifiés par les Téléprospecteurs est la meilleure réponse que GE Healthcare peut apporter à ses clients qui ont fait l'effort de déposer une demande sur un site Internet du Groupe ou de téléphoner au Call Center.

Il est plus facile de conquérir un client en répondant efficacement à la question qu'un client vous a spontanément posée puisqu'il a exprimé lui-même un besoin. Lui montrer la capacité d'écoute et de *prise en compte de son besoin par l'Entreprise, c'est déjà marquer des points précieux pour le fidéliser par la suite. Ainsi, en fidélisant les vendeurs au service de qualification des leads, nous avons indirectement œuvré pour la fidélisation des clients GE Healthcare. »*

239

Relations Clients et nouvelles technologies dans la VAD

Interview de Marc Lolivier, Délégué Général de la FEVAD
(Fédération des Entreprises de Vente à Distance)

Question 1

Qu'est ce que la FEVAD ? Quelle est sa mission ? Sa plus-value ? Quels sont ses adhérents ? Quels sont les secteurs représentés et les tailles des entreprises adhérentes ?

240

Marc Lolivier

« La FEVAD est un organisme qui représente les acteurs de la Vente à Distance et ce, quel que soit le mode de communication, de commande, que ce soit le courrier, le téléphone, la télévision ou encore Internet.

A ce jour, nous avons plus de 300 entreprises adhérentes, avec 75% de VADistes et 25% de prestataires tels que des spécialistes de la logistique, des fabricants d'enveloppes, des agences de communication, ou encore La Poste.

Nos adhérents sont issus de presque tous les secteurs d'activité, depuis les acteurs historiques, notamment les généralistes en passant par les Banques, les Compagnies d'Assurance, des voyagistes on ou off line, et de nombreuses entreprises « click et magasins » (FNAC.com, Darty, Surcouf), ou des « pure players ».

Ce sont donc des entreprises de toutes tailles. En ce qui concerne

la vente de produits, la FEVAD regroupe plus de 80% du marché. Nous disposons également d'une bonne représentation dans les services, notamment, dans l'e-tourisme avec Lastminute et Expedia.

En bref, la VAD aujourd'hui c'est plus de 10,5 milliards d'euros de CA en BtoC, 3,5 milliards en BtoB et plus de 100 000 emplois. Cela concerne un français sur trois, qui achète à distance.

Le succès actuel de la vente à distance s'explique, entre autre, par l'extraordinaire diversification de l'offre. Autrefois, la VPC proposait surtout des produits textiles, d'ameublement ou culturels. Aujourd'hui, tout s'achète à distance.

La famille s'est donc élargie, tout comme d'ailleurs les missions de la FEVAD qui sont multiples.

En tout premier lieu, notre rôle est de fédérer l'ensemble des acteurs de la VAD en les accompagnant dans leur développement. Nous sommes là pour les conseiller, les informer, notamment sur l'évolution des marchés, des techniques (surtout en ce moment avec la révolution Internet) ou encore, en ce qui concerne les changements liés aux évolutions légales ou réglementaires.

La FEVAD se veut également un lieu de rencontres et d'échanges autour des thématiques qui intéressent nos métiers.

Notre rôle est aussi de promouvoir l'image du secteur auprès du public, des entreprises et décideurs. A ce titre, nous apportons notre soutien ou participons à de nombreux événements, salons et restons un point de contact privilégié pour les médias.

Notre action en faveur de l'image de la VAD passe également par notre action permanente en faveur de la déontologie. La FEVAD s'est toujours efforcée de promouvoir et développer des règles déontologiques fondées sur une démarche de transparence et de respect du client, qui sont à la base de notre métier. Ces règles sont au cœur même de nos codes professionnels. Elles sont portées par l'ensemble de nos adhérents qui, en rejoignant la FEVAD, s'engagent à respecter l'ensemble des principes contenus dans nos codes. Du coup, l'adhésion à la FEVAD devient aussi pour le consommateur un moyen d'identifier les entreprises qui se sont engagées dans une exigence particulière de qualité et de transparence.

Enfin, nous avons une mission en ce qui concerne l'environnement législatif et réglementaire, la FEVAD contribue activement à un certain nombre d'organismes privés ou publics, qui jouent un rôle consultatif dans les processus réglementaires ou législatifs. Nous intervenons également auprès des pouvoirs publics et des autorités compétentes sur les sujets qui intéressent nos métiers, en tant que représentant des professionnels du secteur.

Fédérer, conseiller, accompagner, promouvoir, agir pour un environnement favorable au développement de la vente à distance et du commerce électronique , voici donc les principales missions de la FEVAD. »

Question 2

241

Les nouveaux acteurs du Net sont-ils de nouveaux adeptes de la vente à distance ?

Marc Lolivier

« L'arrivée à maturité d'Internet a engendré une véritable dynamique de la VAD, car tous les canaux progressent à l'exception du minitel. Ainsi, au lieu de ne concerner qu'une personne sur deux, la VAD est utilisée par maintenant 3 français sur 4, ce qui est considérable tant pour ce qui est de la pénétration de la VAD que de sa récente et forte progression.

Le Net a permis à la VAD de toucher de nouveaux clients, de moins de 35 ans, urbains, jeunes voire très jeunes, diplômés, en centre ville, avec 1 ou 2 enfants. Ceci correspond d'ailleurs au profil des premiers internautes, lesquels sont devenus logiquement les premiers cyber-acheteurs, convertis à la VAD par le Net.

Puis la VAD à son tour a apporté à Internet une clientèle plus traditionnelle, ce qui a « démocratisé » le Web.

Le Net rajeunit la clientèle de la VAD. Hors Net, les clients de la VAD sont 40% d'hommes pour 60% de femmes. Via le Net c'est l'inverse. Selon notre dernière enquête réalisée avec le Credoc, 40% des cyber-acheteurs sont issus de communes de moins de 20 000 habitants et 27% de communes rurales.

242

Aujourd'hui, avec Internet, on peut presque dire que tout le monde fait de la VAD ! »

Question 3

Quelles sont les spécificités de la Relation Clients appliquées à la VAD ?

Marc Lolivier

« Au-delà des notions de prix ou de choix, la première règle incontournable c'est le respect de la parole, la satisfaction de la promesse affichée. En VAD, « client déçu rime le plus souvent avec client perdu ». Lorsqu'on connaît le coût de recrutement d'un client, mieux vaut tout faire pour ne pas en perdre. Ce qui caractérise sans doute le plus la VAD, c'est le lien de confiance entre l'acheteur et son vendeur. Car en VAD le client ne voit pas le produit, ni le vendeur. Du coup le client est obligé de faire confiance. Il faut donc gagner la confiance. Et lorsque l'on gagne cette

confiance, souvent on acquiert aussi la fidélité.

La confiance est donc essentielle mais pas pour autant suffisante. Il faut aussi bien entendu séduire, notamment, grâce aux techniques d'animation de l'offre, sans oublier la qualité des produits et celle du service. Dans ce domaine la clef du succès repose en grande partie sur la connaissance des clients ou prospects... Les études de satisfaction que nous menons montrent bien que les attentes varient selon les clients, tout comme d'ailleurs les éléments qui contribuent à leur satisfaction. »

Question 4

Quelle est, d'après vous, l'importance des nouvelles technologies dans la VAD, à commencer par Internet, puis les SMS ?

Marc Lolivier

« Les nouvelles technologies sont décisives et utiles. Nous avons depuis longtemps dépassé l'aspect anecdotique pour rentrer dans des applications concrètes à la VAD.

Par exemple, sur un panel de 15 grandes entreprises, nous avons constaté que l'utilisation des nouvelles technologies en matière de suivi de la commande contribue largement à la satisfaction des Clients, via notamment les SMS, l'e-mail ou le téléphone portable...

Le SMS est un outil puissant en matière de Marketing relationnel lorsqu'il est bien utilisé. Cela sup-

pose notamment l'information et le consentement de la personne concernée.

Pour leur part, le MMS, multimedia messaging system et la TV interactive vont continuer à entretenir le dynamisme actuel, en attendant le couplage télévision-internet-téléphone mobile qui devrait prochainement apparaître

En somme, toutes ces nouvelles technologies vont dans le sens d'un rapprochement entre le client et le vendeur. Le vendeur devient joignable à tout moment, à partir de n'importe quel endroit…Le client se voit même offrir un accès libre à la partie autrefois cachée, c'est-à-dire la livraison, grâce au système de suivi de commande. Cette liberté et cette transparence contribuent à atténuer la distance et à créer une nouvelle proximité, favorable au développement de l'achat à distance. »

Question 5

Ethique et Relation Clients, est-ce compatible pour la VAD ? Quelles est l'action de la FEVAD en la matière ?

Marc Lolivier

« Ethique et relation clients ne sont pas simplement compatibles mais indispensables. Comme je l'ai indiqué, le respect du client est à la base de notre métier. La déontologie est sans doute le meilleur moyen de sensibiliser les acteurs à la nécessité de règles de jeu, en les faisant participer eux-mêmes à l'élaboration des règles d'éthique. Ces règles seront d'autant mieux respectées que les professionnels eux-mêmes y auront été associés. Les adhérents de la FEVAD ont toujours appuyé et soutenu le développement de codes de conduite. C'est la raison pour laquelle nous avons toujours été très en pointe dans ce domaine.

Notre code professionnel comporte ainsi un ensemble de règles particulièrement détaillées. Ces règles concernent aussi bien la présentation de l'offre, que l'exécution du contrat, le traitement de la commande ou encore l'utilisation des données à caractère personnel. Ces règles sont régulièrement mises à jour en fonction de l'évolution des pratiques et de la législation. Internet, par exemple, oblige à adapter ou préciser certaines règles. »

243

Question 6

Pour les sites Internet de vente, vous avez développé un label. Est-ce un gage de sérieux pour les acheteurs en ligne ? Que recouvre ce label ? Est-ce européen ?

Marc Lolivier

« Depuis 1999, nous avons créé Labelsite pour sensibiliser les nouveaux acteurs du Net. Labelsite est devenu la première marque de confiance en France pour les sites. Ceci est le fruit d'un important travail d'information, de sensibilisation et de formation. Ainsi en 2000, seulement 4% des *achats passait par Internet contre 23% en 2004, soit une hausse de 500 millions d'euros à 4 milliards du CA du Net.*

Labelsite est membre fondateur d'EuroLabel qui regroupe, au niveau européen, des marques de confiance existant dans plusieurs pays. Eurolabel a reçu le soutien de la Commission européenne.

Par ailleurs, la FEVAD continue de travailler activement sur toutes ces questions relatives à l'éthique sur le Net.»

244

Question 7

Parmi vos adhérents, quels sont ceux qui ont développé l'utilisation des SMS en tant que canal de Relation Clients ? Pour quels types d'application ? Ne jugez-vous pas l'arrivée des SMS par trop intrusive dans la Relation Clients des vadistes ?

Marc Lolivier

« De plus en plus d'entreprises l'utilisent en suivi et confirmation de commande, jusqu'à la livraison. Ceci correspond à une tendance forte. Certains anticipent déjà que demain le téléphone portable sera plus répandu que le téléphone fixe. C'est déjà le cas chez beaucoup de jeunes. Face à un outil aussi puissant, il s'agit également pour les professionnels de faire preuve d'un véritable sens des responsabilités en évitant toute utilisation intrusive ou non maîtrisée qui pourrait rapidement déboucher sur un rejet de la part des utilisateurs.»

Question 8

Avez-vous d'autres exemples de relation commerciale à distance via SMS ?

Marc Lolivier

« On peut citer le cas des compagnies aériennes qui vous informent en cas de retard de votre avion, celui des opérateurs de mobile, des sonneries de portable, ou encore le cas de Nestlé qui vient de tester un nouveau genre de distributeur, qui permet au consommateur de payer une glace via son téléphone mobile et d'obtenir via SMS un reçu attestant la transaction. On est déjà plus dans le marketing mobile mais bien dans l'achat mobile.»

Question 9

Quels sont les canaux de fidélisation les plus utilisés par les Vadistes ?

Marc Lolivier

« C'est très varié, car tous les outils sont utilisés, depuis la formule du Club inhérent à la répétition des achats, sans compter les couplages d'outils e-mailing/mailing. Ainsi à Noël 2003, 38% des cyber-acheteurs ont acheté suite à un e-mailing en fidélisation.»

Question 10

Quels sont les pays qui s'ouvrent le plus à la VAD et vont ainsi faire évoluer la Relation Clients ?

Marc Lolivier

Aujourd'hui, c'est surtout l'Europe de l'Est et la Russie qui représen-

*tent des marchés en plein déstelop-
pement. Demain, ce sera peut-être
la Chine qui s'ouvre de plus en
plus aux entreprises françaises. Et
puis n'oublions pas la France. En
4 ans, nous sommes passés de
50 % à 75 % de français qui achètent à distance, notamment grâce
à Internet et aux nouvelles tech-*

*nologies. Le niveau de satisfaction
reste très élevé Quant à ceux qui
n'ont pas encore essayé l'achat à
distance, plus de la moitié compte
bien s'y mettre prochainement.
Autant d'indicateurs qui montrent des perspectives d'évolution
encourageantes pour le secteur de
la VAD. »*

Conclusion... de la conclusion 245

La maîtrise des données inhérentes au consommateur final est au
cœur des manœuvres engagées et préfigure une formidable **bataille
de la connaissance clients**.

Pour y faire bonne figure et maximiser vos chances de réussite, **soyez
fidèles à vos clients pour mieux les fidéliser !**

SOURCES ET BIBLIOGRAPHIE

Articles et revues :

- *Action Commerciale* n° 183
- *CB News* - n° 544 - 2 au 8 novembre 1998
- *CB Publifocus* - CB News n° 550 - 14 au 20 décembre 1998
- *CB News* - n° 555 - 25 au 31 janvier 1999
- *CB News* - n° 558 du 15 au 21 février 1999
- *CB News* - n° 565 du 5 au 11 avril 1999
- *CB News* - n° 576 - 21 au 27 juin 1999
- *Direct Marketing News* - 22/1/99
- *Les Échos Management* - 17 mars 1998
- *LSA* - n° 1634 du 16 juin 1999
- *LSA* - n° 1635 - 11/6/99
- *LSA* - n° 1637 - 24 juin 1999
- *LSA* - n° 1638 - 1/7/99
- *Marketing Direct* - n° 26 Mars 1998
- *Marketing Direct* - n° 28 - mai 1998
- *Marketing Direct* - n° 31 - octobre 98
- *Marketing Direct* - n° 32 - novembre 1998
- *Marketing Direct* - n° 34 - janvier / février 1999
- *Marketing Magazine* - n° 35 - décembre 1998
- *Marketing Magazine* - n° 36 - janvier 1999
- *Stratégies* - 22/1/99

- David Schmittlein, Wharton School « Le client, un actif stratégique », *Les Échos,* L'Art du Management. 7-8 mars 1997

- Tate R. «The supermarket battle for store loyalty » *Journal of Marketing*, n° 25, octobre 1961
- Carman J. « Correlates of brand loyalty : some positive results », *Journal of Marketing Research Society*, vol 15, n° 1, 1970
- Goldman A., « The shopping style explanation for store loyalty », *Journal of retailing*, vol. 53, n° 4, winter 1977
- Filser M. « *Le comportement du consommateur* », Dalloz, 1994

Études :

- « Les chiffres du marketing direct en 1997 ». Estimations UFMD (Union Française du Marketing Direct)
- Étude de l'AACC – CB NEWS n° 555 – 25 au 31 janvier 1999
- FrancePub 1997 – Marketing Magazine n° 36 – janvier 1999
- Statilogie, Capital Client, 1997
- Étude Chronopost : « Le rapport qualité/temps », 1995

Bibliographie :

- Robert J.Dolan et Hermann Simon – *Power Pricing : How managing price transforms the bottom line*, Éditions The Free Press, 1996
- Jean-Noël Kapferer – *La sensibilité aux marques*, Éditions d'Organisation, 1992
- Pierre Morgat – *Audit et gestion stratégique de l'information*, Éditions d'Organisation, 1995
- R. Moiroud – *Le cri du client ou comment faire mieux la prochaine fois,* Éditions d'Organisation, 1996
- Prisca Michel et Aude de Thuin – *En direct,* Édition Dunod, 1996
- P. E. Franc et C.H. Hogg – *Le management du client*, Éditions Eyrolles, 1995
- Andréa Michaux – *Marketing des bases de données*, Éditions d'Organisation, 1997

Agences et cabinets Conseils :

- Cocedal Conseil
- l'agence Himalaya
- STIMONLINE

- Synthèse Marketing
- cabinet IDC France
- Forrester research et Jupiter Communication
- Benchmark Group
- KPMG Peat Marwick / CIES
- C-Link et le Cabinet Ernst & Young

Liste des principales entreprises, marques ou organisations citées :

Accor	Cocedal Conseil
Adidas	Continent
Agnès B	Contrex
Air France	Crédit Lyonnais
Alcatel	Crédit Mutuel Ile-de-France
American Airlines	Darty
Angel	DFS
Apple	Disneyland Paris
Arok	Egmont
Auchan	Electrolux
Avis	Ericsson
Baiser Sauvage	Europcar
Barbie	Esso
Blue Process	Expert
BMW	Federal Express
Bouygues Télécom	FEVAD
Canal Numedia	Fnac
Canal +	Ford
Carrefour	France Télécom
Cartier	GE Healthcare
Cegetel	Grohe
Cerutti	Guerlain
Chanel	Hachette Disney Presse
Christian Dior	Heinz
Chronopost	Hépar
Cisco	Hermès
Clarins	Intelligent Sales Objects

249

Intersport
Kellog's
Kentucky Fried Chicken
La Banque Directe
La Poste
Leclerc
Leroy Merlin
Les Echos
Levi's
Lucent
LVMH
Mairie de Courbevoie
Marie-Jeanne Godard
Marionnaud
Marlboro
Mattel
Mazda
McCain
McDonald's
Michel Klein
Morgan
Motorola
Moulinex
Nike
Nintendo
Nissan
Nokia
Noodle Kidoodle
Nortel Networks

Ogilvy Interactive
Opel
Paloma Picasso
Pepsi Cola
Perrier-Vittel
Pizza Hut
RATP
Relais H
Renault
Rolex
Sephora
SFR
Silver Moon
SNCF
Société Générale
Sony
Smart
SVF
Swatch
Taco Bell
Tan Giudicelli
Tatoo
Thierry Mugler
Total
Vanity Fair
Vuitton
Whirlpool
Yves Saint Laurent

250

Composé par Andassa
Dépôt légal : novembre 2004